지금 시작하는
일리아스

The Iliad

지금 시작하는
일리아스

양승욱 지음

of
Homer

탐나는책

　　호메로스는 고대 그리스의 대표적인 시인이다. 그는 궁극의 서사시 『일리아스』와 『오디세우스』의 저자이며, 역사상 가장 위대한 작가 중 한 명으로 평가받는다. 플라톤은 그를 최초의 교사이자 지도자라고 했고, 아리스토텔레스는 그를 극작가라고 불렀다. 호메로스는 BC 5세기와 그 후로 이어지는 고전 시대에서 문명의 중요한 문화적 영웅이었다. 그는 최초로 상상할 수 있는 문화의 시대에 자신만의 기념비적인 공헌을 함으로써 역사에 기록되었다. 그의 출생지나 활동 연대에 대해서는 남겨진 기록이 없다. 하지만 작품에 구사된 언어나 여러 가지 사실로 미루어 BC 800년에서 BC 750년경 활동한 것으로 보는 견해가 설득력을 얻고 있다.

이 시기에 현재 우리가 고대 그리스라고 이해하는 발칸반도와 소아시아에는 소규모 도시(폴리스)가 1,000여 개 이상 만들어졌다. 폴리스의 규모는 대부분 작았으며, 인구가 적게는 수백에서 많게는 수천에 이르렀다. 이 도시 중 가장 강성했던 곳은 아테나와 스파르타, 아르고스, 테베, 코린토스였다. 도시국가는 대부분 혈연으로 맺어진 작은 공동체에 불과했기에 시민들의 충성심은 깊었지만, 폐쇄적이고 배타적이었다. 각각의 폴리스들은 독립된 사회적 공동체로서 독자적인 정부와 관습법, 종교의식, 지역 방언을 가졌다. 그들은 이방인을 받아들이지 않았고, 다른 도시국가와 합치지 않았으며, 기껏해야 종교 활동이나 군사동맹을 맺는 수준이었다. 이 시기에 분열되어 있던 그리스는 실질적인 문화적 화합의 사례를 찾아보기 어려웠다. 하지만 그들은 동일한 언어를 사용하고 같은 종교를 믿었기 때문에 한 민족이라는 의식이 강했다. 그러한 정신은 그리스 남부 펠로폰네소스반도에서 열렸던 올림피아 대제전과 델포이 신전의 아폴론 신탁에서 찾아볼 수 있다. 거기에 한 가지를 더하면 호메로스의 시가 남긴 유산일 것이다.

호메로스의 일리아스와 오디세이아는 문화적 통일의 경이로움으로 이해될 수 있다. 이 두 작품은 수많은 도시국가의 다양한 제도적 유산과 변화무쌍한 그리스 언어권의 세계를 문명과 문화적 정체성의 통일된 서술로 통합해냈다. 그러한 이유로 호메로스의 작품은 기독교의 성경과 더불어 서양 문명의 근원으로 숭배 받았다.

그리스인들에게 가장 중요한 사회적 행사인 올림피아 축제는 정기적으로 개최되는 범그리스적인 축제이다. 축제를 시작하는 전통적 축하행사가 아킬레우스를 기념한다. 올림피아 축제가 시작되는 날, 개최지인 엘리스의 여인들은 서쪽 지평선으로 지고 있는 태양에 시선을 고정하고 영웅을 위해 의식의 눈물을 흘리기 시작한다.

그리스의 영웅 아킬레우스는 호메로스가 노래한 일리아스의 주인공이다. 그는 작품에 등장하는 수많은 영웅을 대표한다. 고대 그리스의 전통에서 영웅이란 불멸의 존재인 신들의 후예로 초인적인 능력을 겸비한 존재를 의미한다. 대표적인 인물이 바다의 여신 테티스의 아들인 아킬레우스이다. 일리아스에서 영웅은 신의 후손이지만 결국 죽음을 피할 수 없는 존재이다. 그리고 영웅의 죽음은 신들의 의지가 개입된 죽음이다. 인간의 운명은 신에 의해 결정된다. 하지만 아킬레우스는 자신의 운명을 스스로 선택한다. 그에게는 두 가지 운명이 놓여있었다. 하나는 고향 땅에서 평범하게 장수하며 일상의 행복을 누리는 것이다. 다른 하나는 전쟁터에서 요절하여 영원한 명성을 누리는 것이다. 그에게 선택권이 주어졌고, 그는 명성을 얻는 것을 선택했다. 스스로 자신의 운명을 선택한 것이다. 그 결과 서사시 속에서 불멸의 존재로 영원히 기록되는 영광을 얻었다.

아킬레우스의 선택과 대비되는 것이 파리스의 선택이다. 트로이 왕자인 파리스는 자신의 신분을 모른 채 이다 산에서 양치기로 지내고 있었다. 어느 날, 그의 앞에 눈부시게 아름다운 세 여신이 나타났다. 신들의 여왕 헤라, 전쟁과 지혜의 여신 아테나, 미의 여신 아프로디테였다. 여신들을 인도한 것은 헤르메스였다. 그는 파리스에게 황금사과를 건넸다. 사과에는 선명하게 '가장 아름다운 여신에게'라는 글귀가 새겨져 있었다.

"세상에서 가장 아름다운 여신은 누구인가?"

헤르메스는 세 여신 중 가장 아름다운 여신에게 황금사과를 주라고 했다. 파리스가 보기에 세 여신은 모두 아름다워서 우열을 가리기 힘들었다. 그녀들은 서로 황금사과의 주인이 되기 위해 파리스에게 각자 파격적인 조건을 내걸었다. 헤라는 전 세계를 지배하는 강력한 권력을, 아테나는 어떤 전쟁에서도 승리하는 천하무적의 힘과 지혜를, 아프로디테는 세상에서 가장 아름다운 여인을 신붓감으로 주겠다고 했다.

파리스는 세 가지 선물 중에서 가장 아름다운 신붓감을 선택했다. 그는 불행히도 트로이 전쟁의 불씨를 틔우고 말았다. 아프로디테가 약속한 신붓감은 스파르타의 왕비 헬레네였다. 그녀의 치명적인 아름다움은 파리스에게 열락을 안겨주었다. 그러나 대가는 참혹했다. 자신과 부모 형제의 목숨을 앗아가고 신성한 도시 트로이의 파멸을 가져왔기 때문이다.

인간은 누구나 일생동안 수많은 선택을 요구받는다. 아킬레우스의 선택과 파리스의 선택을 통해 오늘 우리에게 주어진 선택의 문제를 곱씹어 보는 것도 이 책을 선택한 독자에게 의미가 있으리라 생각된다.

2022년 5월
양승욱

차례

그리스편 | 인물

아가멤논 Agamemnon

미케네의 왕이자 메넬라오스의 형이며, 그리스군의 총사령관이다. 동생인 메넬라오스의 아내 헬레네가 파리스와 함께 트로이로 도망치자 그녀를 되찾고 파리스를 응징하기 위해 트로이 원정대를 결성했다.

아킬레우스 Achilleus

펠레우스 왕과 바다의 여신 테티스 사이에서 태어난 아들이다. 그의 어머니 테티스는 아킬레우스가 갓난아기 때 스틱스 강물에 아들의 몸을 담궈 불사의 몸으로 만들었다. 하지만 그녀가 잡고 있던 발뒤꿈치는 강물에 닿지않아 유일한 약점으로 남게 되었다. 어려서부터 켄타우로스의 현인 케이론에게 사사하여 그리스 최고의 영웅으로 성장했다.

메넬라오스 Menelaos

아가멤논의 동생이며 라케다이몬의 왕. 스파르타의 공주인 헬레네와 결혼한 후에는 장인인 틴다레오스 왕으로부터 스파르타의 왕위를 물려받았다. 아내인 헬레네가 트로이의 왕자 파리스와 함께 트로이로 도망치자 아내를 되찾고 파리스를 응징하여 명예를 회복하고자 한다.

디오메데스 Diomedes

티데우스와 데이필레의 아들로 아르고스의 왕이다. 아르고스인들을 이끌고 트로이 전쟁에 참전하여 혁혁한 전공을 세운다. 그리스 진영에서는 아킬레우스 다음으로 용맹함과 전투력이 뛰어났다. 아테나 여신이 특별히 아끼는 장수이기도 하다.

오디세우스 Odysseus

이타케의 왕으로 아내 페넬로페와 아들 텔레마코스가 있다. 그리스군 중 가장 지혜롭고 현명한 전략가이다. 그리스 진영에서 아가멤논에게 직언하는 몇 안되는 지휘관으로 군사들에게도 평판이 좋았다.

큰 아이아스 Aeas

델라몬 왕의 아들, 그리스 진영에 아이아스가 두 명이어서 큰 아이아스라 불린다. 용맹스러운 전사로 용맹함과 힘에서는 아킬레우스에 버금갔다. 살라미스인들을 이끌고 트로이 전쟁에 참전했다.

작은 아이아스 Aeas

오일레우스의 아들, 로크리스 출신의 그리스 전사로, 큰 아이아스에 비해 키가 작아서 작은 아이아스로 불렸다. 창 던지기의 명수이자 뛰어난 경주 선수다. 강인하고 용감하지만 오만한 성격의 소유자다. 아테나 여신의 미움을 받는다.

네스토르 Nestor

필로스의 왕이며, 그리스 진영에서 가장 나이가 많다. 노령에도 불구하고 직접 90척의 함선을 이끌고 트로이 전쟁에 참전하여 그리스 전사들로부터 많은 존경을 받았다. 그는 현명하고 언변에 뛰어났으며, 아가멤논이 존중하는 최고의 조언자였다.

주요 등장인물

파트로클로스Patroklos

아킬레우스와 함께 자랐으며, 가장 아끼는 절친한 친구이자 부하 장수이
다. 그는 아킬레우스가 아가멤논과 다투고 전장을 떠나자 그 뒤를 따랐다.
그러나 그리스 군이 위기에 몰리자 아킬레우스의 투구와 갑옷을 빌려 입
고 전투에 나섰다.

트로이편 | 인물

헥토르Hektor

트로이의 프로아모스 왕과 헤카베 왕비의 큰아들. 트로이군을 지휘하는
총사령관이며 트로이 최고의 영웅이다. 그는 테베의 공주인 안드로마케와
결혼했다. 책임감이 강하고 자신의 의무에 충실한 지휘관으로 트로이군의
신뢰와 존경을 한 몸에 받았다.

파리스Paris

트로이의 프리아모스 왕과 헤카베 왕비의 아들이며 헥토르의 동생이다.
알렉산드로스라고도 불린다. 아테나와 헤라, 아프로디테가 미를 견줄 때
아프로디테의 손을 들어주었다. 이일로 그는 헤라와 아테나의 미움을 받
게 된다. 아프로디테의 약속대로 세상에서 가장 아름다운 여인 헬레나를
차지했으나 그것이 화근이 되어 트로이 전쟁이 일어났다.

헬레네Helen

스파르타의 왕 틴다레오스와 레다의 딸(제우스와 레다의 딸이라고도 한다)이다.
헬레네는 세상에서 가장 아름다운 여인이다. 그리스의 내로라하는 수 많

은 영웅이 그녀에게 구혼했다. 틴다레오스는 그들 중 한 명을 사위감으로 선택했을 때 선택받지 못한 구혼자들의 반발이 염려되었다. 그래서 먼저 구혼자들에게 신의 이름으로 맹세하고 서약할 것을 요구했다. 만약 헬레네와 그녀가 선택한 남편에게 불행한 일이 생기면 이유 불문하고 무조건 돕겠다는 약속이었다. 헬레네는 메넬라오스를 선택하여 그의 아내가 되었으나 파리스의 유혹에 넘어가 남편과 자식을 버리고 트로이로 도망쳤다. 이 일로 과거 헬레네의 구혼자들은 모두 트로이 전쟁에 나서야만 했다.

아이네이아스 Aeneas

안키세스와 아프로디테의 아들이며, 트로이의 왕 프리아모스의 사위이다. 트로이 전쟁에서 다르다니아인들을 이끌며 맹활약한다. 트로이 진영에서는 헥토르 다음가는 뛰어난 장수다. 전승에 따르면 그의 후손들은 로마의 건국자가 된다.

프리아모스 Priamos

라오메돈의 아들이자 트로이의 왕으로 왕국을 번영시켰다. 아내 헤카베와의 사이에서 헥토르, 파리스, 데이포보스, 카산드라 등 50여 명의 자녀가 있다. 다정하고 자상한 성품으로 백성들에게도 존경받는 왕이었다.

글라우코스 Glaucos

리키아 힙폴로코스 왕의 아들이자 전설적인 영웅 벨레로폰의 손자이다. 그는 트로이 편에서서 황금갑옷을 입고 전쟁터에서 맹활약한다. 적장인 그리스의 장수 디오메데스와 전장에서 우정을 나누게 된다.

사르페돈 Sarpedon

트로이의 동맹국인 리키아의 왕자. 제우스와 라오다메이아의 아들이며, 글라우코스와는 사촌지간이다. 그는 헤라클레스의 아들을 죽인 적이 있다.

헬레노스 Helenus

프리아모스 왕과 헤카베 왕비의 아들, 카산드라와는 쌍둥이 남매이다. 아폴론은 이 쌍둥이 남매에게 예언의 능력을 선물했다. 헬레노스는 동생 파리스가 스파르타로 간다면 트로이를 멸망시킬 재앙이 닥칠 것이라고 예언했다.

일리아스에 등장하는 신들

◆ 그리스편

헤라 Hera

크로노스의 레아의 딸이며, 제우스의 누이이자 아내이다. 결혼을 수호하는 매우 아름다운 여신이지만 질투심이 많고 성미가 급하다. 파리스에게 앙심을 품은 그녀는 트로이 전쟁에서 그리스군의 편에 선다.

아테나 Athena

전쟁과 지혜의 여신. 제우스의 머리에서 태어난 딸이다. 그녀는 트로이 전쟁에서 헤라와 함께 그리스군을 적극적으로 돕는다. 특히 지혜로운 오디세우스를 총애한다.

포세이돈 Poseidon

제우스의 형제이며 바다의 신. 세갈래로 된 삼지창(트리아이나)을 들고 다닌다. 제우스와 종종 갈등을 일으킨다. 트로이 인들이 성벽을 지어준 대가를 지불하지 않아 그들을 미워하며, 트로이 전쟁이 일어나자 그리스 편에 섰다.

헤파이스토스 Hephaistus

제우스와 헤라의 아들이며 대장장이의 신이다. 전쟁의 신 아레스와는 형제 사이이다. 어머니인 헤라의 요청에 의해서 그리스 편에 서게 된다.

◆ 트로이 편

제우스 Zeus

그리스 신화의 최고신. 티탄 신족에 속하는 크로노스와 레아의 아들이다. 티탄 신족과의 전쟁에서 승리를 거둔 후 형제인 포세이돈과 하데스와 제비를 뽑아 우주를 삼분한다. 제우스는 하늘, 포세이돈은 바다, 하데스는 저승을 차지하고 대지는 서로 공유했다. 제우스는 누이인 헤라와 결혼하여 아레스, 헤파이스토스, 헤베와 에일레이티아를 자녀로 얻었다. 트로이 전쟁에서 트로이를 지지하지만 중립에 가깝다.

아프로디테 Aphrodite

바다의 거품에서 태어난 사랑과 미의 여신으로 대장장이의 신 헤파이스토스의 아내이다. 인간인 안키세스와 사랑을 나누고 트로이의 영웅 아이네이아스를 낳았다. 헤라와 아테나와 더불어 미를 견주었을 때 자신의 손을 들어준 파리스를 도와 전쟁에서 트로이 편에 선다.

아레스 Ares

전쟁의 신. 제우스와 헤라 사이에서 태어난 아들이다. 아프로디테와 연인 사이이며 아테나와 자주 대립한다. 트로이 전쟁에서는 아프로디테와 함께 트로이 편에 선다.

아폴론 Apollon

음악과 태양, 질병, 치유의 신이며 궁술과 예언, 음악과 광명의 신이기도 하다. 제우스와 레토의 아들로 쌍둥이 누이인 사냥의 여신 아르테미스와 함께 델로스 섬에서 태어났다. 트로이의 공주인 카산드라를 사랑했으나, 카산드라는 그의 구애를 거절했다.

이리스 Iris

무지개를 의미하는 이리스는 신들의 메시지를 전달하는 전령의 여신이다. '일리아스'에서는 주로 제우스의 뜻을 전달하는 역할을 한다.

스카만드로스 Scamandros

트로이 부근을 흐르는 강의 신, 불사의 신들 사이에서는 '황색'을 뜻하는 크산토스라고 불렸다.

운명의 황금사과가 던져지다

프로메테우스의 예언

신과 인간이 교류하던 시절로 거슬러 올라가 보자. 신들의 왕 제우스Zeus는 한때 테티스Thetis라는 바다 여신의 아름다움과 매력에 흠뻑 빠져 있었다. 제우스는 그녀가 자신의 아내인 헤라Hera나 미의 여신인 아프로디테Aphrodite보다 더 아름답고 매력적이라고 느꼈다. 그녀는 바닷속 깊은 곳에 살고 있었는데, 그녀의 아름다움은 하늘과 바다, 육지에 이르기까지 알려지지 않은 곳이 없었다.

테티스가 거주하는 바다의 지배자 포세이돈Poseidon 역시 그녀의 아름다움에 감탄하며, 그녀에 대한 연정을 마음속 깊이 품었다.

"오! 정말 눈부시구나. 세상에 저토록 아름다운 여인이 또 있을까."

하지만 테티스의 아름다움에 마음을 빼앗긴 것은 비단 제우스나 포세이돈뿐만이 아니었다. 태양 마차를 몰고 다니는 헬리오스Helios도 예외가 아니었으니까.

"오! 아름다운 테티스. 그대와 결혼할 수만 있다면 얼마나 행복할까."

테티스의 아름다움과 매력에 올림포스의 남신들은 모두 마음을 빼앗겼다. 그 사실을 잘 아는 제우스는 조바심이 났다.

'흐음…, 모두들 테티스와 결혼하고 싶어 안달이군. 서둘러야겠다.'

하지만 제우스가 미처 테티스를 취하기도 전에 헤르메스Hermes가 프로메테우스Prome theus의 불길한 예언을 전했다.

"뭐라고! 테티스가 아들을 낳으면 그 아들이 아버지보다 더 강하고 위대해진단 말이냐?"

"예, 그렇습니다! 프로메테우스님이 분명히 그렇게 예언했습니다."

제우스는 결국 테티스를 포기할 수 밖에 없었다. 자신보다 강하고 위대한 존재가 세상에 태어나는 것이 두려웠기 때문이다. 그는 할아버지 우라노스Uranus가 아버지인 크로노스Kronos에게 권좌에서 밀려났고, 아버지 크로노스는 자신에 의해 권좌에서 축줄된 사실을 무엇보다 경계하고 있었다. 더구나 할머니인 가이아Gaia가 그를 저주하여 아버지처럼 자식에게 권력을 빼앗기게 될 것이라고 저주했기 때문이다. 제우스는 자신의 권좌를 노릴 만큼 강한 자가 태어나는 것을 막아야 했다.

"테티스는 누구와 결혼하든지 아버지보다 강한 아들을 낳게 될 것이다. 그러니 신과의 결혼은 무조건 막아야 한다."

제우스는 테티스가 신들과 결혼하지 못하도록 인간중에서 그녀의 혼처를 알아보았다. 인간이라면 아무리 뛰어난 영웅도 불멸의 존재인 신의 권좌를 넘보지는 못할것이기 때문이었다.

제우스가 테티스의 배우자로 선택한 인간은 테살리아의 프티아 국왕인 펠레우스Peleus였다. 그러나 인간과의 결혼을 불쾌하게 여긴 테티스는 바다 깊숙이 숨어버렸다. 그러자 켄타우로스족의 현인 케이론 Chiron이 나서서 펠레우스를 도와주었다. 그는 펠레우스에게 "테티스가 육지에 올라오면 힘껏 붙잡은 다음 절대 놓아 주어서는 안된다"고 조언했다. 마침내 테티스가 바다에서 올라와 육지로 나오자 펠레우스는 그녀를 끌어안고 놓아주지 않았다.

테티스는 불꽃이나 괴물, 맹수, 거대한 구렁이 등으로 모습을 바꾸며 저항했지만 펠레우스는 사력을 다하여 버티었다. 기진맥진한 테티스는 결국 펠레우스의 끈질긴 결혼 요청을 승낙하고 말았다.

황금의 사과

테티스와 펠레우스의 결혼식에는 제우스를 비롯한 올림포스의 신들과 산과 강 그리고 바다의 요정들이 초대되었다. 그들은 여신과 인간 영웅의 결혼식을 축하하며 각자 준비한 특별한 선물을 전달했다. 포세이돈은 사람의 말을 알아듣는 뛰어난 명마를 선물했고, 아테나Athena는 세상의 어떤 창으로도 뚫을 수 없는 무적의 방패를 선물했다. 헤파이스토스Hephaistus는 황금빛 투구를 선물했고, 운명의 여신Moerae들은 결혼 선물로 테티스와 펠레우스의 미래를 예언했다. 이 특별한 선물에 하객들의 관심이 집중되었다.

"앞으로 두 분은 행복한 결혼 생활을 할 것이며 머지않아 아들을 얻게 됩니다. 그는 강하고 용맹스러운 위대한 영웅이 될 것입니다."

그 말에 하객들이 테티스와 펠레우스에게 축하의 인사를 건넸고, 부부는 가벼운 미소로 화답했다. 그러나 이어진 예언은 모두를 놀라게 했다.

"하지만 그는 젊은 나이에 트로이 인의 화살에 목숨을 잃게 될 운명입니다."

테티스와 펠레우스는 놀라서 떨리는 음성으로 되물었다.

"네? 그, 그게 무슨 말씀이세요? 장차 태어날 내 아들이 트로이 인의 화살에 맞아 죽을 운명이라니…, 그럴 수 없어요."

운명의 여신 중 한 명이 테티스에게 다가와 그녀의 손을 잡으며 말을 이었다.

"테티스, 진정해요. 아들의 운명을 바꿀 방법이 있어요."

"저, 정말인가요?"

테티스가 떨리는 목소리로 묻자 운명의 여신은 고개를 끄덕였다.

"아이가 태어나면 스틱스 강으로 데려가세요. 그리고 아이의 몸을 강물에 담가 스틱스 신의 축복을 받도록 하세요. 그렇게 하면 아이는 어떤 창과 검으로도 해칠 수 없는 불사의 몸을 갖게 된답니다."

백짓장처럼 희어졌던 테티스의 얼굴에 비로소 혈색이 돌아왔다.

"정말 고마워요. 세 분의 은혜는 영원히 잊지 않겠습니다."

장차 태어날 아이의 운명 때문에 잠시 소동이 있었지만 결혼식 분위기는 다시 무르익어 갔다. 흥을 돋우기 위하여 아폴론Apollon이 리라를 연주했고, 무사이Muses 아홉 자매들은 춤을 추었다. 이때, 신들 중에서 유일하게 초대 받지 못한 불화의 여신 에리스Eris가 결혼식장에 몰래 나타났다. 그녀는 가는 곳마다 분쟁을 일으켰기 때문에 경사스러운 결혼식에 초대 받지 못했던 것이다.

"흥! 감히 나를 따돌리다니⋯. 그 대가를 톡톡히 치르게 해주지."

화가 잔뜩 난 에리스의 눈에 마침 헤라와 아프로디테, 아테나 여신의 모습이 보였다.

"까르르⋯, 호호홋⋯."

여신들은 무척 즐거워 보였고, 에리스는 세 여신의 사이를 갈라놓기로 마음먹었다.

"고상하신 여신들께서 어떻게 나올지 기대가 되는군."

에리스는 품에서 황금사과를 꺼내 사과에 글귀를 새겨 넣었다.

"가장 아름다운 여신께 바칩니다."

그리고 세 여신의 발치로 황금사과를 굴려 보냈다. 제우스의 아내 헤라가 황금사과를 집어 들었다.

"응? 이게 뭐지?"

"어머나! 그건 황금사과잖아요."

"엇, 그런데 글씨가 새겨져 있네."

"글씨라뇨. 무슨?"

"'가장 아름다운 여신에게 바칩니다'라고 쓰여있네. 그럼 이 사과는

펠레우스와 테티스의 결혼식
에이브러햄 블로머트, 1638년.

누군가 내게 보낸거로군."

혜라가 두 여신을 향해 어깨를 으쓱해보였다. 그러자 아프로디테가 정색을 하며 반박했다.

"어머, 혜라 님, 그게 무슨 말씀이세요. 미의 여신은 전데, 당연히 그 사과는 제가 가져야지요."

"아니, 아름다움에 지혜까지 갖춘 저야말로 가장 아름다운 여신이 아닌가요?"

아테나도 두 여신 사이에 끼어 들었다.

혜라는 아테나와 아프로디테가 자신의 주장에 반박하자 가소롭다는 듯 말했다.

"쯧쯧…, 둘 다 주제를 모르는군. 신들의 여왕인 나 혜라 앞에서 감히 아름다움을 논하다니…."

그러나 아프로디테와 아테나는 자신들의 주장을 굽히지 않았다.

"가장 아름다운 여신은 나에요."

"무슨 소리, 저야말로 가장 아름다운 여신이에요."

그 모습을 숨어서 지켜보던 에리스는 쾌재를 불렀다. 자신의 의도 대로 여신들끼리 다툼이 벌어졌기 때문이다. 황금사과를 놓고 벌어진 세 여신의 다툼은 결혼식이 끝나도록 결론이 나지 않았다. 올림포스로 돌아온 후에도 다툼은 계속되었다.

세상에서 가장 아름다운 여신을 가리는 일은 세 여신 모두 자존심이 걸린 문제였다. 그러다보니 여신들은 아무도 양보할 생각이 없어보였다. 결국 세 여신은 제우스에게 판결을 부탁했다.

'흐음, '가장 아름다운 여신' 이라…, 이 사과를 누구에게 주든 남은 두 여신의 자존심은 상처를 입게 될 것이다. 그 둘은 두고두고 나를 원망하겠지?'

고민하던 제우스는 일단 판결을 미루기로 했다.

"그대들은 모두 아름다워서 당장 판결을 내리기는 어렵소. 이 판결을 뒤로 미룰 테니 그 때까지는 이 문제를 거론하지 마시오."

여신들은 제우스가 내린 결정을 반박할 수 없어 일단 물러났다.

파리스의 심판

한 아이가 태어났다. 사내아이였다. 그 아이의 어머니는 임신 중에 불길한 태몽을 꾸었다. 그녀는 꿈속에서 출산을 했는데 태어난 것은 아이가 아니라 타오르는 횃불이었다.

횃불은 맹렬히 타오르면서 온 나라를 모두 불태워버렸다. 불길한 꿈이었다. 아내로부터 꿈 이야기를 전해들은 남편은 아들인 예언자에게 해몽을 부탁했다.

"복중의 아기는 나라를 멸망시킬 운명을 안고 잉태되었습니다. 태어나면 반드시 죽여야 나라의 멸망을 막을 수 있습니다."

청천벽력같은 소리였다. 아이의 부모는 큰 충격을 받고 망연자실했다. 임신 사실을 알고 얼마나 기뻐했던가. 축복이라고 믿었던 소중한 생명이 큰 화를 불러올 끔찍한 운명을 타고났다니 부부는 믿고 싶지 않았다. 하지만 예언자의 말을 무시할 수 없었다. 그의 예언은 한 번도 빛나간 적이 없었기 때문이다. 더구나 그 예언자는 두 사람의 아들이자 태어날 아이의 친 형이었다. 불길한 운명을 타고난 아이의 이름은 파리스Paris였다. 그의 부모는 트로이의 왕 프라아모스Priamos, 어머니는 헤카베Hekabe 왕비, 예언자는 파리스의 형들 중 한 명인 아이사코스Aisacos 왕자였다.

파리스는 부모와 형제들, 온 나라의 축복을 받아야했지만, 세상에 태어나자마자 목숨을 잃게 될 운명에 처해졌다. 하지만 갓 태어난 핏덩이 아들을 차마 죽일 수 없었던 프리아모스 왕은 아이를 몰래 이다 산에 내다버렸다. 숲속에 우글거리는 맹수에게 아이의 생명을 던져주어 왕국에 닥쳐올 재앙을 막고자 했던 것이다. 하지만 제우스는 파리스의 운명이 바뀌도록 허락하지 않았다. 신의 뜻에 따라 파리스는 양치기에게 발견되어 그의 손에서 양육되었다.

❖

펠레우스와 결혼한 테티스는 운명의 여신이 예언한대로 건강한 사내아이를 낳았다. 펠레우스와 테티스는 아들의 이름을 아킬레우스Achilleus라고 지었다.

"아…, 이렇게 잘생긴 내 아들이 트로이 인의 화살에 죽을 운명이라니. 아킬레우스, 이 엄마가 꼭 너의 불행한 운명을 막아 주마."

테티스는 운명의 여신들이 일러 준 대로 갓 태어난 아이를 데리고 스틱스 강으로 갔다.

갓난아기 아킬레우스를 스틱스 강에 담그고 있는 테티스
피터 폴 루벤스, 1630~1635년 사이.

"스틱스 강의 신이여, 내 아들을 축복해 주소서."

테티스는 아들의 발목을 잡고 아이의 몸을 강물에 깊이 담갔다.

"아킬레우스 조금만 참아라. 아무도 널 해칠 수 없게 해주마."

그러나 이때 테티스가 붙잡았던 발목 부분에는 물이 닿지 않았고,
그곳은 불사의 몸이 된 아킬레우스의 유일한 약점으로 남게 되었다.

세월이 흘러 파리스는 늠름하고 잘생긴 청년으로 성장하여 알렉산드로스Alexandros라는 이름으로 불렸다. 알렉산드로스는 '보호해주는 남자'라는 의미이다. 그가 도둑을 물리치고 맹수로부터 양떼와 소떼를 지켜주었기 때문에 사람들이 그렇게 불렀다.

파리스는 자신의 출신내력을 알지 못한 채 이다 산에서 친아버지인 프리아모스 왕의 양과 소떼를 돌보며 살아가고 있었다. 또한 이다 산의 요정 오이노네Oenone와 결혼하여 코리토스Corythos라는 아들까지 얻었다.

제우스는 마침내 파리스가 자신에게 주어진 운명의 길을 걸어야 할 때가 되었다고 판단했다. 그 길은 곧 트로이 멸망의 길이었다.

"이제 그동안 미뤄두었던 황금사과의 주인을 가려야 겠군."

제우스는 헤르메스에게 헤라와 아테나, 아프로디테를 데려오라고 시켰다.

"그대들은 모두 아름다워서 우열을 가리기 어렵소. 나는 판정하기 어려우니 헤르메스를 따라 이다산으로 가시오. 그곳에서 양을 치는 목동에게 판정을 받도록 하시오. 그는 세상에서 가장 잘생긴 남자이니 그가 정확하고 공평하게 판정을 내려줄 것이오."

헤르메스는 이다 산으로 여신들을 안내했다. 신들의 갑작스러운 출현에 파리스는 크게 놀라서 도망쳤다. 그러나 곧 헤르메스에게 붙잡혀 세 여신 앞에 서게 되었다. 눈부신 여신들의 모습을 똑바로 쳐다볼 수 없었던 파리스는 눈을 감았다. 그런 파리스에게 헤르메스는 황금사과를 쥐어주었다.

"제우스 신께서 내리신 분부시다. 너는 이 사과를 가장 아름다운 여신께 드려라."

신의 명령은 너무나 강력해서 파리스는 도저히 거부할 수 없었다. 그는 두려움에 떨리는 가슴을 진정시키며 세 여신의 모습을 살펴보았다. 여신들의 모습은 너무나 아름다웠다. 파리스는 두려움조차 잊은 채 넋을 놓고 그녀들을 바라보았다.

'아, 어떡하지. 세 분이 모두 눈이 부시도록 아름다워서 누구를 선택해야 할지 모르겠어.'

파리스는 황금사과를 손에 든 채 세 여신 앞에서 좌불안석이 되었다. 파리스가 쉽게 결정을 내리지 못하자 헤라가 위엄에 찬 목소리로 말했다.

"목동이여, 나에게 그 사과를 넘겨주면 그대를 세상에서 가장 강력한 왕으로 만들어 평생 부귀영화를 누리도록 해주겠다."

그러자 아테나도 뒤질세라 파리스에게 힘주어 말했다.

"목동이여, 권력과 부를 가졌다고 한들 그것을 지킬 힘이 없다면 곧 다른이에게 빼앗기게 될 것이다. 그대가 나에게 황금사과를 넘겨주면 나는 그대를 세상에서 가장 지혜롭고 용맹스러운 천하무적의 영웅으로 만들어주겠다."

아프로디테는 위엄어린 두 여신의 태도와 달리 교태로운 몸짓과 매

파리스의 심판
프랑스와 자비에르 파브르, 1808년경.

혹적인 눈빛, 부드럽고 달콤한 목소리로 파리스의 마음을 뒤흔들었다.

"목동이여, 나에게 황금사과를 넘겨주면 나는 그대가 세상에서 가장 아름다운 여인을 아내로 맞이하도록 해주겠다. 그녀는 나의 미모와 견주어도 전혀 손색이 없는 여인이다."

아프로디테가 말을 마치자 파리스는 곧 무엇에 홀린 것처럼 그녀에게 황금사과를 바쳤다. 그리고 나서 퍼득 정신을 차린 파리스는 헤라와 아테나의 표정이 순간적으로 일그러는 것을 보았다. 그 모습을 목격한 파리스는 가슴이 철렁 내려앉고 등줄기에 식은 땀이 흘러내렸다. 비로소 두 여신의 분노를 헤아렸으나 이미 엎질러진 물이었다. 헤라와 아테나는 하찮은 목동의 심판 탓에 위대한 여신으로서의 긍지가 훼손되었다며 분을 삭이지 못했다.

"하찮은 인간 따위에게 이런 모욕을 당하다니, 도저히 용서할 수 없다."

두 여신은 분노에 찬 눈빛으로 파리스를 무섭게 쏘아보았다. 파리스는 두려움에 온 몸이 굳고, 숨이 막혀왔다. 여신들은 저주의 말을 남기고 그 자리를 떠났다.

"두고 봐라, 목동이여. 너의 이 선택 때문에 트로이는 반드시 멸망하게 될 것이다."

세상에서 가장 아름다운 여인

이 무렵 트로이의 프리아모스 왕과 헤카베 왕비는 스무 해 전에 이다 산에 내다버린 아들의 넋을 달래기 위해 성대한 추모 경기를 준비했다. 왕은 경기 우승자에게 시상할 황소를 골라오도록 이다 산으로 신하를 보냈다. 그런데 하필이면 파리스가 가장 아끼는 황소가 시상품으로 선택되었다. 파리스는 자신이 아끼는 황소를 차지하기 위해 경기에 참여했다. 그는 달리기와 활 솜씨만큼은 어느 누구와 겨루어도 이길 자신이 있었기에 우승도 자신했다.

경기에는 무예가 뛰어나다고 알려진 트로이의 왕자들과 동맹국의 내로라하는 영웅들이 모두 참가했다. 파리스는 그들 틈에서 주눅들지 않고 마음껏 실력을 발휘했다. 이때 경기장에 와 있던 트로이의 공주이자 예언자인 카산드라Cassandra는 파리스를 보고 자신의 동생임을 단번에 알아챘다.

"틀림없는 내 동생이야!"

그녀는 지체없이 이 사실을 부모와 형제에게 알렸다. 죽었다고 믿었던 아들이 살아서 돌아오자 프리아모스 왕과 헤카베 왕비는 파리스를 얼싸안고 기쁨의 눈물을 흘렸다. 그들은 얼마나 기뻤든지 과거의 불길한 예언도 모두 잊을 정도였다.

"오오, 죽은 줄 알았던 내 아들이 살아 돌아오다니⋯."

"으흐흑, 어머니!"

트로이 왕자의 신분을 되찾은 파리스는 지나간 시간에 대한 보상이라도 받듯이 부모와 형제들로부터 넘치는 사랑을 받았다. 그러나 파리스는 자신의 아내인 오이노네와 아들인 코리토스를 왕궁으로 부르지 않았다. 그는 아프로디테가 약속한 세상에서 가장 아름다운 여인을 아내로 맞이할 기대에 부풀어 있었기 때문이다. 그로부터 얼마 후 미의 여신 아프로디테는 약속을 지키기 위해 파리스를 찾아왔다.

당시 세상에서 가장 아름다운 여인은 스파르타의 왕비인 헬레네였다. 여신은 파리스에게 스파르타로 떠날 채비를 시켰다. 프리아모스 왕은 아들이 신부감을 데리러 간다고 하자 호화스럽게 장식한 사치스러운 배를 마련해주었다. 파리스는 그 배에 헬레네의 환심을 사기 위한 갖가지 선물을 가득 싣고 스파르타를 향해 떠났다.

파리스가 스파르타에 도착하자 메넬라오스Menelaos 왕은 먼 곳에서 찾아온 손님을 반갑게 맞아주면서 왕궁으로 초대했다. 메넬라오스는 헬레네 왕비와 함께 파리스를 위해 만찬을 준비했다.

"환영해 주셔서 감사합니다."

"자, 마음껏 드시고 편히 쉬다가 가십시오."

파리스는 헬레네를 본 순간 그녀의 아름다움에 순간적으로 넋을 잃었다.

'세상에서 가장 아름다운 여인이라더니, 과연 여신들의 아름다움에 비해서도 전혀 손색이 없구나.'

파리스는 그녀의 모습을 보는 것만으로도 황홀했다. 그는 머지않아 헬레네가 자신의 아내가 된다고 생각하니 흥분되어 가슴이 뛰고 호흡은 가빠졌다. 헬레네도 그리스의 사내들과 달리 우아하고 기품이 넘치며 고귀한 아름다움까지 갖춘 파리스의 외모에 호감을 느꼈다.

파리스가 스파르타 왕궁에 머문지 열흘 째 되던 날, 메넬라오스는 손님 접대를 헬레네에게 맡기고, 자신은 외조부인 카트레우스의 장례식에 참석하기 위해 크레타 섬으로 떠났다. 파리스는 이 기회를 놓치지 않고 본격적으로 헬레네를 유혹했다. 아프로디테는 헬레네의 가슴에 파리스를 향한 사랑의 불을 지폈다. 이렇게 하여 두 사람의 운명적인 사랑이 시작됐다.

파리스를 헬레네에게 이끄는 아프로디테
조제프 프랑수아 뒤크, 1806년.

파리스가 세상에서 가장 아름다운 여인을 배우자로 삼아 데려오자 트로이 사람들은 열렬하게 환영했다. 파리스와 헬레네는 아프로디테 여신의 축복 속에 성대한 결혼식을 올리고 정식으로 부부가 되었다.

한편, 메넬라오스는 크레타섬에서 외조부의 장례식을 마치고 집으로 돌아왔다. 그러나 반겨줘야할 아내는 집에 없었다. 손님으로 환대했던 트로이의 왕자 파리스가 왕비 헬레네를 데리고 트로이로 도망친 것이다. 메넬라오스는 분노가 극에 달하여 피가 거꾸로 솟았다. 그는 몸을 부들부들 떨면서 이를 부드득 갈았다.

"파리스 이 나쁜 놈. 감히 내 아내를 납치하다니, 절대 용서하지 않겠다!"

메넬라오스는 그 즉시 말을 타고 자신의 형이자 미케네의 왕인 아가멤논Agamemnon에게 달려갔다. 메넬라오스는 형에게 자초지종을 설명하며 하소연했다.

"뭐라고! 어떻게 그런 일이…!"

메넬라오스의 이야기를 듣고 난 아가멤논은 크게 분노했다.

"이 일은 비단 너의 명예만을 더럽힌 것이 아니다. 너와 나, 우리 가문, 더 나아가 과거 헬레네에게 청혼했던 구혼자들까지 모두가 모욕을 당한 것이다. 당장 구혼자들을 소집하여 트로이를 칠 것이다."

아가멤논은 즉시 그리스 전역의 구혼자들에게 전령을 보내 과거의 맹세를 지키라고 요구했다. 이에 그리스 전역의 영웅들이 호응하여 트로이 원정대의 깃발 아래 모여들었다.

그러나 이타케의 왕 오디세우스Odysseus는 아가멤논의 소집명령에 따르지 않았다. 그는 아름다운 부인 페넬로페Penelope와 갓 태어난 아들 텔레마코스Telemachus를 두고 전쟁에 나가고 싶지 않았던 것이다. 얼마 후, 출정을 독촉하는 아가멤논 왕의 사자 팔라메데스Palamedes가 찾아왔을 때 오디세우스는 일부러 미친 척했다. 그는 나귀와 황소를 한 쟁기에 매고 밭에다가 씨앗 대신 소금을 뿌렸다. 페넬로페는 팔라메데스에게 얼마전부터 남편이 이상해졌다고 설명했다. 팔라메데스도 오디세우스의 행동을 보고 확실히 정상이 아니라고 판단했다. 하지만 팔라메데스도 지혜로는 오디세우스에게 뒤지지 않았다.

'정말 미쳤는지 시험해봐야겠군. 제정신이라면 자기 아들이 밟혀 죽도록 놔두지는 않겠지.'

팔라메데스는 페넬로페의 품에서 텔레마코스를 재빨리 낚아채어 오디세우스가 쟁기로 땅을 갈아엎는 바로 앞에 내려놓았다. 아이는 울음을 터뜨렸다. 오디세우스는 속으로 크게 놀랐으나 겉으로는 티를 내지 않고 쟁기의 방향을 틀어 아이를 피해갔다. 그리고는 실성한 사람처럼 횡설수설했다. 그러자 팔라메데스는 껄껄웃으며 말했다.

"이타케의 왕 오디세우스여, 그대가 아무리 미친척해도 나를 속일 수는 없소이다. 자, 이제 연극은 그만두고 나와 함께 가도록 합시다."

자신의 계략이 들통나자 오디세우스는 과거에 서약했던 신성한 의무를 지키기로 했다. 하지만 자신을 전쟁으로 내몬 팔라메데스에게는 깊은 원한을 품게 되었다.

오디세우스는 사랑하는 아내와 아들에게 작별을 고하고, 떨어지지 않는 발길을 돌려 트로이 원정대에 합류했다. 이 무렵 그리스 최고의 영웅 아킬레우스는 참전을 만류하는 어머니 테티스의 간곡한 권유에 따라 이웃 나라로 몸을 숨겼다.

아가멤논은 네스토르Nestor의 조언에 따라 아킬레우스를 찾아서 설득하는 일을 오디세우스에게 부탁했다. 오디세우스는 수소문 끝에 아킬레우스가 스키로스 섬의 왕궁에서 궁녀로 변장한 채 숨어지낸다는 정보를 얻었다.

"흐음, 궁녀라…. 그렇다면 이 방법을 써야겠군."

오디세우스는 방물장수로 위장한 채 스키로스 섬의 왕궁으로 찾아 갔다. 그는 궁녀들 앞에 고급스러운 옷감과 아름답고 화려한 악세사리들을 펼쳐놓았다.

"자, 예쁜 장신구들이 있습니다. 마음껏 구경하세요."

"어머, 이 옷감 좀 봐."

궁녀들이 모두 옷감과 머리핀, 귀걸이 등을 살펴보는데 유독 한 궁녀만은 진지한 표정으로 단검을 살펴보고 있었다. 오디세우스는 단번에 그가 아킬레우스라는 것을 간파했다. 비록 여장을 하고 있었지만 타고난 전사의 본능까지 숨길 수 없었던 것이다.

"이보시오. 아킬레우스, 천하 제일의 영웅인 그대가 이런 우스꽝스러운 모습으로 숨어지내다니, 사람들이 알면 천하 제일의 겁쟁이라고 조롱할 것이오."

리코메데스의 딸들 사이에서 아킬레우스를 알아보는 오디세우스

루이 고피에, 1791년.

오디세우스의 설득에 결국 아킬레우스도 마음을 돌렸다. 당시 아킬레우스는 스키로스왕국의 데이다메이아Deidamia 공주와 결혼한 상태였다. 더구나 그의 아내는 임신중이었다. 아킬레우스가 트로이 원정을 결심하자 장인 리코메데스Lycomedes 왕은 극구 만류했다. 그는 딸이 남편을 잃고 과부가 되는 것을 염려했다. 하지만 장인의 설득에도 아내의 호소에도 아킬레우스의 결심은 흔들리지 않았다.

아킬레우스는 자신의 왕국인 프티야로 돌아와서 참전 채비를 서둘렀다. 미르미돈이라고 불리는 충성스러운 군사들을 소집하고 친구인 파트로클로스Patroclus를 부관으로 임명했다.

아킬레우스의 참여로 그리스 전역의 구혼자들은 모두 트로이 원정대에 합류했다. 아가멤논은 총사령관이 되어 트로이 원정대를 지휘하게 되었다. 아가멤논을 비롯한 그리스의 장수들은 트로이로 출발하기에 앞서 신들을 위해 제단을 쌓고 제물을 바쳤다.

"위대한 올림포스의 신들이시여, 그리스에 승리를 내려 주소서."

이때, 갑자기 제단 밑에서 붉은 뱀이 나와 나무 위에 있던 참새 아홉 마리를 잡아먹은 후 그대로 돌이 되었다. 그 모습을 본 예언자 칼카스Kalchas가 말했다.

"우리는 9년간 치열한 전쟁을 치르게 됩니다. 그리고 10년째가 되는 해에 승리할 것입니다."

예언자의 말을 듣고 아가멤논이 호기롭게 외쳤다.

"9년이든 10년이든 상관없다. 우리는 반드시 이긴다!"

"자, 모두 배에 올라라! 트로이를 향하여 출발하라!"

총사령관 아가멤논의 명령이 떨어지자 천여 척의 함선들이 동시에 출정의 닻을 올렸다. 그런데 갑자기 바람이 멈춰 배를 띄울 수 없었다. 아울리스 항에 정박한 천여 척의 함선은 그대로 발이 묶이고 말았다. 며칠이 지나도 바람이 불 기미가 보이지 않자 아가멤논은 예언자 칼카스를 통해 신탁을 구했다. 그 결과 아가멤논에 대한 아르테미스Artemis 여신의 분노가 원인이라는 답을 얻었다.

아가멤논은 과거 아르테미스 여신의 숲에서 사냥하다가 여신이 아끼는 신성한 사슴을 활로 쏘아 죽였었다. 우쭐한 마음에 그는 자신의 활솜씨가 여신과 비교해도 결코 뒤지지 않는다며 자랑을 했다. 그 사실

을 알게 된 아르테미스 여신은 분노했다. 당황한 아가멤논은 여신에게 용서를 구하면서 그해 태어난 아이 중 가장 아름다운 아이를 제물로 바치겠다고 약속했다. 그런데 하필이면 그 아이가 바로 자신의 딸 이피게네이아Iphigeneia였다. 아가멤논은 차마 딸을 제물로 바칠 수 없었고, 결국 여신과의 약속을 어기게 되었다.

아가멤논은 자신의 잘못때문에 바람이 멈춘 것을 알게 되자 어쩔 수 없이 여신과의 약속을 지켜야했다. 그는 아내인 클라임네스트라에게 딸을 아킬레우스와 짝을 맺어준다며 속이고 아울리스 항에 마련된 제단으로 데려갔다.

아가멤논이 제단 위에 딸을 올려놓고 막 칼을 뽑아들었을 때, 아르테미스 여신은 이피게네이아를 데려가고 대신 수사슴을 제단 위에 올려놓았다. 여신의 배려로 아가멤논은 수사슴을 제물로 바치고 죄를 용서받을 수 있었다. 아르테미스가 묶어두었던 바람을 풀어주자 발이 묶였던 그리스 함대는 일제히 닻을 올렸다.

첫 번째 전사자

그리스의 전함들은 트로이로 가던 중 테네도스 섬을 지나가게 되었다. 아가멤논과 장수들은 그 섬에 들러서 아폴론에게 승리를 기원하는 제사를 드리기로 했다. 섬에 도착한 일행은 제단을 쌓고 양 한 마리를 제물로 바쳐 신에게 승리를 기원했다. 그런데 일행 중 한 명이 독사에게 물리는 사고를 당했다. 그는 헤라클레스Heracles에게 활과 화살을 물려받았으며, 명궁으로 소문난 테살리아의 멜리보이아 왕 필록테테스Philocte tes였다. 필록테테스는 의사 마카온Macaone(의술의 신 아스클레피오스의 아들)에게 응급처치를 받은 후 배에 올랐다. 그리스군은 섬에서 필요한 물과 식량이 될만한 것들을 챙긴 후 다시 트로이를 향해 출항했다.

그런데 필록테테스의 상태가 매우 심각했다. 뱀에 물린 상처는 시간이 지날수록 크게 부어올랐고, 고름에 악취까지 진동했다. 마카온이 상처를 치료하기 위해 애를 썼지만 시간이 지날수록 상처는 더욱 악화되어갔다. 필록테테스는 계속되는 고통으로 신음했고, 상처에서 진동하는 고약한 악취때문에 모두들 그의 근처에 가는 것 조차 꺼렸다.

아가멤논은 장수들을 불러놓고 필록테테스 문제를 의논했다. 오디세우스는 마카온에게 필록테테스의 상태가 어떤지 질문했다.

"모두 아시다시피 매우 심각합니다. 다행히 치료효과가 뛰어난 약초를 알아냈지만 육지에 가야만 구할 수 있습니다. 그리고 약초를 구한다고 해도 회복되려면 최소한 3개월 이상 걸릴 수 있습니다."

마카온의 대답을 듣고 오디세우스가 입을 열었다.

"그렇다면 이렇게 하는 것이 어떻소. 조금만 더 가면 우리는 렘노스섬을 지나가게 됩니다. 그 섬에 필록테테스를 내려주고 약초를 구해준 뒤 그가 스스로 치료하게 합시다. 충분한 물과 양식만 마련해주면 지내기에 어려움이 없을 것입니다."

오디세우스의 제안에 아가멤논과 장수들은 모두 찬성했다.

"그렇게 합시다. 트로이를 멸망시키고 돌아오는 길에 그를 데려갑시다."

결국 필록테테스는 렘노스 섬에 홀로 남겨진 채 스스로 상처를 치료해야만 했다.

❖

그리스 연합군은 긴 항해 끝에 마침내 트로이의 헬레스폰토스 해안에 정박했다. 하지만 아무도 함선에서 내리지 않았다. 제일 먼저 트로이 땅을 밟는 이는 첫 번째 전사자가 된다는 예언 때문이었다. 모두들

서로의 눈치만 보고 있을 때 필라카이의 왕 프로테실라오스Protesilaus
가 용기를 냈다. 그는 검과 방패로 무장하고 호기롭게 함선에서 뛰어내
려 첫 번째로 트로이 땅을 밟은 그리스인이 되었다. 그제서야 장수들과
군사들도 일제히 함선에서 뛰어내렸다. 그리스군은 상륙하자마자 곧장
트로이 성을 향해 돌진하였다.

트로이군의 총사령관인 헥토르는 트로이 성의 망루에서 그 모습을
지켜보고 있었다. 그들은 이미 그리스군의 공격에 대비하여 만반의 준
비를 갖추고 있었다. 헥토르는 그리스군의 전력을 시험하기 위해 친히
군대를 이끌고 성문을 나섰다. 마침내 양군이 평원에서 마주쳤다. 헥토
르는 선두에서 달려오는 그리스군 장수를 향해 화살을 날렸다. 그 장수
는 맨 먼저 트로이 땅을 밟았던 프로테실라오스였다.

헥토르의 화살은 빠르게 날아가 프로테실라오스의 가슴을 관통했
다. 결국 프로테실라오스는 트로이 전쟁의 첫 번째 전사자가 되고 말았
다. 이렇게 해서 예언이 성취된 것이다.

그리스 연합군의 총사령관 아가멤논과 트로이군의 총사령관 헥토
르의 지휘 아래 그리스 연합군과 트로이의 동맹군은 첫 전투를 치렀다.
이 전투는 서로의 전력을 파악하기 위한 탐색전 성격이 강했다. 한 차
례 격돌하며 목적을 달성한 트로이군은 성안으로 후퇴하여 문을 굳게
닫아걸었다. 그리스군도 함선이 정박한 해변으로 돌아가 진지를 구축
했다. 이렇게 시작된 그리스와 트로이의 전쟁은 일진일퇴를 거듭하며
수많은 사상자를 냈다. 그리고 어느덧 9년의 세월이 훌쩍 지났다. 그러
나 전쟁의 끝은 여전히 보이지 않았다.

제1부

아킬레우스의 분노

노래하소서, 여신이여! 펠레우스의 아들 아킬레우스의 분노를,
아카이오족에게 헤아릴 수 없이 많은 고통을 가져다주었으며
숱한 영웅들의 굳센 혼백들을 하데스에게 보내고
그들 자신은 온갖 새들의 먹이가 되게 한 그 잔혹한 분노를!

제1장

두 영웅의 불화

예언의 신 아폴론Apollon과 바다의 신 포세이돈Poseidon이 직접 성벽을 쌓은 트로이 성은 난공불락이었다. 그리스 군은 온갖 노력에도 불구하고 트로이 성을 함락시킬 수 없었다. 반면 그리스 군에는 용맹스러운 아킬레우스가 버티고 있었다. 트로이군은 아킬레우스의 이름만 들어도 두려움에 떨었다. 그러다보니 양측은 어느 한 쪽이 우세를 점하지 못한 채 시간만 속절없이 흘러가고 있었다.

그리스 본토에서 전쟁물자의 보급이 어려웠던 그리스군은 트로이 주변국들을 침략하여 필요한 식량과 물품을 조달했다.

어느 날, 아킬레우스는 트로이의 동맹국인 리르네소스를 공격하여 많은 전리품을 획득했다. 그 중에는 크리세이스Chryseis와 브리세이스라는 아름다운 두 여인도 있었다. 아가멤논은 두 여인 중 크리세이스를 취했다. 크리세이스는 아폴론신전의 사제인 크리세스Chryses의 딸이었다. 그리고 나서 브리세이스Briseis는 아킬레우스에게 주었다. 브리세이스는 아킬레우스가 침략 원정을 나갔던 리르네소스 왕국의 왕비였다. 왕은 아킬레우스의 검에 목숨을 잃었고, 그녀는 포로로 끌려왔던 것이다.

전리품들은 모든 장수들에게 공평하게 분배되었다. 고향을 떠나 10여 년이 되도록 전장에 머물렀던 아가멤논과 아킬레우스는 자신들이 취한 여인에게 깊이 빠져들었다. 아가멤논은 크리세이스를 잠시도 침실 밖으로 내보내지 않고 달콤한 향락에 취했으며, 아킬레우스 역시 브리세이스에게 사랑의 열정을 불태웠다.

며칠 후, 한 노인이 그리스군의 진영으로 찾아와 아가멤논의 달콤한 꿈을 깨트렸다. 그는 크리세이스의 아버지이며 아폴론 신전의 사제인 크리세스였다.

"제 전 재산을 드리겠으니 제발 제 딸을 돌려주십시오. 제가 섬기는 아폴론 신을 봐서라도 제발 딸을 돌려주십시오."

늙은 사제는 아가멤논 앞에 엎드린 채 눈물을 흘리며 애원했다. 그 모습에 그리스의 장수들은 하나같이 아가멤논이 몸값을 받고 여자를 보내야 한다고 생각했다. 그들은 아가멤논에게 노인의 간곡한 애원을 받아들이라고 권면했다. 더불어 그 노인이 아폴론 신의 사제라는 점도 상기시켰다.

아가멤논의 장막 앞에서 크리세이스의 귀환을 간청하는 크리세스
야코포 알레산드로 칼비, 1815년 이전.

아가멤논은 모처럼 전쟁의 참화를 잊고 열락에 취해 지내다가, 그
것을 깨뜨리는 불청객의 방문에 울화가 치밀었다. 그는 노인을 향해 거
칠게 삿대질을 하며 폭언을 쏟아부었다.

"이봐, 늙은이. 네가 아무리 아폴론 신을 들먹여 봤자 소용없다. 네
딸은 전쟁이 끝나면 아르고스로 가서, 나와 함께 내 침실에서 늙어 죽
을 때까지 살게 될 것이다. 그러니 당장 돌아가라! 또다시 날 찾아온다
면 그때는 목숨을 부지하지 못할 것이다."

아가멤논에게 심한 모욕을 당하고 쫓겨난 크리세스는 사람이 없는
해변에 이르러 아폴론 신에게 눈물을 쏟으며 간청했다.

"위대한 활의 신이시여. 크리세와 성스러운 킬라의 골짜기를 지켜 주시며, 테네도스의 강력한 주인이신 아폴론이여! 저는 당신을 기쁘게 하기 위하여 신전을 짓고, 황소와 염소의 살진 고기를 바쳤나이다. 제 기도를 들어주소서."

"당신의 이름을 무시하고 당신의 사제를 모욕한 저 교만한 아가멤논과 그리스군에게 저주를 내려 주소서."

크리세스의 기도에 아폴론은 커다란 천둥소리로 응답했다. 크리세스는 두손을 모으고 기쁨의 눈물을 흘렸다.

"오! 아폴론 신께서 내 기도에 응답하시는구나!"

아폴론은 자신을 섬기는 늙은 사제의 호소를 듣고 크게 분노했다. 그는 은으로 만든 활과 화살을 챙겨서 그리스 진영으로 내려왔다. 그리고 땅거미가 내려앉기를 기다렸다. 이윽고 어둠이 찾아들자 아폴론은 활시위를 당겨 먼저 노새와 개들을 쏘았다. 이어서 병사들에게 화살을 날렸고, 그렇게 9일 동안 아폴론은 그리스 진영을 향해 저주의 화살을 퍼부었다. 그 화살에 맞은 그리스의 병사들이 하나둘 쓰러지더니 곧 이어 무서운 역병이 그리스 진영을 휩쓸었다. 시간이 지나면서 시체들이 쌓여갔고, 시신을 소각하는 불길이 곳곳에서 치솟아 꺼질 줄을 몰랐다.

10일째 되던 날, 올림포스 신전에서 그리스 진영을 내려다보던 헤라 여신은 아킬레우스의 마음을 움직여 비상 대책 회의를 소집하게 했다. 총사령관 아가멤논을 위시한 장수들이 모두 모였다. 아킬레우스가 심각한 표정으로 좌중을 돌아보며 입을 열었다.

"이것은 신의 저주가 틀림없습니다."

"신의 저주라니, 그게 무슨 소리입니까?"

장수들이 의아한 눈빛으로 아킬레우스를 쳐다보았다. 아킬레우스가 예언자 칼카스를 손가락으로 가리켰다.

"칼가스가 우리에게 그 이유를 알려 줄 거요."

칼카스는 먼저 아가멤논의 눈치를 살핀 후 아킬레우스를 향해 말했다.

"그전에 제 신변의 안전을 먼저 보장해 주십시오. 여러분 중 어떤 분이 제 얘기를 듣고 화가 나서 절 해치려 할지도 모르니까 말입니다."

"제우스 신께 맹세하겠소. 내 목숨을 걸고 반드시 그대를 지켜주겠소."

아킬레우스는 오른쪽 손바닥을 펼쳐 자신의 가슴을 가볍게 쳐 보였다. 자신을 믿고 안심하라는 표현이었다. 칼카스는 그래도 안심이 안되던지 다시 한 번 아가멤논의 눈치를 살핀 후 조심스럽게 입을 열었다.

"이 전염병은 아폴론 신의 저주 때문입니다."

"아가멤논 왕께서 아폴론 신의 사제인 크리세스를 모욕하고, 그의 딸을 돌려주지 않았기 때문에 저주를 받은 것 입니다."

그 말이 끝나자마자 아가멤논은 불같이 화를 내며 호통을 쳤다.

"칼가스! 이 쓸모없는 예언자여! 그대는 그동안 나에게 한 번도 좋은 예언을 한 적이 없소! 이번에도 또 내 잘못이란 말인가?"

그러자 아킬레우스가 아가멤논을 막아섰다.

"칼카스는 그리스군의 생명을 구하기 위해 예언을 했소. 그런데 왜 그에게 화를 냅니까? 당장 크리세이스를 돌려보내 아폴론 신의 분노를 멈추게 합시다."

아가멤논은 아킬레우스를 사납게 노려보았다.

"아킬레우스! 뭔가 단단히 착각을 한 모양인데 명령을 내리는 건 총사령관인 내 몫이지 그대가 나설 일이 아니오. 그리고 난 크리세이스를 돌려보낼 생각이 전혀 없소."

아가멤논이 고집을 부리자 최고 연장자인 네스토르가 나서서 충고했다.

"왕이여, 부디 이성을 찾고 다시 생각해 보십시오. 이대로 간다면 우리 군은 트로이를 응징하기도 전에 역병으로 먼저 전멸하고 말 겁니다."

오디세우스와 아이아스도 나서서 네스토르를 거들었다.

"크리세이스를 돌려보냅시다."

장수들의 의견이 크리세스를 돌려보내는 쪽으로 모아지자 아가멤논도 계속 고집을 부릴 수가 없었다. 하지만 그의 가슴속에서는 이 상황을 만든 아킬레우스에 대한 원망과 분노가 동시에 들끓었다.

"좋소! 그대들이 모두 원하니 크리세이스를 포기하겠소. 그 대신 아킬레우스가 차지한 브리세이스를 내가 갖도록 하겠소."

그 말은 아킬레우스의 분노에 불을 지폈다.

"뭐요? 내가 정당하게 얻은 전리품을 탐내다니! 이 전쟁이 누구를 위한 것인지 잊었소? 트로이 백성들은 나에게 사소한 피해조차 준 적이 없소. 내가 그들과 싸운 것은 오로지 당신과 메넬라오스의 명예회복과 복수를 위해서였소. 목숨을 건 전투에서 나는 항상 선두에 서서 싸웠고, 당신보다 더 많은 전투를 감당해왔소. 하지만 전리품을 나눌 때면 내 몫은 항상 당신보다 적었소."

아킬레우스는 격앙된 목소리로 불만을 토해냈다.

"그런데 이제 와서 애써 얻은 내 전리품을, 그것도 당신이 직접 선사한 선물을 도로 빼앗겠다니, 양심이 있는 것이오? 만약 당신이 정녕 브리세이스를 빼앗겠다면, 나는 더 이상 싸우지 않고 고향으로 돌아가겠소!"

아킬레우스의 폭탄선언에 아가멤논의 얼굴은 붉게 달아올랐다. 그는 곧 눈을 부라리며 차갑게 소리쳤다.

"그대가 싸우든 말든 그건 자유요! 고향으로 돌아가겠다면 돌아가시오. 그대가 없어도 나에겐 훌륭한 장수들이 많으니, 신께서 주신 알량한 재능을 믿고 더 이상 건방 떨지 마시오. 그대는 고향으로 돌아가서 그대의 백성이나 잘 다스리시오. 하지만 떠나기 전에 먼저 브리세이스는 나에게 보내시오!"

아가멤논의 말에 아킬레우스도 화가 머리끝까지 치솟았다. 그는 온몸에 끓어오르는 분노를 참지 못하고 검을 뽑아 아가멤논을 죽이려고 했다. 그때 아테나 여신이 그의 등 뒤로 나타났다. 그러나 여신의 모습은 오직 아킬레우스만이 볼 수 있었다.

"그만두어라, 아킬레우스. 헤라 여신의 명령이시다. 나중에 그대에게 세 배나 더 큰 보상이 돌아갈 것이다. 그러니 지금은 분노를 거두어라."

아테나 여신의 만류로 아킬레우스는 끓어오르는 분노를 억눌렀다.

"오늘은 내가 참겠소. 하지만 모두들 이 아킬레우스를 아쉬워할 날이 반드시 올 것이오."

"흥! 나는 그대의 도움 따위는 필요 없소. 그러니 그대가 아쉬울 일

아킬레우스의 분노
조반니 바티스타 티에폴로, 1757년.

은 전혀 없을 것이오."

두 사람이 일촉즉발 팽팽하게 대치하자, 막사 안에 숨 막히는 긴장
감이 고조되었다. 참다못한 네스토르가 중재에 나섰다.

"두 사람 모두 진정하시오. 우리끼리 등을 지고 대립하면 저 트로이
의 프리아모스 왕과 그 백성들이 얼마나 기뻐하겠소. 나는 그대들보다
연장자이고 경험도 많소. 그러니 내 말을 들으시오."

네스토르는 아가멤논을 향해 차분한 음성으로 말했다.

"왕이여, 그대는 아킬레우스에게 포상으로 준 브리세이스를 빼앗지

마시오."

그는 이어 아킬레우스를 향해서 부드러운 음성으로 타일렀다.

"아킬레우스, 그대는 아무리 화가 나도 신들이 세운 총사령관의 권위에 맞서지 마시오. 그대가 여신을 어머니를 두었다고 해도 그의 권위에 맞설 수 있는 권리는 없소."

그러나 아가멤논과 아킬레우스는 서로의 생각을 굽히지 않았다.

"존경하는 노인이시여, 그대의 말이 옳소. 하지만 아킬레우스는 총사령관인 나의 권위를 마구 짓밟았소. 나는 아킬레우스를 용서할 생각이나, 브리세이스를 포기할 마음이 전혀 없습니다."

아킬레우스도 지지않고 아가멤논의 말을 되받아쳤다.

"내가 그대의 명에 따르는 일은 결코 없을 것이오. 만약 그대의 말에 복종하는 일이 있다면 나를 겁쟁이라 불러도 좋소."

아킬레우스는 분노에 가득찬 눈빛으로 아가멤논을 노려보고는 회의장을 떠나 자신의 진영으로 돌아갔다. 아킬레우스의 뒷모습을 바라보며 네스트로는 절망에 빠져 탄식했다.

'오, 이런 불행한 일이…, 우리는 이제 큰 영웅을 잃게 생겼구나. 앞으로 그리스 군의 운명은 어찌될꼬.'

⚜

아가멤논은 약속대로 크리세이스를 배에 태워 그녀의 아버지인 크리세스에게 돌려보냈다. 그리고나서 아폴론 신의 분노를 달래기 위해 제단을 쌓고 황소와 염소를 태워 제물로 바쳤다. 의식이 끝나자 아가멤논은 자신의 충직한 심복이자 전령인 탈티비오스와 에우리바테스를 불러 명령을 내렸다.

"아킬레우스의 막사로 가서 브리세이스를 데려오도록 해라. 만약 그가 거부한다면 내 친히 군대를 이끌고 무력을 써서 데려올 것이다."

그러나 전령들은 아킬레우스의 막사에 도착해서 차마 브리세이스를 데려가겠다는 말을 꺼내지 못했다. 그들은 아킬레우스를 진심으로 존경하고 두려워했기 때문이었다. 하지만 아킬레우스는 그들이 온 목적을 알고 있었고, 순순히 브리세이스를 내어주었다. 눈물을 머금고 떠나는 브리세이스를 보며 아킬레우스는 참을 수 없는 분노와 슬픔에 사로잡혔다.

"아아…, 이렇게 원통할 수가. 분해서 도저히 참을 수가 없구나."

아킬레우스는 치솟는 분노와 슬픔을 주체 못하고 바닷가로 뛰쳐나가 땅을 치며 울부짖었다.

"내게 요절할 운명을 주신 신들께서 작은 명예마저도 허락하시지 않는구나!

아가멤논이 나의 명예를 짓밟고 내게 주어진 선물을 빼앗다니!

이것이 내가 그들 형제를 위해서 싸운 대가란 말인가!"

이때, 여신 테티스가 아들의 절규를 듣고 바다 속 깊은 곳에서 올라왔다.

"내 아들, 아킬레우스."

"오, 어머니."

아킬레우스를 위로하는 테티스

조반니 바티스타 티에폴로, 1757년.

제1부 아킬레우스의 분노

테티스가 두팔을 벌려 아킬레우스를 안아주며 걱정스럽게 물었다.

"누가 내 아들의 마음을 이토록 아프게 만들었단 말이냐."

"어머니, 전 너무 억울합니다. 트로이의 왕자 파리스가 메넬라오스의 아내인 헬레네를 유혹하여 도망치자 메넬라오스의 형인 아가멤논은 헬레네를 되찾고 복수하기 위해 군사를 일으켰지요. 그리스의 명예를 지키기 위해 아가멤논이 저에게 참전을 부탁했을 때, 어머니는 제가 트로이 인의 화살에 죽을 운명이라며 나가지 못하게 하셨어요. 그때 저는 어머니께 불명예스럽게 오래 사느니 영웅답게 싸우다 죽겠다고 말씀드렸습니다. 죽게 될 것을 알면서도 남자로서 맹세한 의리를 지키기 위해 제게 잘못한 일도 없는 저 트로이 인들과 싸웠습니다.

오로지 아가멤논의 동생 메넬라오스를 위해서 말입니다. 그런데 아가멤논은 고마워하기는커녕 제가 사랑하는 여인까지 빼앗았습니다. 어머니, 너무나 억울해서 가슴이 터질 것만 같습니다."

아킬레우스의 눈물 어린 호소를 듣고 테티스는 감정이 복받쳐 올라 눈물을 흘렸다.

"사랑하는 아들아, 네가 괴로워하는 모습을 보니 이 어미의 가슴도 찢어질 듯 아프구나. 조금만 참아라. 내가 제우스 신께 너의 억울함을 호소하겠다."

테티스는 아들을 위로한 뒤 곧바로 올림포스에 올라갔다. 그녀는 제우스의 앞에 무릎을 꿇고 매달려 눈물로 호소했다.

"오, 위대한 신들의 왕 제우스시여. 당신과 나누었던 옛정을 생각하

테티스와 제우스
안톤 로센코, 18세기.

셔서 제 아들에게 모욕을 준 아가멤논을 벌해 주세요. 아가멤논이 피를 토하며 자신의 잘못을 뉘우치고 아킬레우스에게 보상하도록 도와주세요. 그가 아킬레우스를 영광으로 찬미할 때까지 트로이에겐 승리를, 그리스에겐 처절한 패배를 안겨주세요."

그리스와 트로이의 전쟁에서 중립을 지키려던 제우스는 테티스의 부탁이 곤혹스러웠다.

"테티스, 그대는 참으로 나를 곤란하게 하는구려. 그대는 내가 이

문제로 헤라와 얼마나 갈등을 겪는지 아시오? 그대의 부탁은 내 신중히 생각해 보겠소. 그러니 헤라가 눈치 채기 전에 어서 바다로 돌아가시오."

하지만 말과 달리 제우스는 고개를 끄덕여 보았고, 그것은 승낙의 의미였다.

테티스가 돌아간 후, 제우스는 올림포스 궁의 난간에 기대어 은하수가 펼쳐진 밤하늘을 바라보며 홀로 생각에 잠겼다.

제2장

아가멤논의 꿈

제우스는 거짓 꿈을 자신의 신전으로 불렀다. 그는 아가멤논에게 거짓 꿈으로 메시지를 전달하는 것이 최선이라는 결론을 내렸다.

"거짓 꿈이여, 지금 당장 그리스의 진영으로 가라. 그리고 아가멤논에게 가서 내 말을 전해라. 이제 트로이를 점령할 수 있는 기회가 왔다고 말이다. 올림포스의 신들이 그동안 두 패로 갈리었으나 헤라 여신의 간청으로 한 마음이 되었고, 이제 트로이를 도와줄 신은 하나도 없다. 그러니 지금이야 말로 트로이를 멸망시킬 절호의 기회라고 말하거라."

"알겠습니다. 제우스 신이여."

거짓 꿈은 곧바로 아가멤논이 있는 그리스 진영으로 내려갔다. 그 모습을 지켜보며 제우스는 혼잣말로 중얼거렸다.

아가멤논에게 거짓 꿈을 보내는 제우스
존 플랙스만의 일리아드, 1793년.

"승리는 무슨 승리, 고생 좀 하게 될 거다. 아가멤논."

아가멤논은 막사 안에서 곤히 잠들어 있었다. 거짓 꿈은 아가멤논
이 가장 존경하는 네스토르로 변신하고 아가멤논에게 다가갔다.

"아트레우스의 아들이여, 위대한 왕이시여, 어서 일어나시오 지금
은 편히 자고 있을 때가 아닙니다."

"으음, 네스토르 이 시간에 어쩐 일이오?"

"제우스 신께서 그리스에게 승리를 안겨 주기로 약속하셨소. 그러

니 최대한 신속하게 군사들을 무장시키십시오. 지금이야말로 트로이를 정복할 최고의 기회입니다."

거짓 꿈은 이어서 제우스가 전하라고 한 말을 한 마디도 빼놓지 않고 그대로 전달했다. 또한 부연해서 강조하기를 꿈에서 깨어나더라도 절대 꿈 내용을 잊어서는 안된다고 했다. 거짓 꿈의 이야기를 듣고 흥분한 아가멤논은 침상에서 벌떡 일어났다. 그러자 거짓 꿈은 곧바로 사라져 버렸다.

"네스토르…, 꿈이었나?"

아가멤논은 네스토르의 모습이 보이지 않자, 이내 꿈이라는 것을 알아차렸지만 그 꿈은 현실처럼 너무나 생생했다.

"흐음, 이것은 신의 계시가 분명해. 제우스께서 나를 도우시려는게 틀림없어."

아가멤논은 급히 무장을 했다. 망토를 걸치고, 장식이 달린 군화와 은이 박힌 칼을 어깨에 맨 후 왕의 권위를 나타내는 황금 홀을 손에 들었다. 그 황금 홀은 원래 대장장이 신 헤파이스토스가 만들어 제우스에게 바친 것이다. 제우스는 그 홀을 헤르메스에게 주었고, 헤르메스는 펠롭스에게, 펠롭스는 다시 아트레우스 왕에게 선물했고, 다시 아트레우스의 동생인 티에티스에게 넘어갔으나 곧 아가멤논의 차지가 되었다. 그것은 아르고스와 그리스 전체를 통치하는 그의 권력을 상징했다. 그는 전령들을 불러 전군 소집 명령을 전달하게 했다. 그와 동시에 장수들을 불러모았다.

"오디세우스! 네스토르! 디오메데스! 아이아스!

모두 회의장으로 모이시오. 어서 서두르시오."

아가멤논의 다급한 부름을 듣고 장수들이 회의장에 모였다.

"이 밤중에 무슨 일로 급히 부르셨소?"

네스토르가 궁금한 듯 물었다.

"제우스께서 내 꿈에 전령을 보내 전투 준비를 명하셨소. 지금이야 말로 트로이 성을 점령할 수 있는 다시 없는 기회요."

아가멤논은 장수들에게 자신의 꿈 이야기를 하나도 빠짐없이 그대로 전했다.

"그리스의 영웅들이여, 만약 다른 이가 꿈이야기를 했다면 나는 분명 무시했을 것이오. 하지만 우리 중에 가장 높으신 분께서 꿈을 꾸셨다고 하니 이것은 신의 계시가 분명합니다. 그러니 어서 군대를 무장시키도록 합시다."

네스토르의 제안에 모두들 이구동성으로 외쳤다.

"이제야 전쟁의 끝이 보이는 것 같군요."

"신의 계시라면 꾸물대지 말고 당장 나가 싸웁시다."

"그럼 더 이상 머뭇거릴 이유가 없지요. 당장 싸울 준비를 하겠습니다."

성격이 급한 작은 아이아스는 벌떡 일어서서 달려나가려고 했다. 그러자 아가멤논이 손을 들어 제지했다.

"잠깐 기다리시오. 그전에 먼저 군사들의 사기를 시험해 봐야겠소. 나는 군사들에게 고향으로 돌아가라고 이를테니, 그대들은 요소요소마다 자리를 지키고 있다가 군사들이 동요하면 그들을 설득해서 떠나지 못하도록 막아주시오."

모두들 아가멤논의 의견에 동조하자 회의는 끝이 났다.

�֍

아가멤논의 명령에 따라 그리스 군사들이 모두 해변에 집결했다. 다만 아킬레우스와 그가 이끄는 미르미돈족의 군대는 참여하지 않았다. 연단이 세워지자 왕의 권위를 상징하는 황금 왕홀을 든 아가멤논이 단 위에 올랐다. 그는 거짓으로 외쳤다.

"친애하는 동지들이여, 제우스 신께서 우리에게 승리를 약속해 놓고 이제와서 고향으로 돌아가라고 명하셨소. 신이 우리를 저버린 이상 좀처럼 함락되지 않는 저 트로이 성을 점령하는 것은 도저히 불가능합니다. 더 이상 피 흘리지 말고 모두 배를 띄워 고향으로 돌아갑시다."

아가멤논의 갑작스런 철군撤軍 선언에 군사들은 큰 충격을 받고 동요하기 시작했다. 두려움과 불안, 혼란, 낙담이 그리스 진영을 무겁게 짓눌렀다. 곧이어 그들은 누가 먼저랄 것도 없이 자신들이 타고 온 함선을 향해 몰려갔다. 그들이 달음질치며 일으킨 모래 먼지가 시야를 뿌옇게 가렸다.

"가자!"

"고향으로 돌아가자!"

올림포스 신전에서 그 모습을 지켜보던 신들의 여왕 헤라는 깜짝 놀라 아테나를 불렀다.

"아테나, 큰일났어. 그리스군이 전쟁을 포기하고 도망치려고 해. 헬레네를 되찾고 명예를 회복하기위해 얼마나 많은 군사들이 목숨을 잃었는데, 전쟁을 이대로 끝내면 안되잖아. 더구나 괘씸한 파리스와 트로이인들이 거들먹 거리는 모습을 두고 볼 수는 없지. 아테나 어서 내려가서 저들을 좀 말려."

"알겠어요. 트로이 성의 멸망과 파리스의 최후를 보기 전에 전쟁이 끝나게 할 순 없지요."

아테나는 올림포스 봉우리에서 그리스 진영을 향해 쏜살같이 내려갔다. 그녀는 함선 부근에 서있는 오디세우스를 발견했다. 오디세우스는 군사들이 배를 띄우고 떠날 준비에 분주한 모습을 지켜보며 망연자실했다.

'군사들의 사기가 이 정도로 바닥일 줄이야, 정말 실망이 크구나. 이대로는 트로이와 싸워서 절대 승리할 수 없어.'

이때, 아테나가 오디세우스의 등뒤로 다가가 맑은 눈동자를 빛내며 말했다.

"라에르테스의 아들 오디세우스여, 그대는 멍하니 저들을 지켜만 보고 있을 텐가? 그리스군이 저렇게 허둥지둥 내빼는 모습을 보면 트로이인들이 얼마나 비웃겠는가? 정녕 트로이에게 승리의 영광을 바칠 텐가? 헬레네를 되찾기 위해 먼 바다를 건너와서 참혹한 희생만 치른 채 그녀를 남겨두고 떠나겠단 것이냐? 정말 포기할 생각은 아니겠지? 이대로 멍하니 있지 말고 어서 저들을 말려라."

오디세우스는 등뒤에서 들려오는 목소리의 주인공이 아테나 여신임을 알아차렸다. 그는 용기를 내어 즉시 아가멤논에게 가서 황금 왕홀을 빌렸다. 그리고 장수들을 한 명씩 찾아 다니며 군사들을 진정시키라고 독려했다. 장수들은 오디세우스의 독려에 정신을 차리고 서둘러 자신의 부대로 달려갔다. 그들은 자신의 휘하 부하들에게 아가멤논 왕이 군사들을 시험했다는 사실을 밝히고, 부하들의 이해를 구하며 설득했다. 혼란이 수습되고 질서가 회복되자 군사들은 다시 회의장으로 모여들었다.

이때 군사들 중 한 명이 큰 소리로 불만을 토해냈다. 그는 테르시테스Thersites라는 끔찍하게 못생긴 사내였다. 눈은 사팔뜨기(사시)에 등은 곱사등이며 한쪽 다리를 절었다. 평소 수다스러운데다 남의 험담을 즐기는 그는 그리스 진영에서 모르는 사람이 없을 정도였다. 하지만 어느 누구에게도 환영받지 못했다. 그런 테레시테스가 아가멤논을 향해 비난을 퍼부었다.

"아가멤논 왕이시여, 우리가 당신을 위해 그동안 바친 전리품이 부족하십니까? 당신의 진영에는 보물이 수두룩하고, 여자들이 넘쳐나는데 무엇을 더 바라시는 겁니까?

당신은 불쌍한 군사들에게 고향으로 돌아가라고 부추겨놓고 뒤로는 장수들을 시켜서 다시 전투에 나서라고 종용하고 있습니다. 욕심쟁이 왕이시여, 아킬레우스 장군의 명예로운 전리품까지 가로채고도 아직 성이 차지 않습니까? 그 욕심을 채우기 위해 얼마나 더 많은 희생자가 나와야 합니까?"

아가멤논을 향해 독설을 마구 퍼부은 테레시테스는 이번엔 군사들을 향해 소리쳤다.

"여러분, 욕심쟁이 왕께 여기 남아서 전리품이나 챙기라고 하고 우리는 그만 집으로 돌아갑시다. 우리가 그의 욕심을 채워주기 위해 또다시 목숨을 걸고 전투를 벌여야 한단 말입니까?"

테레시테스가 다시 입을 열려고 할 때 오디세우스가 쏜살같이 달려나와 그의 앞을 가로막았다. 오디세우스는 분노에 찬 눈빛으로 테레시테스를 노려보며 호통을 쳤다.

"테레시테스, 그 입을 다물지 못할까? 감히 신들이 세운 왕의 권위를 무시하고 모욕하며, 군사들을 부추겨 선동하다니, 정녕 죽음이 두렵지 않은 것이냐? 또 다시 그 입을 함부로 놀렸다가는 네 옷을 모두 벗겨 채찍질한 후 쫓아낼 것이다. 당장 꺼져라!"

오디세우스는 왕홀을 들어 테레시테스의 등을 강하게 내려쳤다. 그러자 테레시테스는 고통을 참지 못하고 비명을 지르며 그 자리를 떠나 멀찍이 물러섰다.

오디세우스는 연단에 올라서서 황금 왕홀을 높이 치켜들었다. 전령의 모습으로 변신한 아테나 여신이 오디세우스의 곁을 지켰다. 여신은 모든 군사들의 눈이 오디세우스를 향하게 만들었고, 그들의 귀를 열어주어 멀리서도 오디세우스의 목소리를 또렷이 듣도록 해주었다.

"용감한 그리스 군사들이여, 그대들은 트로이를 점령하겠다던 맹세를 모두 잊었단 말이오? 10년째가 되어서야 트로이의 성이 함락된다고 한 칼가스의 예언도 잊었소?

이제 그 예언이 이루어질 때가 왔소, 그런데도 그대들은 비겁하게 도망칠 생각만 한단 말인가! 저 프리아모스 왕의 성을 함락시키고 파리스를 응징한 뒤 헬레네를 되찾기까지 우리 모두 남아서 싸웁시다! 제우스 신께서 아가멤논 왕께 승리를 약속하셨소. 우리에게 승리가 보장되었단 말입니다. 그러니 우리 다 함께 나가서 싸웁시다."

아테나 여신은 오디세우스의 호소에 힘을 실어주었고, 군사들은 가슴속에 뜨거운 용기가 샘솟았다. 그들은 우렁찬 함성을 지르며 오디세우스의 연설에 환호했다. 오디세우스의 뒤를 이어 네스토르도 연단에 올랐다.

"그리스의 군사들이여, 그대들은 철부지와 다름없도다. 우리가 했던 엄숙한 맹세와 서약은 어디로 갔는가? 우리가 신에게 바친 술과 손에 손을 맞잡고 다짐했던 그 믿음은 대체 어디로 갔단 말인가? 9년 동안 쏟아부은 노력과 희생을 정녕 헛되게 할 것인가? 그런 정신으로는 아무리 오래 머물러도 얻을 것이 없다. 이제라도 제우스 신께서 약속하신 승리를 굳게 믿고 용감히 나가 싸우자."

그는 군사들에게 일장연설을 끝낸 후 이번엔 아가멤논을 향해 입을 열었다.

"그대 왕이시여, 이제부터 확고한 결심과 불굴의 의지로 군사들을 지휘해 주시오. 또한 트로이 점령을 약속하신 제우스 신의 뜻을 의심하여 도망치려는 자는 극형에 처합시다. 그리고 군사들은 같은 부족과 동족별로 배정하여 열심히 싸우는 부족과 그렇지 못한 부족을 구분하도록 하십시오. 그렇게 하면 용감한 자와 비겁한 자가 누구인지 드러날 것이오. 또한 전투에서의 패배가 신의 뜻인지, 전투를 치르는 인간의 비굴함과 우둔함 때문인지도 알게 될 것이오."

아가멤논은 네스토르에게 고개를 숙여 감사를 표현했다.

"네스토르, 좋은 의견주셔서 고맙소. 그대와 같은 조언자가 열 명만 있었다면 트로이 성은 이미 우리의 수중에 떨어졌을 것이오. 그러나 이 모든 원인과 결과는 내 책임이오. 위대한 제우스 신께서는 나에게 무익한 논쟁과 다툼을 감수하게 하셨소. 나와 아킬레우스는 여자 하나를 두고 다투었고, 그 싸움은 내가 한 것이오. 우리가 화해할 수만 있다면 트로이 성의 점령은 시간문제 일 것이오."

아가멤논은 병사들을 향해 우렁찬 목소리로 명령을 내렸다.

"그리스의 군사들이여! 이제 흩어져서 식사를 하고 전투를 준비하라. 각자 창과 검의 날을 세우고, 방패를 손질하라. 말의 먹이를 든든히 주고 전차들을 점검하라. 우리는 기필코 승리할 것이다. 밤이 찾아와 양쪽 군사들을 갈라놓을 때까지 휴전이란 없다. 우리에게 오직 제우스 신께서 약속하신 승리만이 있을 뿐이다. 만약 전열에서 벗어나 도망치는 자가 있다면 그는 단언컨대 개와 독수리의 밥이 되어 비참한 최후를 맞게 될 것이다."

아가멤논의 열변이 끝나자 군사들은 기다렸다는 듯이 일제히 우렁찬 함성을 질렀다. 그리스 진영에서 터져나온 함성은 하늘 높이 울려퍼졌다. 그리스 군사들은 각자 자신이 소속된 부대로 돌아가 불을 지피고 식사 준비를 서둘렀다. 그리고 자신들이 모시는 신에게 제물을 바치고 다가올 전투에서 목숨을 지켜 달라고 기도했다.

아가멤논도 제우스에게 제물로 바칠 소 한 마리를 준비하고 장수들을 소집했다. 네스토르와 이도메네우스, 큰 아이아스와 작은 아이아스, 디오메데스와 오디세우스가 차례대로 도착했다. 그들은 제물로 바쳐진 소를 둘러싸고 제우스에게 기도를 올렸다.

"가장 영광스럽고 위대한 제우스 신이시여, 천둥과 번개를 다스리는 분이시여, 우리의 기도를 들어주소서. 트로이의 성벽을 무너뜨리고, 활활 타오르는 불길로 성문을 태우며, 헥토르의 갑옷이 누더기가 되기 전까지 태양이 지는 일이 없도록 어둠을 막아 주소서. 또한 트로이의 군사들이 땅에 고꾸라져 고통에 몸부림치다가 죽어가게 하소서!"

제우스는 올림포스 신전에서 그 모습을 내려다보았다. 하지만 아가멤논의 제물만 받고 그의 기도는 듣지 않았다.

'헤라와 아테나의 도움이 없었다면 그리스군은 모두 고향으로 돌아가 버렸을 텐데.

아가멤논이 군사들의 사기를 시험하려다 큰 낭패를 당할 뻔 했군.'

그리스 진영이 한창 전쟁 준비로 달아오르는 것을 확인한 제우스는 전령의 신 이리스를 불렀다.

"지금 즉시 트로이로 가라. 그들에게 그리스군이 곧 공격할테니 서둘러 대비하라고 전해라."

이리스는 새벽 하늘을 날아 트로이로 향했다. 그 시간 트로이 성에서는 프리아모스 왕과 헥토르, 파리스, 아이네이아스, 글라우코스, 사르페돈을 비롯한 장수들이 모여 대책 회의를 열고 있었다. 트로이 성에 도착한 이리스는 프리아모스 왕의 아들이자 척후병 임무를 맡고 있는 폴리테스Polites의 모습으로 변신했다. 그는 황급히 회의장으로 달려갔다.

"아버지, 큰일났습니다."

프리아모스 왕은 갑자기 뛰어들어온 아들을 보고 놀라서 물었다.

"폴리테스, 무슨 일이냐?"

폴리테스가 다급한 음성으로 소리쳤다.

"지금 그리스군이 우리 성을 향해 새까맣게 몰려오고 있습니다."

프리아모스 왕과 장수들은 갑작스러운 그리스군의 공격 소식에 크게 놀랐다.

"아, 큰일이로다!"

프리아모스가 탄식하자 헥토르가 자리에서 일어섰다.

"걱정하지 마십시오. 제가 저들을 막겠습니다."

"오, 헥토르! 너만 믿겠다. 부디 트로이를 지켜 다오."

"안전한 곳에서 기다리세요. 승리의 소식을 가지고 돌아오겠습니다."

헥토르는 노쇠한 아버지의 떨리는 손을 잡아주며 안심시켰다. 그리고는 장수들과 함께 전투준비에 나섰다. 군사들이 소집되었고, 트로이를 돕기 위해 도성안에 와 있던 동맹군도 합류했다. 그들은 헬레스폰토스 연안의 가까운 도시들과 트라케와 파플라고니아, 카리아와 리키아에서 온 전사들이었다. 헥토르는 아이네이아스, 판다로스, 사르페돈, 글라우코스 등 지휘관들을 돌아보며 확신에 찬 음성으로 말했다.

"모두들 아킬레우스가 그리스 진영을 떠난 것을 알고 있을 것이오. 아킬레우스가 없는 그리스군은 한쪽 팔을 잃은 궁수와 같소. 지금이야말로 신들이 우리에게 승리의 기회를 주신것이 분명하오! 자 모두 나가서 그리스군에게 비참한 패배를 안겨줍시다."

트로이의 동맹군은 헥토르의 지휘 아래 성문을 활짝 열어젖히고, 그리스군을 맞아 싸우고자 물밀 듯이 쏟아져 나아갔다. 그들은 비록 그리스군에 비해 수적으로는 열세였다. 그러나 사기만은 하늘을 찌를 듯 드높았다.

바다의 모래알처럼 수 많은 그리스 군사들도 총사령관 아가멤논의 지휘 아래 트로이 성을 향해 진격해 나아갔다. 창과 방패를 앞세운 그리스군과 트로이군은 드넓게 펼쳐진 들판에서 마주쳤다. 피비린내 나는 전투를 앞두고 일촉즉발의 긴장감이 맴도는 들판에 아침이 밝아오고 있었다.

제3장

파리스와 메넬라오스의 대결

새벽의 여신이 물러가자 들판이 훤하게 밝아왔다. 그러나 양쪽 군사들은 여전히 팽팽한 신경전을 벌였다.

이때, 긴장한 트로이 군사들 속에서 반짝이는 갑옷으로 무장한 파리스가 걸어 나왔다. 그는 어깨에 표범 가죽을 걸치고 활과 검을 메고 있었다. 파리스는 그리스 진영을 향해 호기롭게 소리쳤다.

"그리스 군사들이여, 누가 나와 일 대 일로 겨뤄 볼 자 없는가?"

그리스 진영에서는 파리스의 도발에 침묵했다.

"하핫! 그리스군에는 모두, 겁쟁이들만 있는 모양이구나."

파리스는 손에 든 창을 그리스군을 향해 휘두르면서 조롱했다. 그 모습을 누구보다 유심히 살펴보던 이가 있었다. 그는 헬레네의 전남편 메넬라오스였다. 파리스를 알아본 메넬라오스의 가슴에서 뜨거운 분노가 치솟았다.

'분수도 모르고 날뛰는 쥐새끼 같은 놈!'

메넬라오스는 굶주린 사자가 먹잇감을 발견한 것처럼 크게 기뻐했다. 드디어 복수할 기회가 찾아온 것이다. 메넬라오스의 두 눈에 살기가 번득였다. 그는 원수를 반드시 죽여없애리라고 다짐하며 전차에서 뛰어내렸다.

"파리스! 네 상대는 여기에 있다.

잘난 척하는 그 얼굴을 완전히 박살내 주마."

그리스 진영에서 걸어나오는 장수가 메넬라오스라는 것을 알아본 파리스는 가슴이 덜컥 내려앉았다.

'헉! 메넬라오스!'

메넬라오스의 두 눈은 분노로 이글이글 타오르고 있었다. 파리스의 얼굴은 파랗게 질려 버렸다.

'으으…, 나에 대한 원한이 대단하군.'

파리스는 백수의 왕 사자를 마주친 가젤처럼 크게 놀라 자신도 모르게 뒷걸음 치다가 군사들 속으로 숨어버렸다. 그 모습을 본 헥토르가 파리스를 엄하게 꾸짖었다.

"이 비겁한 놈! 왕자란 신분에 부끄럽지도 않느냐! 남의 아내를 빼앗아서 전쟁이 일어나게 만들었으면 사내답게 책임을 져야지, 도망친다는게 말이 되느냐! 너로 인해서 벌어진 전쟁에 목숨을 걸고 참전한 군사들을 보기에 부끄럽지도 않느냐? 너에겐 배짱이 없다. 너 따위는 전쟁에 나서서 고작 비웃음이나 살 뿐이다."

헥토르의 날선 비난에 파리스는 부끄러워져 얼굴이 화끈거렸다. 그는 자신의 행동을 후회하며 몸둘바를 몰라했다.

"형님, 알겠습니다. 나가서 싸우겠습니다. 다만 메넬라오스와 일대일로 싸우게 해주십시오. 승자가 헬레네와 그녀의 재산을 모두 가지는 것으로 조건을 걸겠습니다. 승부가 끝나면 양쪽 모두 우정과 평화를 맹세하도록 합시다. 우리는 트로이에 남고 저들은 고향인 그리스로 돌아가는 것입니다."

말을 마친 파리스는 창과 방패를 고쳐잡고 다시 메넬라오스를 향해 걸어나갔다.

헥토르는 파리스의 제안이 마음에 들었다. 그는 그리스와 트로이 진영의 중간 지점까지 걸어나갔다. 그 모습을 본 아가멤논이 앞으로 나서며 헥토르를 마주보았다.

"지금부터 이 전쟁의 양 당사자인 메넬라오스와 파리스가 맞대결을 벌이도록 합시다. 이 싸움의 승자가 헬레네는 물론이고, 그녀의 재산까지 모두 차지하게 될 것이오. 승부가 가려지면 그리스와 트로이는 평화협정을 체결하고 전쟁을 끝내도록 합시다."

아가멤논도 헥토르의 제안에 동의했다. 그러자 메넬라오스도 큰 소리로 외쳤다.

"매우 감동적인 제안이오. 나는 지금 당장 양쪽이 화해하기를 제안하겠소. 파리스가 촉발한 전쟁으로 군사들은 모두 충분한 고난을 겪었소. 더 이상의 희생은 바라지 않소. 결투에서 누가 이기고 지던지, 누가 죽고 누가 살든지 상관하지 맙시다. 그러니 승부에 앞서 먼저 평화협정을 맺읍시다.

트로이 쪽에서 검은 양과 암양을 태양과 대지를 위해 바치면, 우리는 또 다른 양을 가져와서 제우스 신께 바치겠소. 단 헥토르와 파리스의 말만 믿을 수는 없소. 그대들이 변덕을 부릴 수도 있으니 프리아모스 국왕이 직접 맹세하게 하시오."

그리스와 트로이 군사들은 모두 이 불행한 전쟁이 끝날지도 모른다는 희망이 보이자 기뻐했다. 그들은 긴장을 풀고 전차를 질서 정연하게 정렬했다. 헥토르와 아가멤논은 각자 부하들에게 양을 준비시키라고 명령했다.

한편 방 안에 홀로 있던 헬레네는 자주빛 실로 천을 짜고 있었다. 그 천에는 그리스와 트로이 양쪽 군대의 전투 광경이 그려지고 있었다. 이때 헬레네의 시누이 라오디케의 모습으로 변한 이리스가 방으로 들어왔다.

"언니, 어서 밖으로 나가보세요. 들판에서 전투를 벌여야 할 양쪽 군사들이 싸우지도 않고 모두 바닥에 앉아있어요. 파리스 오라버니가 언니의 전남편인 메넬라오스 왕과 일대일로 싸우려나 봐요. 언니가 승자의 아내가 될 거래요."

그 말을 듣고 놀란 헬레네는 황급히 방을 나섰고, 시녀들이 그녀의 뒤를 따랐다. 그녀가 성벽으로 달려갔을 때 망루 위에서 프리아모스 왕이 신하들과 함께 전투 상황을 지켜보고 있었다.

"아버님."

"오. 아가, 이리로 오너라."

프라이모스 왕은 부드러운 음성으로 헬레네를 불러 자신의 옆에 앉혔다.

"저기 저 그리스 진영 한 가운데에 서 있는 자가 누구인지 알겠느냐? 꼿꼿하게 세운 허리며 늠름한 어깨까지 참으로 강해 보이는 것이 왕족의 기품까지 풍기는구나."

헬레네가 대답했다.

"아버님. 그는 제 시아주버님이셨던 아가멤논입니다. 그리스군의 총사령관이며 미케네의 왕이지요."

프라이모스 왕은 이번엔 아가멤논의 옆에 서있던 오디세우스를 가리켰다.

"그렇구나. 그렇다면 그 옆에 서 있는 총명해 보이는 사내는 누구지?"

"그는 지혜가 뛰어난 오디세우스랍니다. 험준한 산악지대인 이타카의 왕이기도 하지요. 그의 지혜는 아테나 여신님이 선물한 것이지요."

"그럼 저 거인 같은 사내는 누구더냐?"

"그는 두 사람의 아이아스 중 큰 아이아스입니다. 세상에 둘도 없는 천하장사이지요. 그리고 반대편 지휘관들 사이에 신처럼 앉아있는 이가 이도메네우스입니다."

헬레네는 과거 자신에게 구혼했던 남자들의 모습을 보자 불현듯 스쳐가는 옛 생각에 그리움이 물밀듯이 밀려왔다.

결혼 전 헬레네는 그리스 전역의 왕과 왕자들로부터 공개 구혼을 받았다. 그들 중에는 오디세우스와 큰 아이아스, 디오메데스 그리고 전 남편 메넬라오스도 있었다.

그들은 헬레네에게 무슨 일이 생길 경우, 함께 힘을 모아 도와 줄 것을 맹세했다. 그들은 맹세를 지키기 위해 목숨을 걸고 전쟁에 참전한 것이다.

'이 전쟁은 모두 나 때문이야. 아, 저들은 나더러 부끄러움을 모르는 여자라고 욕하겠지.'

헬레네는 죄책감과 후회, 그리움, 부끄러움 등 복합적인 감정에 휩싸여 옛 구혼자들의 모습을 한 명씩 내려다보았다. 이때 전령인 이다이오스가 왕에게 달려와 헥토르의 명을 전했다.

"프리아모스 왕이시여. 헥토르 왕자님과 그리스군의 총사령관인 아가멤논 왕께서 모시고 오시라고 하십니다. 그분들은 왕께서 오셔서 그리스와 트로이의 평화협정에 서약을 맺어주시기를 기다립니다. 파리스 왕자와 메넬라오스 왕이 부인을 놓고 결투를 벌일 것입니다. 승자가 부인과 부인의 재산을 모두 차지한다고 하는데, 그 전에 평화와 화해를 결의하는 조약을 맺을 것이라고 합니다. 승패가 가려지면 그들은 자신의 고향으로 돌아가고, 저희는 가족과 조국을 지키게 될 것입니다."

프리아모스 왕은 전차를 준비하라고 시킨 뒤 직접 말의 고삐를 잡았다. 트로이의 원로인 안테노르가 동행했다. 전차는 스카이아 성문을 지나 빠르게 평원을 향해 달려나갔다.

프리아모스 왕이 양 진영 사이에 전차를 세우고 말에서 내리자 아가멤논이 일어나 맞이했다. 오디세우스가 그의 옆에 섰다. 전령들이 엄숙한 태도로 제물을 가져오고, 포도주를 준비했다. 그들은 또 프리아모스 왕과 아가멤논 왕의 두 손에 물을 부었다.

아가멤논이 자신의 검을 뽑아 양의 머리 쪽 털을 잘랐다. 전령들은 그 털을 각 진영의 장수들에게 조금식 나누어 주었다. 아가멤논 왕은 하늘을 향해 두 손을 들어올리고 큰 목소리로 기도를 올렸다.

"올림포스 신들의 왕이신 제우스여, 천둥과 번개를 다스리는 전능한 신이시여, 모든 것을 보고 들으시는 태양이시여, 강의 신과 대지의 여신이시여, 지하의 왕이시며 거짓 맹세자를 벌하시는 신이시여!

파리스가 메넬라오스를 죽인다면 그로 하여금 헬레네와 그녀의 재산을 차지하게 하시고, 그리스군은 함선에 올라 고향으로 돌아가게 하소서. 그러나 만약 메넬라오스가 승리한다면 트로이는 헬레네와 보물들을 포기하게 하고 우리에게 합당한 보상을 치르게 하소서. 만약 트로이 쪽에서 이 서약을 지키지 않는다면 우리는 트로이를 멸망시킬 때까지 결코 이 땅에서 물러나지 않겠나이다."

아가멤논 왕은 기도를 마치고 양을 제물로 바쳤다. 그리고 포도주를 황금 잔에 붓고, 불멸의 신들에게 청원을 올렸다.

"전능하고 위대하신 불멸의 신들이여, 만약 어느 쪽이든지 이 서약을 어기고 상대 편을 해친 자는 당사자는 물론 그 후손 대대로 머리에서 골수가 이 포도주처럼 쏟아져 나오게 하소서. 그들의 아내나 딸들은 적의 종이 되게 하소서."

그러나 제우스는 아가멤논의 기도를 들어주지 않았다. 프리아모스 왕의 기도도 아가멤논 왕과 다르지 않았다. 그는 기도를 마치고 그리스와 트로이 양쪽 군사들을 향해 외쳤다.

"트로이와 그리스 군사들이여, 내 말을 들으시오. 나는 내 아들 파리스가 메넬라오스 왕과 결투하는 모습을 지켜보기 힘드니 이만 돌아가겠소. 어느 쪽이 승자가 되고, 패자가 될지는 오직 불멸의 신들만이 아실것이오."

왕은 안테노르와 함께 전차에 올라 곧 결투가 벌어질 그 자리를 떠났다.

헥토르와 오디세우스가 장소를 정하고 누가 먼저 공격할지 정하기 위해 투구 안에 제비를 넣고 흔들었다. 양 진영의 병사들은 서로 자신들의 대표가 승리하기를 신들에게 기도했다. 제비의 결과는 파리스가 먼저 공격하는 것으로 나왔다. 트로이군에서 함성이 터져 나왔고, 그리스군에서 탄식이 흘러 나왔다.

한편, 넓은 들판 위에서 양쪽 군사들은 대결을 펼칠 두 사람만을 남기고 모두 자리에 앉았다. 파리스와 메넬라오스는 각자 자신의 몸에 맞는 갑옷과 투구, 무기와 방패로 무장하고 결투의 장소로 정해진 곳에 섰다.

먼저 공격하는 파리스와 방어하는 메넬라오스 모두 긴장하기는 마찬가지였다. 파리스는 창을 잡은 손에 힘을 잔뜩 주었다. 그리고 메넬라오스가 서 있는 방향과 거리를 어림잡아보았다.

'이 기회에 메넬라오스를 죽이지 못하면 내가 죽게 된다.'

파리스는 젖먹던 힘까지 다해 메넬라오스를 향해 창을 던졌다. 그러나 메넬라오스는 창의 방향을 파악하고 한걸음 옆으로 비켜서며 방패로 창을 쳐냈다. 그 모습을 본 파리스는 얼굴이 파랗게 질리며 자신도 모르게 신음을 뱉어냈다.

"으윽, 이럴수가…."

메넬라오스가 창을 던질 차례였다. 그는 던지기 전에 제우스에게 기도를 올렸다.

"제우스 신이여, 내 명예를 떨어뜨린 파리스를 응징하게 해주소서!"

그리고는 자세를 잡고 힘껏 창을 던졌다.

"파렴치한 파리스. 내 창을 받아라!"

메넬라오스의 창은 파리스의 방패 정 가운데를 뚫고 들어가 갑옷까지 꿰뚫고 옆구리 부근의 옷까지 찢었다. 하지만 파리스는 큰 상처를 입지는 않았다. 파리스는 간담이 서늘해지면서 등줄기에서 식은 땀이 흘러내렸다.

메넬라오스는 자신의 창이 파리스에게 별다른 타격을 입히지 못한 것을 보고 칼을 뽑아들었다. 그는 재빨리 파리스를 향해 달려가 머리를 내리쳤다. 그러나 칼은 파리스의 투구에 달린 뿔에 맞고 오히려 여러 조각으로 부러졌다. 메넬라오스는 탄식하며 하늘을 향해 부르짖었다.

"제우스여, 어째서 저를 돕지 않으십니까? 이런 파렴치한을 제 창과 칼에서 구해주시다니요. 당신이 원망스럽습니다."

메넬라오스는 창과 칼을 잃어버리자 맨 손으로 파리스에게 덤벼들었다.

"무기가 없어도 너 하나쯤 없애는 건 식은 죽 먹기다."

그는 파리스의 투구 위에 달린 말갈기 장식을 휘어잡고 그리스군 쪽으로 질질 끌고 갔다. 투구를 졸라맨 끈이 목을 파고들며 조여오자 파리스는 금방이라도 숨이 넘어갈 지경이었다. 이때 아프로디테 여신이 나타나 투구의 줄을 끊는 바람에 파리스는 위기를 모면했고, 메넬라오스는 투구를 쥔 채 엉덩방아를 찧고 말았다.

"커억, 파리스, 이놈!"

메넬라오스는 재빨리 몸을 일으켜 동료에게 투구를 던져준 뒤 창을 집어들고 다시 파리스를 향해 달려들었다. 그러자 아프로디테는 안개를 뿌려 파리스를 숨겼다. 여신은 곧 파리스를 헬레네의 방으로 옮겨

놓았다.

   여신은 헬레네의 옛 고향집 늙은 시녀로 변신했다. 그녀는 헬레네가 유독 의지했던 노부인이었다. 여신은 성안의 낮은 담 위에서 시녀들과 함께 있는 헬레네를 발견하고 그녀의 옷자락을 잡아끌었다. 그녀는 파리스가 전장에서 돌아와 침실에서 기다린다며 어서 가자고 했다. 헬레네는 노부인이 곧 아프로디테 여신이라는 것을 알아차렸다. 그녀는 파리스에게 가고 싶지 않다며 불평을 늘어놓았다. 그러자 여신은 화를 내며 그녀를 호되게 꾸짖었다. 두려움을 느낀 헬레네는 어쩔 수 없이 여신의 뒤를 따라 침실로 갔다.

   "헬레네여, 성밖이 조용해질 때까지 파리스를 쉬게 하여라"

   아프로디테는 여신의 모습으로 돌아온 뒤 헬레네에게 당부의 말을 전하고 자리를 떠났다. 헬레네는 경멸에 찬 표정을 지으며 침대에 누워 있는 파리스를 비난했다.

   "사내대장부가 비겁하게 도망쳐 오다니 창피하지도 않나요? 당신은 싸움에서도 졌고, 명예도 잃어버렸어요. 차라리 메넬라오스의 손에 죽지 그랬어요. 그랬으면 적어도 명예라도 지켰겠지요."

   헬레네의 비난에 풀이 죽은 파리스가 힘없이 말했다.

   "날 너무 비난하지 마시오. 내가 패한 것은 아테나 여신이 메넬라오스를 도왔기 때문이오. 그러니 부끄러운 패배라고 할 수 없소. 그만 화를 풀고 이리 오시오. 지금 내겐 당신의 따듯한 위로와 휴식이 필요하다오."

   파리스의 말에 헬레네는 곧 마음을 풀고 향기로운 침대에서 파리스

메넬라오스에게 패배한 파리스와 헬레네의 화해
리처드 웨스톨, 1805년.

제1부 아킬레우스의 분노

와 함께 달콤한 잠에 빠져들었다.

한편 메넬라오스는 창을 들고 사방을 둘러보았으나 파리스의 모습은 보이지 않았다.

"이놈이 갑자기 어디로 사라졌지?"

화가 난 메넬라오스는 트로이군을 향해 소리쳤다.

"비겁한 파리스! 쥐구멍에라도 숨어든 것이냐! 어서 나와서 사내답게 정정당당히 승패를 가리자!"

하지만 트로이 성에서 잠자고 있는 파리스가 대답할리 없었다. 트로이 진영에서도 파리스를 찾느라 잠시 소동이 벌어졌다. 헥토르와 아이네이아스 등 트로이 장수들도 파리스의 증발이 당황스럽기만 했다.

메넬라오스가 분을 삭이지 못하고 파리스를 비난하고 있을 때, 아가멤논이 그의 곁으로 다가왔다.

"네가 이긴 싸움이다."

"형님!"

아가멤논은 그리스와 트로이 진영을 번갈아 돌아보고는 메넬라오스의 왼손을 잡고 번쩍 치켜들었다.

"모두 들어라. 이것은 누가 봐도 확실한 메넬라오스의 승리다. 여기 있는 양 진영의 군사들이 이 승부의 증인들이다. 트로이는 패배를 인정하는가!"

아가멤논은 이번엔 헥토르를 손가락으로 가리키며 소리쳤다.

"헥토르, 이제 그대들은 헬레네와 그녀의 재산을 모두 가져오시오. 그리고 우리에게 합당하고 정당한 보상을 해주시오! 그렇게 하면 우리는 약속대로 고향으로 돌아가겠소."

아가멤논의 말이 끝나자마자 그리스 진영에서 승리의 함성이 터져 나왔다. 그러나 패배한 트로이 진영에서도 패배의 슬픔을 찾아볼 수 없었다. 그것은 군사들이 전쟁의 고통에서 벗어나게 되었다고 느끼는 안도감 때문이었다.

제1부 아킬레우스의 분노

제4장

깨어진 약속

올림포스 산에서 여러 신들이 함께 전쟁터를 내려다보고 있었다.

"흠, 드디어 전쟁이 끝이 났군. 메넬라오스가 승리했으니 그리스군에게 헬레네와 보상금을 챙겨서 떠나게 하면 되겠어."

제우스는 만족스런 표정으로 헤라를 바라 보았다.

"이제 내가 사랑하는 트로이에 다시 평화를 주는 것이 어떻겠소? 물론 당신과 아테나는 트로이가 아예 멸망하기를 기대했겠지만……."

제우스가 은근히 비꼬는 투로 말끝을 흐리자 헤라와 아테나의 표정에 불만이 가득했다. 아테나는 제우스에게 감히 불만을 표현하지 못했지만, 헤라는 아니었다. 그녀는 울컥하는 감정을 누르지 않고 토해냈다.

"그렇게는 못해요. 당신은 내가 프리아모스 왕과 그의 왕국을 멸망시키려고 얼마나 고생했는지 모르시나요? 나는 저 오만방자한 트로이인들이 영화를 누리며 평화롭게 사는 꼴은 절대 두고 볼 수 없어요. 무슨 일이 있어도 내 두눈으로 트로이가 멸망하는 것을 보고야 말겠어요."

헤라의 반응에 제우스도 기분이 몹시 상해 고개를 가로저었다.

"트로이아인들이 그대에게 도대체 얼마나 큰 잘못을 했기에 그러시오? 하늘 아래 가장 신성한 도시 트로이, 그곳의 왕과 용맹스러운 전사였던 그의 백성을 나는 가장 사랑해왔소. 그런 트로이를 기어코 멸망시키겠다면 어디 마음대로 해보시오.

인간들의 전쟁 때문에 우리가 서로 반목하는 것도 이젠 지겹소. 하지만 명심하시오. 당신이 사랑하는 도시를 나도 파괴할 수 있다는 것을, 그때는 당신도 나를 막아서는 안 될 것이오."

제우스가 말을 마치자 헤라는 꾀를 내어 재빨리 응수했다.

"저 역시 당신과 화목하게 살고 싶어요. 제가 분명히 약속드리죠. 제가 가장 사랑하는 아르고스, 스파르타, 미케네 이 세 도시들 중 당신이 어느 곳을 파괴하던 전 상관 안 하겠어요. 그러니 이번만큼은 트로이를 제 손에 맡겨주세요."

제우스는 내키지 않았지만 마침내 헤라에게 양보했고, 결국 트로이의 멸망이 결정되었다. 그러나 신들의 결정과 달리 인간들은 결투의 승패와 상관없이 양측이 다시 싸우지 않겠다는 평화협정까지 맺었다. 그러니 다시 전쟁이 일어날 일은 없어졌다. 헤라는 제우스에게 그리스군과 트로이군이 다시 전쟁을 하도록 요구했다. 그러자면 먼저 트로이와 그리스 진영간에 맺은 평화협정이 깨어져야만 했다. 제우스는 난처했지만 헤라의 요구를 거절하지 않았다. 제우스는 아테나를 쳐다보며 말했다.

"할 수 없군. 너는 가서 트로이로 하여금 평화협정을 깨뜨릴 방법을 찾아라. 그리고 나서 트로이군이 그리스군을 공격하도록 만들어라."

팔라스 아테나는 자신이 원하는 방향으로 일이 전개되자 크게 기뻐했다. 그녀는 올림포스에서 쏜살같이 전쟁터로 내려갔다.

전쟁터에 도착한 아테나는 트로이의 용감한 전사 라오도코스 Laodocus로 모습을 바꾸었다. 여신은 제레이아 왕 리카온의 아들 판다로스Pandaros를 찾아다녔다. 판다로스는 아폴론에게 궁술을 배운 명궁이었다. 하지만 욕심이 많고 명예욕이 강한 반면 사리분별 능력은 부족했다. 마침내 판다로스를 발견한 아테나는 다짜고짜 말을 건넸다.

"판다로스! 자네 이 기회에 공을 한번 세워 보게."

"라오도코스, 갑자기 그게 무슨 말인가?"

판다로스가 아테나의 뜬금없는 말에 의아한 표정으로 묻자, 여신은 그의 공명심에 불을 지폈다.

"자네는 트로이 최고의 명사수가 아닌가? 그 활로 잘난 척하는 저 메넬라오스를 쏘아 넘어뜨리게. 그러면 트로이의 역사에 자네의 이름은 길이 남을 것이네. 트로이를 위기에서 구한 영웅으로 말이야. 어디 그것 뿐이겠나? 파리스 왕자님이 무척 기뻐하실 것이네. 아마 자네에게 엄청난 보상을 내리실거야."

"흠……."

아테나의 예상대로였다. 우쭐해진 판다로스는 공명심이 발동했다.

"하긴 내 활 솜씨로 메넬라오스를 명중시키는 건 식은 죽 먹기지. 이 순간이 파리스 왕자님과 트로이를 위해 공을 세울 수 있는 기회라면 놓칠 수 없지."

판다로스는 어리석게도 아테나의 부추김에 넘어가 즉시 활을 챙겨 들었다. 판다로스가 메넬라오스를 향해 화살을 겨누자, 동료들은 그가 그리스군의 눈에 띄지 않도록 방패로 가려 주었다.

판다로스의 활시위를 떠난 화살은 날카롭고도 맹렬한 기세로 바람을 가르며 메넬라오스의 가슴을 향해 날아갔다. 절체절명의 순간, 아테나는 화살을 향해 입김을 불어 화살의 방향을 바꿔 놓았다. 그러자 메넬라오스의 가슴을 향하던 화살은 그의 허리에 찬 혁대의 장식을 뚫고 갑옷을 파고들어 옆구리에 상처를 냈다. 곧 상처에서 검붉은 피가 솟구쳐 흐르기 시작했다.

메넬라오스는 여신의 도움으로 치명상은 면했지만, 상처의 고통만은 면할 수 없었다. 그는 자신도 모르게 비명을 질렀다.

"으아악!"

메넬라오스가 상처를 부여잡고 주저앉자 아가멤논이 놀라서 달려왔다. 상처에서 흘러내리는 피를 보고 당황한 아가멤논은 전령인 탈티비오스Talthybios에게 의사 마카온을 데려오라고 명령했다.

"트로이 놈들, 신성한 서약을 깨고 비겁하게 활을 쏘다니 용서할 수 없다."

분노한 아가멤논은 트로이 진영을 노려보다가 곧 시선을 거두어 연민에 찬 눈빛으로 메넬라오스를 바라보았다.

"사랑하는 아우여! 저들은 위대한 올림포스 신들께 맹세한 서약을 깨뜨렸다. 이제 신들의 저주와 우리의 복수가 시작될 것이다. 너에게 약속하마. 프리아모스 왕과 그의 백성들은 죽음을 당하고, 그들이 자랑하던 도시는 파괴되어 세상에서 사라질 것이다.

그러나 네가 죽는다면 그것이 무슨 위로가 되며, 헬레네를 되찾아 명예를 회복한들 그것이 무슨 소용이란 말이냐."

메넬라오스가 형을 위로하며 말했다.

"진정하십시오. 형님이 이러시면 군사들의 사기가 떨어집니다. 제 상처는 깊지 않으니 걱정 마십시오. 혁대의 장식과 갑옷, 그 속에 입은 옷과 보호대가 저를 살렸습니다."

"오, 신께서 도우셨도다. 정말 다행이구나."

그때 전령 탈티비오스가 의사 마카온을 데리고 도착했다.

"메넬라오스의 치료를 잘 부탁하네."

"걱정 마십시오."

마카온은 메넬라오스의 상처에 박힌 화살을 뽑아내고, 더러운 이물질이 남지 않도록 피를 빨아냈다. 그리고 상처에 진통 효과가 있는 고약을 붙였다. 그 약은 켄타우로스의 현인 케이론이 준 것으로 상처를 치료하는 효과가 매우 뛰어났다. 마카온은 표백한 아마포로 고약을 붙인 상처 부위를 정성 들여 싸 맸다. 그제서야 아가멤논은 안도했다.

한편 헥토르는 상황을 냉정하게 분석했다. 그는 서약이 깨어졌으니 이제 전쟁 외에는 다른 선택지가 없음을 깨달았다. 그는 장수들을 불러 모았다.

"아이네이아스, 글라우코스, 사르페돈! 군사들의 전열을 가다듬어 공격 태세를 갖추시오!"

트로이의 군대가 무장을 개시하고 전열을 가다듬자, 그리스군도 전투에 대비하기 시작했다. 그리스의 장수들은 각자 자신의 부대를 무장시키고 군사들을 독려하며 전투태세를 갖추었다. 아가멤논은 각 부대를 돌아다니며 전투 준비 상황을 점검했다. 그는 사기충천한 군사들을 격려하고, 전쟁준비에 미온적이고 게으른 군사를 향해서는 호되게 꾸짖었다.

크레타인들의 진영에 도착했을 때 이도메네우스Idomeneus 왕과 그의 조카인 메리오네스Meriones는 전투 준비에 여념이 없었다. 그 모습을 본 아가멤논은 매우 흡족하였다.

"이도메네우스여, 그대야말로 나의 진정한 동지요. 연회를 즐길 때나 전투에 나설 때나 한결같이 내 마음을 흡족하게 하는 구려."

아가멤논은 그들을 지나 아이아스와 테우크로스Teukros 형제가 이끄는 부대로 갔다. 아이아스의 이복동생인 테우크로스는 활과 창의 명수였다. 그들 형제가 이끄는 부대는 이미 전투 태세를 갖추고 명령만 기다리고 있었다. 아가멤논은 흐뭇한 마음으로 그곳을 떠나 네스트로에게 향했다. 그는 백전노장답게 전차병들과 말들을 선두에 세우고, 가장 용맹스러운 군사들은 후위에 배치했다. 중앙에는 투지가 덜한 병사들을 세워 힘의 균형을 맞추었다. 노장군의 용병술에 아가멤논은 고개를 끄덕였다.

아가멤논은 아테나의 왕 메네스테우스Menestheus의 진영과 그 옆에 자리잡은 이타카의 왕 오디세우스의 진영을 찾았다. 이때 두 진영의 군사들은 무장도 하지않고 한가로이 서 있었다. 그들은 후방에 위치하여 급박하게 돌아가는 전선의 상황을 파악하지 못했던 것이다.

아가멤논은 그들이 싸울 의지가 없다고 오해하여 심하게 질책했다. 영문도 모르고 질책을 당한 오디세우스는 아가멤논에게 항의했고, 그 과정에서 오해는 풀어졌다. 아가멤논은 오디세우스와 메네스테우스에게 사과한 후 아르고스의 왕 디오메데스의 진영으로 이동했다. 그는 친구인 스테넬로스Sthenelos와 함께 전차 앞에 서서 환담을 나누고 있었다. 아가멤논은 그들이 전쟁터에서 한가하게 잡담이나 한다며 비난했다. 또한 부친의 명성에 먹칠을 한다며 꾸짖었다. 디오메데스의 부친인 티데우스Tydeus와 스테넬로스의 부친인 카파네우스Capaneus는 과거 테베를 공략한 일곱 장군 중 한 명으로, 그들은 용맹스러운 전사들이었다.

디오메데스는 아가멤논의 비난을 존중하고 수용했지만 스테넬로스는 반발했다.

"아가멤논 왕이시여, 진실을 알고 계시지 않습니까? 저희는 아버지들보다 뛰어나며, 그에 대한 자부심을 가지고 있습니다. 그분들은 테베 공략에 실패했지만, 우리는 더 적은 병력으로 철옹성같은 테베 요새의 일곱 성문을 돌파하여 함락시켰습니다. 그러니 부친의 명성에 먹칠했다는 소리는 거두십시오."

디오메데스는 흥분한 스테넬로스를 만류했다.

"친구여, 진정하게. 왕께서 군사들을 독려하시려고 하신 말씀이니 고깝게 듣지 말게. 저분은 총사령관이시고, 우리는 그의 부하일세. 우리가 이 전쟁에서 승리한다면 왕께 영광을 돌리는 일이 되겠지만, 패한다면 가장 통탄하며 책임을 지실 분도 저분이네. 자, 그러니 불평하지 말고 우리도 출전을 서두르세."

아가멤논이 그리스군의 각 진영을 돌며 결전을 독려하자 장수들은 일사불란하게 움직이며 전투 태세를 갖추었다. 아가멤논은 도열한 군사들을 향해 외쳤다.

"그리스의 전사들이여, 저들은 신 앞에서 엄숙하게 맹세한 서약을 깨트렸으니 신들의 저주를 받게 될 것이다. 그러나 우리는 제우스 신으로부터 승리를 약속받았다. 오늘 저 트로이 성을 빼앗고, 그들의 아내와 자식들은 노예로 삼아 고향으로 끌고 가자!"

아가멤논의 명령이 떨어지자, 그리스군은 트로이군을 향해 성난 파도처럼 휘몰아쳐 나아갔다. 그러자 트로이군도 함성을 지르며 그리스군을 향해 맹렬한 기세로 달려 나아갔다.

지혜의 여신 아테나가 그리스군을 돕기 위해 올림포스에서 내려가자, 전쟁의 신 아레스도 트로이군을 돕기 위해 전장으로 갔다. 두 신은 각자 자신이 돕기로 한 진영의 군사들에게 힘과 용기를 불어 넣었다.

트로이군과 그리스군의 창과 방패가 맹렬한 기세로 맞부딪치자, 그 충격으로 대지가 요동치고 하늘이 흔들렸다. 한 쪽에선 창으로 적을 찌른 자의 승리의 함성이, 다른 한 쪽에선 창에 찔린 자의 고통스런 울부

제1부 아킬레우스의 분노

짓음이 뒤섞이면서 들판을 붉은 피로 물들여갔다.

트로이의 장수 중 첫 희생자는 에케폴로스였다. 그는 값비싼 장비로 무장하고 있었다. 그리스의 장수 엘레페노르는 그의 장비를 벗기려다가 트로이의 장수 아게노르의 창에 옆구리를 찔려 목숨을 잃었다. 텔레몬의 아들 큰 아이아스는 트로이의 젊은 장수 시모에이이시오스에게 창을 던져 그의 목숨을 빼앗았다. 그 모습을 목격한 프리아모스 왕의 아들 안티포스는 큰 아이아스를 향해 창을 던졌다. 그러나 창은 큰 아이아스를 빗나가면서 대신 오디세우스의 친구인 레우코스에게 명중했다. 레우코스가 쓰러지는 모습을 본 오디세우스는 친구의 복수를 위해 달려가다가 프리아모스 왕의 서자인 데모코온과 마주쳤다. 오디세우스는 데모코온을 향해 창을 날렸고, 분노가 실린 그의 창은 데모코온의 오른쪽 관자놀이를 꿰통하여 반대편 관자놀이를 뚫고 나왔다. 데모코온이 쓰러지면서 그의 무구들이 요란한 쇳소리를 냈다. 그 끔찍한 광경을 보고 선두에서 싸우던 트로이 군사들이 주춤거리며 뒷걸음질 쳤다. 사기가 오른 그리스 군사들은 그 기세를 몰아 트로이군을 맹렬하게 밀어붙였다.

이때, 트로이의 가장 높은 성채인 페르가모에서 그 광경을 지켜보다가 화가 난 아폴론이 전쟁에 끼어들어 큰 소리로 트로이군을 꾸짖었다.

"트로이군이여, 그리스군의 공격에 물러서지 마라! 저들의 몸뚱이는 돌이나 강철처럼 단단하지 않다. 너희가 창검으로 찌르면 저들은 모두 죽을 수 밖에 없다. 더구나 지금은 너희가 두려워하는 아킬레우스도 없다. 그런데 무엇이 두렵단 말이냐?

가라! 가서 저들과 맞서 용감히 싸워라!"

아폴론의 말에 용기를 얻은 트로이 군사들은 다시 그리스 군사들과 맞서 싸웠다. 한편 지혜의 여신 아테나도 그리스 진중을 돌며 물러서는 병사들을 볼 때마다 용기를 북돋우며 진격하라고 다그쳤다.

밀고 밀리는 치열한 격전 중에 트로이의 장수 페이로스가 돌을 던져 그리스의 장수 디오레스의 오른쪽 복사뼈를 정통으로 맞췄다. 힘줄이 끊어지고 뼈가 박살나자 디오레스는 맥없이 쓰러졌고, 페이로스가 달려와 창으로 그의 가슴을 꿰뚫었다. 그러나 페이로스 역시 그리스 장수 토아스의 공격을 받고 목숨을 잃었다. 그는 페이로스의 갑옷을 전리품으로 챙기려고 했다. 하지만 트로이 군사들이 전우의 시신을 둘러싸는 바람에 포기할 수 밖에 없었다. 여기저기서 끔찍한 비명소리가 끊이지 않았고. 무수히 많은 양 측의 군사들이 서로의 창검에 찔리고 베이며 쓰러져 갔다. 피비린내가 진동하자 그 냄새를 맡은 독수리들이 원을 그리며 하늘 위를 날았다.

제5장

신에게 도전한 디오메데스

그리스 연합군과 트로이 동맹군의 치열한 전투로 대지가 피로 붉게 물들어 갈 때, 아테나는 디오메데스에게 힘과 용기를 불어 넣어 주었다. 그러자 디오메데스는 선봉장이 되어 성난 사자처럼 맹렬한 기세로 트로이 군사들을 쓰러뜨렸다. 그 희생자들 중엔 헤파이스토스의 사제인 다레스Dares의 큰아들 페게우스Phegeus도 있었다. 그는 동생 이다이오스Idaeus와 함께 이 전쟁에 참전했었다.

헤파이스토스는 자신의 늙은 사제를 생각하여 다레스의 작은 아들인 이다이오스를 검은 구름으로 숨겨서 지켜주었다. 트로이군과 그리스군의 전투가 점점 더 격렬해지고 있을 때, 아테나는 트로이군을 지휘하던 전쟁의 신 아레스를 막아섰다.

"아레스, 피에 굶주린 전쟁의 신이여! 이제 우리는 이쯤에서 물러나지요. 나머지는 저들에게 맡겨 두자고요. 우리가 계속 이 전쟁에 개입하면 아버지 제우스께서 노하실 거예요."

"으음…, 그렇게 합시다."

아테나는 아레스를 데리고 전선에서 멀리 떨어진 스카만드로스 강 기슭으로 갔다. 아레스가 떠난 전쟁터에서 그리스군은 트로이군을 향해 맹렬한 기세로 공격해 나갔고, 그 선두에 디오메데스가 있었다. 아테나에게서 힘과 용기를 얻은 그는 성난 파도처럼 전선을 휩쓸며 들판을 내달렸다. 디오메데스의 공격 앞에 트로이군의 대열은 순식간에 무너져갔다. 그 모습을 본 트로이의 명사수 판다로스는 디오메데스를 향해 재빨리 활시위를 당겼다.

"디오메데스여, 날뛰는 것도 지금이 마지막이다."

활시위를 떠난 화살은 바람을 가르고 날아가 디오메데스의 오른쪽 어깨를 명중시켰다.

"커헉!"

디오메데스의 신음과 함께 화살이 꽂힌 갑옷 위로 검붉은 피가 스며 나왔다.

"명중이다!"

판다로스는 기뻐하며 트로이 군사들을 향해 외쳤다.

"힘내라, 위대한 트로이 전사들이여! 그리스군 중에 가장 용맹스러운 자가 내 화살을 맞고 부상을 당했다. 그는 이제 오래 살지 못할 것이다."

하지만 그것은 판다로스의 착각이었다. 그의 화살도 디오메데스를 죽이지는 못했다. 디오메데스는 뒤로 물러나 자신의 말들 앞에 선 채로 친구인 스테넬로스Sthenelos를 불렀다.

"여보게, 빨리 전차에서 내려 내 어깨에 박힌 화살 좀 뽑아 주게."

스테넬로스가 한달음에 그의 곁으로 달려왔다. 그가 디오메데스의 어깨에 박힌 화살을 뽑자, 피가 뿜어져 나와 순식간에 옷을 붉게 물들였다. 그러나 디오메데스는 표정하나 변하지 않고 큰소리로 자신의 수호신에게 기도를 올렸다.

"전능하신 제우스의 따님 아테나여, 제 기도를 들어 주소서. 당신께서 일찍이 제 부친을 잔혹한 전쟁터에서 지켜주셨던 것처럼 다시 한번 저를 지켜주소서. 저에게 상처를 입히고 큰소리치는 판다로스를 죽일 수 있도록 도와주소서."

아테나는 그의 기도에 즉시 응답했다.

"디오메데스여, 내가 힘을 줄테니 용기를 내라. 지금부터 네 눈을 밝게 해서 신과 인간을 구별할 수 있게 해주겠다. 하지만 어떤 경우에도 신과는 대적하지 말라. 단, 아프로디테를 보거든 날카로운 네 청동 창으로 그녀를 찔러라."

아테나는 곧 디오메데스의 두 눈을 밝게 만들어 신들의 모습을 볼 수 있게 했고, 두 팔과 다리엔 힘을, 가슴엔 용기가 넘쳐흐르게 해 주었다.

"가라! 용맹스러운 디오메데스여, 가서 마음껏 트로이군을 무찔러라!"

디오메데스는 사나운 맹수가 양떼를 덮치듯이 맹렬한 기세로 트로이군을 공격했다. 그 기세에 눌린 트로이 군사들은 공포에 질려 몸을 피하기에 급급했다. 그 와중에 트로이의 장수 아스티노오스와 히페리온이 디오메데스의 창에 목숨을 잃었다. 그 뒤를 이어 아바스와 폴리에이도스 형제도 목숨을 잃었다. 디오메데스는 종횡무진으로 전선을 누비며 트로이의 장수들을 표적으로 삼았다. 크산토스와 토온이 죽고, 프리아모스의 두 아들 에케몬과 크로미오스도 희생되었다.

"아니⋯. 디오메데스가 멀쩡하게 살아 있잖아!"

디오메데스가 폭주하는 모습을 본 아프로디테의 아들 아이네이아스는 크게 놀랐다. 그는 황급히 판다로스를 찾았다.

"판다로스!"

"오, 아이네이아스!"

"그대의 화살을 맞고 죽은 줄로만 알았던 디오메데스가 살아 있네."

아이네이아스의 말에 판다로스는 깜짝 놀랐다.

"그럴 리가? 디오메데스는 틀림없이 내 화살에 맞아 죽었을 텐데."

아이네이아스가 판다로스의 옷을 잡아 끌었다.

"저기를 보게. 멀쩡히 살아 있을 뿐만 아니라 전보다 훨씬 강하고 용맹스러워졌다네. 벌써 그의 칼과 창에 우리 측 장수 여럿이 목숨을 잃었어."

아이네이아스가 기리키는 곳을 보니 디오메데스가 트로이 진영을 종횡무진 누비는 것이 보였다. 트로이 군사들은 그를 대적하지 못하고 우왕좌왕하며 피하기에 급급했다. 판다로스가 미간을 찌푸렸다.

"그가 분명하네. 아직 살아있는 것을 보니 어떤 신이 그를 보호하며 돕는 게 틀림없어. 그의 운이 어디까지인지 내가 직접 확인해 봐야겠네."

"좋아. 내 전차를 타고 가세. 나의 말들은 추적에 능하고 평원에서 빨리 달리는데도 뛰어나다네."

판다로스가 옆에 타자 아이네이아스는 힘껏 말을 몰았다. 그들이 탄 전차는 디오메데스를 향해 전속력으로 질주했다. 디오메데스의 친구인 스테넬로스가 그들을 발견하고 큰 소리로 외쳤다.

"디오메데스! 트로이의 명사수인 판다로스와 아프로디테의 아들인 아이네이아스가 달려오고 있네! 그들이 자네를 노리는 것 같으니 잠시 몸을 피하게."

디오메데스는 친구의 말에 인상을 찌푸렸다.

"피하라니 당치도 않네. 자네는 나를 비겁자로 만들 셈인가. 내 저들을 죽여서 그 영광을 아테나 여신께 돌리겠네. 만약 그리된다면 자네는 아이네이아스의 전차를 끄는 말들을 잘 붙잡아두게. 그 말들은 세상에서 둘도 없는 명마들이라네."

스테넬로스와 디오메데스가 이야기를 주고 받는 사이, 아이네이아스의 전차가 어느새 가까이 다가왔다. 판다로스가 창을 고쳐잡고 외쳤다.

"디오메데스, 내 화살을 맞고도 이토록 용맹스럽게 싸우다니 과연 티데우스의 아들답구나. 내 화살로 너를 죽이지못했으니 이번엔 창으로 너의 운을 시험해 보겠다."

판다로스는 디오메데스의 복부를 향해 힘껏 창을 던졌다. 디오메데스는 재빨리 방패로 날아오는 창을 막았다. 그러나 창은 방패를 꿰뚫고 들어가 갑옷을 찢었다.

판다로스가 의기양양해서 소리쳤다.

"디오메데스, 내 창이 그대의 방패를 뚫고 배를 찔렀으니 이제 오래 버티지 못할 것이다. 승리의 영광은 나의 것이다!"

디오메데스는 판다로스를 향해 태연히 대꾸했다.

"천만에! 그대의 창이 내 방패는 뚫었지만 배를 찌르지는 못했다. 그대야말로 내 창에 목숨을 잃고 하데스로 가게 될 것이다."

디오메데스는 말을 마치기가 무섭게 판다로스를 향해 창을 던졌다. 그러자 아테나가 창끝을 판다로스의 코로 향하도록 만들었다. 창은 그 대로 판다로스의 코와 입술 사이 인중에 박혔다. 창끝이 이빨을 부수고 혀를 뿌리째 자른 뒤 턱밑으로 뚫고 나왔다.

"크억!"

판다로스는 외마디 비명을 지르며 전차에서 떨어져 바닥에 나뒹굴었다. 햇빛을 받아 번쩍이는 갑옷이 땅에 떨어지면서 요란한 쇳소리를 냈다. 판다로스는 이내 숨을 거두고 말았다. 놀란 아이네이아스가 창과 방패를 들고 전차에서 뛰어내렸다.

"판다로스!"

아이네이아스는 동료의 시체를 빼앗기지 않으려고 그리스군의 접 근을 막아섰다. 그리스 군사들은 아이네이아스의 기세에 눌려 감히 접 근하지 못했다. 그러자 디오메데스가 커다란 바위를 들어올려 아이네 이아스를 향해 던졌다.

"그대의 어머니가 여신이어도 이 바위를 막아 주지는 못할 것이다."

바위는 그대로 아이네이아스의 허리를 강타했다. 그 충격으로 아이네이아스는 힘줄이 끊어지고 골반이 부숴졌으며 살점이 떨어져 나갔다. 그는 무릎을 꿇고 한 손으로 땅을 짚으며 버텼으나 이내 힘을 잃고 맥없이 앞으로 고꾸라졌다. 그리고 정신을 잃었다. 그 모습을 지켜본 아이네이아스의 어머니 아프로디테가 빛나는 옷자락으로 아들의 몸을 덮어 위기에서 구해냈다.

한편 스테넬로스는 디오메데스의 부탁대로 아이네이아스의 전차를 끌던 말들을 몰고 자신의 진영으로 갔다. 그리고 말들을 부하인 데이필로스에게 맡긴 뒤 다시 자신의 전차에 올라 디오메데스에게 달려갔다. 이때 디오메데스는 아프로디테를 쫓고 있었다. 그는 아테나가 눈을 밝게 해준 덕분에 아프로디테가 아이네이아스를 안고 가는 모습을 선명하게 볼 수 있었다. 디오메데스는 오랜 추적 끝에 아프로디테를 따라잡았고 여신의 손목을 창으로 찔렀다. 상처에서 피가 흘러나왔다. 그것은 인간의 붉은 피와 다른 신들만이 지닌 불멸의 피였다. 아프로디테는 날카로운 비명과 함께 아들을 떨어뜨렸다. 여신은 심한 고통에 울상을 지었고, 그녀의 아름다운 피부는 더러워져 있었다. 그러자 디오메데스는 여신에게 창을 겨누며 위협했다.

"제우스의 따님이시여, 전쟁터에서 당장 떠나시오!"

이때 바람을 타고 전령의 신 이리스가 와서 아프로디테를 전쟁터에서 구해냈다. 아프로디테는 전장을 지켜보던 아레스에게 말과 전차를 빌렸다. 이리스는 말의 고삐를 잡고 전차를 몰아 올림포스로 향했다.

디오메데스에게 부상당한 비너스를 구하는 이리스
조제프 마리 비엔, 1775년.

신들의 거처에 도착한 아프로디테는 어머니 디오네를 찾아갔다. 디오네는 딸의 상처를 보고 놀라서 물었다.

"얘야. 누가 사랑스런 내 딸에게 이런 몹쓸 짓을 한 거냐?"

"디오메데스라는 인간의 짓이에요. 제 아들 아이네이아스를 보호하려고 했는데 그 무례한 인간이 감히 여신인 저를 창으로 찌른 거예요. 신들 중 누군가 그 자의 눈을 밝게 하지 않았다면 결코 이런 일은 일어나지 않았겠지요."

디오네는 품에 안긴 딸의 손을 쓸어주며 위로했다.

"너를 노리라고 그 자를 부추긴 것은 아테나란다. 그렇다고 해도 인간인 주제에 감히 불멸의 신에게 고통을 주다니, 그러나 노여워하지 말거라. 그 자는 불멸의 존재인 신에게 도전한 대가로 반드시 파멸에 이르게 될 것이다."

디오네는 딸을 위로한 후 아프로디테의 손목에 난 상처를 치료해주었다. 상처는 금세 다 나았고, 통증도 씻은 듯이 사라졌다.

아테나와 헤라는 제우스와 함께 아프로디테가 치료받는 모습을 지켜보았다. 아테나는 아프로디테가 인간에게 상처입은 것을 놀리며 빈정거렸다. 그러자 제우스는 미소를 지으며 아프로디테에게 말했다.

"사랑하는 딸아. 전쟁은 네 소관이 아니다. 그러니 앞으로는 전쟁에서 손을 떼고 네가 주관하는 혼인이나 사랑을 맺어주는 일에 신경 쓰거라."

한편 아프로디테가 이리스의 도움을 받아 전쟁터를 떠난 후, 이번엔 아폴론이 아이네이아스를 보호하기 위해 전쟁터로 내려왔다. 아폴론이 아이네이아스를 안고 떠나려하자, 디오메데스는 상대가 아폴론 신이라는 것을 알면서도 아이네이아스를 죽이려고 덤벼들었다. 그는 대담함이 지나쳐 신의 존재를 무시한 채 아이네이아스를 죽여 그의 갑옷을 벗겨내겠다는 일념에 만용을 부렸다. 그는 세 번이나 창으로 공격했지만 그때마다 번번이 아폴론의 방패에 막혔다. 그래도 디오메데스가 포기하지 않고 다시 덤벼들자 아폴론은 크게 노하여 호통을 쳤다.

"필멸의 존재인 디오메데스여, 당장 멈추어라! 너 자신을 신과 동등하다고 여기지 말아라! 땅 위에 사는 너희들이 불멸의 신과 같을 수는 없느니라!"

아폴론의 불호령에 화들짝 놀란 디오메데스는 그제서야 두려움에 떨며 뒤로 물러섰다. 아폴론은 아이네이아스를 페르가모스에 있는 자신의 성스러운 신전으로 데려갔다. 레토 여신과 아르테미스 여신이 아이네이아스를 치료한 후 다시 기력을 회복시켜 주었다. 아폴론은 아이네이아스의 허수아비를 만들고 무장을 시켜 전쟁터 한 가운데 놓아두었다. 그리고나서 스키만드로스 강으로 아레스를 찾아갔다.

"피에 굶주린 전쟁의 신 아레스여, 지금 당장 전쟁터로 가서 저 오만방자한 디오메데스를 전쟁터 밖으로 끌어내주게. 그자는 불경스럽게도 아프로디테 여신의 손목에 상처를 냈고, 나에게도 겁 없이 덤벼들었네."

아레스는 노하여 즉시 전쟁터로 돌아왔다. 그는 트리키아족 장수인 아카마스로 변신하여 프리아모스 왕의 아들들을 불러 모았다.

"용맹스러운 트로이의 왕자들이여! 언제까지 그리스 군사들의 창에 우리 군사들이 피를 흘리며 쓰러지는 것을 보고 있을 겁니까? 그들이 성문까지 쳐들어오는 것을 기다릴 작정입니까? 우리가 사랑하고 존경하는 아이네이아스가 저기 쓰러져 있으니 어서 데려와야 합니다."

그의 말에 호응하여 사르페돈도 나서서 외쳤다.

"용감한 헥토르여, 예전의 그 용기는 다 어디로 갔소? 그대는 동맹군이 없어도 형제들과 친족들의 힘만으로 트로이 성을 사수할 수 있다고 장담했었소. 그런데 지금 그들은 어디에 있는 거요? 그들은 사자 앞에 겁을 집어먹고 떨고 있는 양의 무리와 다를 바가 없소.

그래서 동맹군인 우리가 싸우고 있는 것이오. 나는 리키아에서 트로이를 지키기 위해 아내와 어린 아들, 그리고 소중한 재산을 모두 두고 멀고 먼 이곳까지 달려왔소.

나와 내가 지휘하는 부대는 누구보다 용감하게 그리스 군사들과 싸우고 있소. 그런데 전쟁의 당사자인 트로이의 장수들은 자신들의 성과 가족을 지키려는 투지조차 찾아볼 수 없구려. 이대로라면 트로이 성이 함락되는 것은 시간 문제요."

사르페돈의 충고에 자극을 받은 헥토르는 두 자루의 창을 휘두르며 군사들을 독려했다.

"더 이상 그리스군에게 밀리지 말라! 싸워라, 트로이 군사들이여!

저기 그대들이 존경하는 안키세스의 아들 아이네이아스가 누워있다.

그리스군으로부터 그를 지켜라!"

전쟁의 신 아레스는 트로이 군사들에게 힘과 용기를 북돋어 주었고, 이에 사기충천한 트로이 군사들은 아이네이아스를 지키기 위해 그리스군과 치열한 전투를 벌였다.

"악! 으악!"

"동지들이여, 사내답게 용감히 싸워라!"

"신께서 우리를 도와 주신다, 두려워 말라!"

비명소리와 함성소리, 창검이 부딪치는 소리가 뒤섞이면서 장수들의 명령 소리는 그 속에 묻혀버렸다. 한편 아폴론은 아이네이아스가 건강을 회복하자 그를 다시 전장으로 데려다 주었다. 트로이의 장수들은 그가 멀쩡한 것을 보고 몹시 기뻐했다. 아레스는 트로이군을 돕기 위해 전장에 어둠을 내렸다. 그리스군을 돕던 아테나가 전장을 떠나는 것을 본 아레스는 전장을 누비며 트로이 군사들에게 격려하고 용기를 북돋어 주었다. 사기충천한 트로이 군사들은 맹렬한 기세로 그리스군을 몰아붙였다. 전세는 트로이의 우세로 바뀌었고, 그리스군은 점점 뒤로 밀려나기 시작했다.

큰 아이아스와 작은 아이아스, 오디세우스, 그리고 디오메데스는 앞장 서서 싸우면서 군사들의 투지를 끊임없이 독려했다. 아가멤논은 군대를 진두지휘하면서 끊임없이 장수들을 격려했다.

"동지들이여! 군사들이 모두 그대들을 주시하고 있소. 용감하게 싸워 지휘관으로서 명예를 지켜주시오. 오늘 그대들이 세운 공은 반드시 보상하겠소."

말을 마친 아가멤논은 전면에서 달려오는 트로이의 장수 데이코온을 향해 창을 던졌다. 데이코온은 급히 방패로 날아오는 창을 막았다. 그러나 창은 방패를 꿰뚫고 그의 복부를 그대로 관통했다. 갑옷이 땅에 부딪치는 요란한 소리와 함께 데이코온은 쓰러져 숨을 거두었다.

한편 아이네이아스는 디오클레스의 쌍둥이 아들 크레톤과 오르실리로코스를 쓰러뜨렸다. 메넬라오스는 자신이 아끼는 젊은 장수들이 죽자 매우 애통해했다. 그는 창을 고쳐잡고 트로이 군사들을 뚫고 아이네이아스를 향해 나아갔다. 그 모습을 본 네스토르의 장남 안틸로코스는 메넬라오스를 보호하기 위해 그의 뒤를 따랐다. 안틸로코스는 아이네이아스와 메넬라오스가 맞대결을 펼치려는 순간 메넬라오스에게 가세했다. 졸지에 두 명의 장수들을 상대하게 된 아이네이아스는 일단 싸움을 피했다. 그 대신 크레톤과 오르실리로코스의 시체를 끌고 가서 트로이 군사들에게 넘긴 후 다시 격전지로 돌아왔다.

아이네이아스가 몸을 피하자 메넬라오스와 안틸로코스는 트로이 동맹군의 장수인 필라이 메네스와 그의 부관인 미돈을 죽였다. 그 모습을 본 헥토르가 함성을 지르며 메넬라오스와 안틸로코스를 추격했다. 트로이의 용감한 전사들이 그의 뒤를 따랐다. 이때 디오메데스는 전쟁의 신 아레스가 거대한 창을 휘두르며 헥토르의 앞뒤를 지키는 무시무시한 모습을 보았다. 전쟁의 신 아레스의 위용에 디오메데스는 공포에 사로잡혀 자신도 모르게 뒷걸음쳤다. 그는 떨리는 목소리로 그리스 군사들을 향해 외쳤다.

"동지들이여, 저기 헥토르를 보라. 전쟁의 신 아레스가 그를 보호하며 돕고 있도다. 모두 경계하며 뒤로 후퇴하라. 인간이 신을 상대로 어떻게 싸울 수 있단 말인가?"

그의 말이 채 끝나기도 전에 그리스의 장수 메네스테스와 안키알로스가 헥토르에게 목숨을 잃었다. 그러자 큰 아이아스가 트로이 진영으로 달려가 암피오스를 창으로 찔렀다. 암피오스가 고꾸라지자 아이아스는 그의 갑옷을 벗기려고 했다. 트로이 군사들이 몰려들어 아이아스를 저지했다. 수십 개의 창이 일시에 아이아스의 몸을 노리고 찔러왔다. 용맹스럽기로 소문난 아이아스도 물러나는 것 외에 달리 방법이 없었다.

헤라클레스의 아들이자 로도스의 왕 틀레폴레모스Tlepolemus는 제우스의 아들인 사르페돈과 맞섰다. 그들은 각각 그리스와 트로이의 편에 섰지만, 제우스의 아들과 손자로 둘 다 신의 혈통을 이어받았다.

틀레폴레모스는 제우스의 혈통인 헤라클레스의 아들이라는 자부심이 강했다. 그는 사르페돈이 트로이를 위해 전쟁에 참여한 것을 비난했다. 또한 자신의 아버지 헤라클레스와 사르페돈을 비교하며 그를 모욕했다. 하지만 신과 영웅의 혈통이라는 자부심이 그에게 승리를 안겨주지는 못했다. 두 사람은 동시에 상대를 향해 창을 던졌고, 사르페돈의 창은 틀레폴레모스의 목에 있는 울대뼈를 꿰뚫었다. 틀레폴레모스는 사르페돈에게 승리의 영광을 바치고 영혼은 하데스로 떠나갔다. 사르페돈은 승리했지만 틀레폴레모스가 던진 창에 허벅지를 찔려 큰 부상을 입었다.

오디세우스는 그 모습을 목격하고 사르페돈을 쫓으려했다. 그러나 제우스가 트로이 군사들이 사르페돈을 안전한 곳으로 옮겨가도록 도왔고, 아테나 역시 그의 관심을 다른 장수들에게 유도했다. 오디세우스는 코이라노스, 알라스토르 등 트로이의 여러 장수들을 차례로 해치웠다. 만약 헥토르가 달려오지 않았다면 더 많은 장수들이 오디세우스의 창 아래 목숨을 잃었을 것이다.

헥토르는 전쟁의 신 아레스의 힘을 빌려 그리스군을 닥치는 대로 찌르고 베었다. 그 뒤를 트로이 전사들이 따르며 그리스 군사들을 도륙했다. 전세는 급변했다. 기세가 오른 트로이 군사들은 파죽지세로 그리스 군사들을 몰아 붙였다. 그리스 군사들은 쫓겨가기에 급급했다.

신들의 여왕 헤라는 아레스가 트로이 편을 드는 것을 보고 아테나를 불렀다.

"그리스 군사들이 아레스의 창에 속절없이 목숨을 잃고 있구나. 우리가 가서 아레스의 폭주를 막아야겠다. 나와 함께 가도록 하자."

아테나는 헤라의 말에 순순히 따르기로 했다. 헤라가 이마를 황금으로 장식한 말들에게 마구를 채우자, 청춘의 여신 헤베는 청동바퀴가 달린 전차에 황금 멍에와 황금 목띠를 매달았다. 아테나는 제우스의 갑옷을 입고 황금 투구를 쓴 뒤 메두사의 머리가 달린 방패 아이기스를 들었다. 그리고 거대하고 튼튼한 창을 챙겨 들고 완전 무장을 했다.

무장을 갖춘 아테나가 전차에 오르자 헤라는 말고삐를 움켜쥐고 채찍을 휘둘렀다. 그러자 사계절을 관장하는 여신들이 하늘의 문을 활짝 열었다. 두 여신을 태운 전차는 올림포스 신전의 가장 높은 곳에 홀로 앉아있는 제우스에게 나아갔다. 헤라가 제우스에게 말했다.

"제우스, 얼마나 많은 그리스 군사들이 목숨을 잃었는지 잘 보았겠지요? 그런데 아프로디테와 아폴론은 전쟁에 미치고 피에 굶주린 아레스에게 모든 것을 맡긴 채 모른척 하고 있어요. 당신은 내가 아레스를 혼내서 전쟁에서 쫓아내면 화를 내실건가요?"

제우스는 덤덤한 표정으로 대답했다.

"당신 아들이니 알아서 하시오."

제우스는 이번엔 아테나를 쳐다보았다.

"그 일은 네가 하면 되겠구나. 넌 아레스가 정신 차리게 만드는 법을 잘 아니까 말이다."

제우스의 허락이 떨어지자 헤라와 아테나는 크게 기뻐했다. 헤라는 채찍을 휘둘러 쏜살같이 전쟁터로 향했다. 헤라는 전쟁터에 도착하자마자 그리스군의 전령 스텐토르Stentor로 변신했다. 그는 군사 50명의 목소리를 합친것처럼 큰 목소리로 유명했다.

"그리스 군사들이여, 부끄럽지도 않은가? 아킬레우스가 전장에 모습을 나타냈을 때 트로이 군사들은 겁을 집어먹고 성밖으로 단 한 명도 나오지 못했다. 그런데 지금 이게 무슨 꼴인가? 적들이 우리의 함선이 보이는 곳까지 쳐들어왔는데 대체 어디까지 도망칠텐가?"

헤라가 그리스 군사들에게 투지를 불사르도록 독려할 때 아테나는 디오메데스를 찾아갔다. 디오메데스는 팔에 난 상처에서 흐르는 피와 땀을 닦아내고 있었다.

"티데우스의 아들 디오메데스여, 나가서 싸우지 않고 여기서 무엇을 하고 있는가? 트로이 군사들이 두려운 것인가? 그렇다면 실망이다. 그대는 티데우스의 아들이라 할 수 없다."

디오메데스는 여신의 추궁에 억울함을 호소했다.

"전능하신 제우스의 따님이시여. 저는 트로이군의 어떤 장수도 두렵지 않습니다. 다만 여신께서 아프로디테 외에 어떤 신과도 대적하지 말라고 하신 명령을 지켰을 뿐입니다. 여신께서도 보다시피 아레스 신께서 지금 싸움터를 장악하고 있습니다."

"디오메데스, 내 뜻을 따라주어서 고맙다. 그러나 내가 함께 있을 때는 그 말을 지킬 필요가 없다. 나와 함께 저 미치광이 아레스의 폭주를 막고 트로이군을 물리치자."

아테나는 티오메데스를 태우고 아레스를 향해 전차를 몰았다. 그녀가 하데스의 투구를 쓰고 모습을 감추자, 아레스는 아테나의 모습을 볼 수 없었다.

아레스는 디오메데스가 자신을 향해 전차를 타고 달려오자 그를 죽이기 위해 창을 던졌다. 그러나 아테나는 그 창을 잡아 빗나가게 만들었다. 이번엔 디오메데스가 아레스를 향해 창을 던졌다. 아테나는 그 창을 유도해서 아레스의 허리띠를 비켜 배를 찔렀다. 그순간 아레스는 군사 만여명이 내는 듯한 커다란 비명을 내질렀다.

소름끼치는 그 비명소리에 트로이와 그리스의 군사들은 모두 공포에 사로잡혀 몸을 떨었다. 아레스는 아테나가 모습을 감춰서 보이지 않았지만, 자신을 찌른 것이 여신의 짓임을 눈치챘다. 그는 올림포스로 돌아와, 제우스에게 상처에서 흐르는 신들의 피를 보여 주었다.

아레스와 아테나의 전투
자크 루이 다비드, 1771년.

"아버지 제우스시여, 이 지독한 상처를 보십시오. 아버지께서 낳으신 저 잔혹한 아테나가 제게 상처를 입혔습니다. 아테나를 벌하여 주십시오."

제우스는 아들의 호소에 냉담하게 대꾸했다.

"변덕스러운 아레스여, 내게 불평하지 마라. 너도 그동안의 행실이 그리 좋지는 못했느니라."

제우스는 곧 의술의 신 파에온을 불러 아레스의 상처를 치료하게 했다.

제6장

부인과 작별하는 헥토르

아레스가 전쟁터를 떠난 후, 아테나도 곧 올림포스로 올라갔다. 그러나 그리스군과 트로이군의 끔찍한 싸움은 더욱 격렬해졌다.

이 격전중에 트로이군의 뛰어난 전사들이 그리스 영웅들의 창과 검 아래 목숨을 잃었다. 트리키아 족의 가장 뛰어난 명장 아카마스는 큰 아이아스에게, 이리스베 출신의 악실로스는 디오메데스에게, 피디테스와 테우크로스는 오디세우스에게, 페다소스 출신의 엘라토스는 아가멤논의 창에 목숨을 잃고 말았다.

메넬라오스를 막아섰던 아드레스토스는 전차의 지지대가 부러지면서 땅위로 굴러떨어져 산 채로 잡혔다. 그는 충분한 보상을 조건으로 목숨을 구걸했다. 메넬라오스는 마음이 약해져 그의 제안을 받아들였다. 그러자 아가멤논이 큰소리로 메넬라오스를 질책했다.

"메넬라오스, 그런 알량한 동정은 집어치워라. 우리가 트로이군에게서 그런 대접을 받은 적이 있었느냐? 신세진 적이 없다면 아무도 살려두지 말아라. 어미 뱃속에 있는 아이 하나도 절대 살려보내서 안 된다. 내 말을 명심해라."

메넬라오스는 형의 질책에 마음을 돌려 아드레스토스를 밀쳐버렸고, 아가멤논은 그의 옆구리를 창으로 찔렀다. 아드레스토스가 뒤로 나자빠지자 아가멤논은 그 시체를 밟고 창을 다시 뽑아냈다. 그 모습을 지켜본 네스트로는 그리스군을 향해 전리품을 빼앗거나 갑옷을 벗기는데 시간을 낭비하지 말고 트로이군을 도륙하는 일에만 전념하라고 재촉했다. 장수들의 활약에 힘입은 그리스의 군사들은 전의를 불태우며 트로이군을 몰아붙였다. 트로이군의 사기는 급속도로 떨어졌고, 급기야 성벽 근처까지 밀려나는 상황에 이르렀다.

한편, 프리아모스 왕의 아들인 예언자 헬레노스는 트로이의 성곽 위에서 전쟁 상황을 지켜보고 있었다.

"더 이상 밀리면 위험하다. 신에게 기원하는 수밖에 없겠어."

헬레노스는 성을 나와 헥토르와 아이네이아스를 잠시 조용한 곳으로 불러내었다.

"지휘관으로서 막중한 임무가 두 분께 있습니다. 우선 성 앞에 진지를 구축하고, 군사들에게 용기를 불어넣어 주십시오. 만약 여기서 무너져 성안으로 후퇴하면 군사들의 투지는 사라지고, 결국 적에게 승리를

안겨주게 될 것입니다. 더 이상 물러서면 절대 안됩니다. 어서 전열을
재정비하십시오.

그리고 헥토르 형님께선 성 안에 들어가서 어머니를 만나주십시오.
어머니께 나이든 부녀자들을 모아 아테나 신전으로 가서 기도하라고
하십시오. 티데우스의 아들인 디오메데스를 신성한 트로이에서 물리
쳐달라고 말입니다. 그리고 여신께서 기도를 들어주시면 갓 태어난 암
소 12마리를 바치겠다고 서약하게 하십시오. 장담하건데 저 미쳐날뛰
는 디오메데스와는 어느 누구도 대적할 수 없소. 아테나 여신께서 그를
돕는 한 말이오."

헥토르와 아이네이아스는 헬레노스가 시키는 대로 전선을 돌아다
니며 군사들을 격려했다.

"용맹한 트로이 전사들이여, 용기를 내어 사내답게 싸워라! 신께서
지금 우리와 함께 하신다. 모두 용감히 싸워라!"

헥토르와 아이네이아스의 격려에 힘을 얻은 트로이 군사들은 후퇴
하던 발걸음을 돌려 그리스군에 다시 맞섰다. 그러자 공세를 펼치던 그
리스군은 물러설 수 밖에 없었고, 트로이군은 다시 전열을 갖출 수 있
게 되었다. 그리스군도 공격을 멈추고 전열을 가다듬었다. 양측 군대가
다시 대치상황에 이르자 헥토르는 잠시 성 안에 다녀러갔다.

한편, 트로이군을 무차별적으로 쓰러뜨리던 디오메데스는 황금 갑
옷을 입은 글라우코스와 마주쳤다. 그곳은 양 군대가 대치하고 있는 중
간 지점이었다. 디오메데스가 먼저 입을 열었다.

"그대는 대체 누구요? 난 트로이군 중에서 그대처럼 고귀한 자를 본

적이 없소. 그대가 만약 신이라면 난 싸우지 않겠소. 하지만 인간이라면 그대는 오늘 내 창에 목숨을 잃게 될 거요."

글라우코스는 디오메데스의 위협을 대수롭지 않게 받아넘겼다.

"교만한 디오메데스여, 내가 누구인지 그렇게 알고 싶다면 말해 주겠소. 난 리키아에서 온 글라우코스요. 그대는 괴물 키마이라를 죽이고 무시무시한 솔리모이 족과 용감한 아마조네스의 여전사들을 물리친 위대한 영웅 벨레로폰을 기억할 것이오. 그 벨레로폰의 아들인 히폴로코스가 바로 내 아버지요."

글라우코스가 자신의 가문과 혈통에 대한 설명을 마치자 디오메데스의 표정이 갑자기 부드러워졌다. 그는 만면에 미소까지 띠었다.

"오! 그대가 진정 벨레로폰의 손자라면 나는 그대를 적으로 돌릴 수가 없소. 왜냐하면 내 할아버지인 위대한 오이네우스와 벨레로폰은 진정한 우정을 나눈 친구였기 때문이오. 두 분은 우정의 표시로 선물을 나누어 가졌다고 하셨소. 내 할아버지께서는 자줏빛 혁대를 선물했고, 그대의 할아버지께서는 황금 술잔을 선물했는데, 그 술잔은 지금도 우리 집안의 가보로 소중히 보관하고 있소."

디오메데스의 말에 글라우코스 역시 동의했다.

"듣고 보니 나 역시 그대를 적으로 돌릴 수는 없겠구려. 우리 두 가문의 우정을 져버릴 수는 없으니 말이오. 우리 두 가문의 명예를 걸고 우정을 이어 갑시다."

두 사람은 친구가 되기로 맹세한 후 앞으로 전장에서 마주쳐도 서로 피하기로 약속했다. 그리고 자신들의 우정을 공표하기 위해 서로 갑옷을 바꿔 입었다. 그러나 글라우코스가 자신의 황금 갑옷을 디오메데스의 청동 갑옷과 바꾼 것은 황소 100마리를 9마리와 바꾼 격이었다.

그 시간 헥토르는 프리아모스의 궁전에 있는 어머니 헤카베 왕비를 찾아갔다. 왕비는 아들의 양손을 감싸쥐며 물었다.

"내 아들아, 군사들은 어찌하고 전쟁터를 떠나 왔느냐, 아마도 너는 제우스 신께 기도를 드리려고 왔겠지. 잠시 기다려라. 술을 가져다주마. 그 술을 제우스 신께 올리거라, 그런 뒤 너도 술을 좀 마시고 피로를 풀도록 해라."

그러자 헥토르가 손사래를 쳤다.

"어머니 아닙니다. 제게 술을 권하지 마십시오. 제 용기가 꺾일까 두렵습니다. 더구나 피로 얼룩진 손으로 신께 제물을 드릴 수는 없습니다. 그보다 어머니께서는 지금 곧 부녀자들을 모아 아테나 여신의 신전으로 가 주십시오.

그런 후 어머니가 가장 아끼는 옷을 여신께 바치고 트로이와 트로이 인들을 불쌍히 여겨 달라고 기도를 드려 주십시오. 만약 여신께서 미치광이 디오메데스를 이 신성한 도시에서 물리쳐주시면 갓 태어난 암소 열두 마리를 제물로 바치겠다고 서약하십시오. 저는 파리스를 찾아야 합니다."

헤카베 왕비는 자신이 아껴 두었던 가장 예쁜 옷을 골라 부녀자들을 데리고 아테나 신전으로 갔다. 여사제 데아노가 신전 문을 열었다. 헤카베 왕비와 부녀자들은 눈물을 흘리며 부르짖었다.

"위대한 제우스의 따님이신 아테나 여신이여, 트로이 인들을 불쌍히 여겨 주소서. 저 무서운 디오메데스의 창을 부러뜨려 무찔러 주신다면 갓 태어난 어린 송아지 열두 마리를 바치겠나이다."

데아노는 왕비가 가져온 옷을 아테나 여신의 무릎 위에 올려놓고 기도했다.

"아테나 여신이여, 위대한 신이시여. 트로이를 불쌍히 여겨 주소서! 저 침략자들이 이 땅에서 떠나도록 도와 주소서!"

그러나 그들의 간절한 기도도 아테나의 마음을 움직이지는 못했다. 그 시간, 헥토르는 파리스의 궁전에 찾아갔다. 파리스는 침실에서 방패와 갑옷을 손질하면서 활을 만지작 거리고 있었다. 헬레네는 하녀들과 함께 앉아 그들의 일을 감독하고 있었다. 헥토르는 분노하여 소리쳤다.

"파리스, 도대체 어떻게 된 거냐! 너 때문에 죽어가는 우리 군사들의 비명 소리가 네 귀엔 들리지도 않느냐? 일어나 당장 나가서 싸워라. 너 때문에 트로이 성이 잿더미가 되는 걸 보고 싶지 않다면 말이다."

파리스가 대답했다.

"형님, 진정하시고 제 말을 한번 들어 보세요. 제가 여기 머무르고 있는 것은 그리스군이 두려워서가 아니라 슬픔 때문입니다. 방금 제 아내 헬레네도 제게 나가서 싸울 것을 권했습니다. 그래서 갑옷과 투구를 손질하던 중이었습니다. 곧 무장을 하고 전투에 나갈 준비를 할 테니 잠시 기다려 주세요."

헥토르는 아무 대꾸도 하지 않았다. 그러자 헬레네가 다가와 부드러운 음성으로 말했다.

파리스를 꾸짖는 헥토르
요한 하인리히 빌헬름 티슈바인 , 1786년.

"이 모든 게 저 때문이에요. 아주버님께 무거운 짐을 지워 드려서 정말 죄송합니다. 노여움을 푸시고 잠시라도 쉬었다 가세요."

헥토르가 대답했다.

"헬레네, 고맙지만 잠시라도 여기 머물 수 없구려. 빨리 가서 군사들을 도와야 합니다. 그대는 내 동생을 빨리 전쟁터로 보내주시구려. 내가 성문을 나서기 전에 서둘러 나를 따라오라고 하시오. 나는 먼저 집으로 가서 내 아내와 아들을 보아야겠소. 언제 그들을 다시 볼 수 있게 될지 모르니 말이오. 어쩌면 적의 손에 쓰러지는 것이 신이 나에게 정해준 운명일지도 모르지 않소."

헥토르는 파리스의 궁전을 나와 자신의 처소에 들렀으나 부인 안드로마케는 그곳에 없었다. 그녀가 아들을 데리고 성벽으로 갔다는 늙은 시녀의 이야기를 듣고 헥토르는 서둘러 그곳으로 갔다.

"안드로마케!"

"여보!"

안드로마케는 헥토르를 보자 눈물을 머금었다.

"나는 당신의 그 용기 때문에 당신을 잃게 될 것이 두려워요. 당신은 나와 어린 아들이 가엽지도 않나요?

만약 당신이 쓰러진다면 내겐 의지할 사람이 아무도 없어요. 당신밖에 없다구요. 제 고향 테베가 멸망하던 날, 아킬레우스가 제 아버지와 일곱 형제를 모두 죽였지요. 왕비셨던 어머니는 아르테미스 여신의 화살에 목숨을 잃으셨어요. 그러니 당신은 제게 부모이며 형제이고 남편입니다.

제발 저와 당신의 어린 아들을 과부와 고아로 만들지 말아 주세요. 당신이 없는 세상이라면 차라리 죽는 편이 나아요. 그러니 당신을 죽이려고 혈안이 된 저 그리스군을 피해 성 안에 머물러 주세요."

그녀는 눈물을 흘리며 애원했다.

"사랑하는 나의 아내여, 내 어찌 당신의 염려를 모르겠소. 그러나 내 마음이 그걸 용납하지 않는구려. 내가 성에 머물면 트로이군의 사기는 떨어지고 그리스군은 나를 겁쟁이라고 부를 거요. 비겁하게 목숨을 구하느니 차라리 사내로서 명예롭게 싸우다 죽겠소. 하지만 당신이 포로가 되어 낯선 땅에 끌려가 노예의 처지가 된다면 그것만은 내게도 참으로 고통스러운 일이 될 것이오. 만약 그런 날이 온다면 당신이 끌려가는 모습을 보기 전에 내가 먼저 죽기를 소원하오."

헥토르는 말을 마치고 유모의 품에 안겨있는 아들을 안으려고 두 팔을 벌렸다.

"아스티아낙스Astyanax, 이리로 오렴."

아스티아낙스는 원래 아이의 이름이 아니었다. 헥토르는 아들에게 스카만드리오스라는 이름을 지어주었으나, 사람들은 그 아이를 '자비로운 폐하'라는 뜻의 아스티아낙스라고 불렀다. 그 이유는 헥토르만이 트로이의 유일한 구원자였기 때문이다. 헥토르는 아들을 안고 입을 맞춘 뒤 하늘을 향해 큰 목소리로 기도하였다.

"제우스와 모든 불사의 신들이시여, 아스티아낙스를 축복하셔서 이 아이가 훗날 트로이의 왕이 되게 하소서. 전쟁터에 나가면 누구보다 용맹스럽게 싸우는 전사가 되게 하시고, 항상 어머니에게 기쁨을 주는 아들이 되게 하소서."

헥토르는 기도를 마치고 아이를 어머니의 품으로 돌려주었다. 그녀는 눈물로 범벅이 된 채 웃으며 아이를 품에 꼬옥 끌어안았다.

"부인, 나 때문에 너무 걱정하지 마시오. 트로이와 나의 운명은 신만이 결정할 수 있는 것. 신이 주신 운명이 다할 때까진 누구도 내 목숨을 뺏지 못할 것이오.

그러니 걱정하지 말고 집으로 돌아가 집안일에 신경을 써 주구려. 전쟁은 전사들의 몫이며 나 역시 트로이의 전사로서 전쟁터로 나가 용감히 싸워야 하오."

헥토르는 부인을 위로한 뒤 집으로 돌려보냈다. 눈물을 흘리며 돌아가던 안드로마케는 몇 번이나 뒤돌아보며 힘든 발걸음을 옮겼다. 그

헥토르와 안드로마케
세르게이 페트로비치 포스트니코프, 1863년.

녀는 처소에 도착하자마자 시녀들과 함께 통곡하였다. 헥토르의 마음도 무겁게 가라앉았다.

'이제 전쟁터로 돌아가면 사랑하는 당신과 아스티아낙스를 다시 볼 날이 있을는지…, 전사로서 싸우다 죽는것이 신께서 주신 나의 운명. 내 운명은 슬프지 않으나 훗날 트로이가 멸망한 후, 당신이 어느 그리스 인의 노예가 되어 당하게 될 수모를 생각하면 내 가슴은 찢어질 듯 고통스럽다오.'

안드로마케와 작별한 헥토르는 무거운 마음을 안고 전쟁터로 발걸음을 재촉했다. 그 뒤를 어느새 파리스가 쫓아왔다.

"형님! 기다리게 해서 죄송합니다. 좀더 서둘렀어야 하는데…….."

헥토르가 부드러운 목소리로 대답했다.

"착한 아우여, 전쟁터에서 열심히 싸운 너를 아무도 업신여기지는 못할 것이다. 그러나 게으름을 피워 사람들의 비난을 사는 것은 내 마음을 아프게 하는구나.

사람들이 널 비난할 때마다 내 가슴은 너무나 고통스러웠다. 자, 이제 가서 네 명예를 회복해라. 명군 프리아모스 왕의 아들로서, 이 헥토르의 동생으로서 용맹스럽게 싸우거라. 자, 가자."

헥토르와 파리스가 전쟁터로 돌아오자 트로이군의 사기는 크게 올라갔다. 바로 이때, 그리스의 장수 메네스티오스는 파리스를 죽여 공을 세우고 싶은 충동에 사로잡혔다.

'저 파리스를 죽여서 내가 이 전쟁에서 가장 큰 공을 세워 보는 거야.'

제2부

불타오르는 트로이 전쟁

올림포스에서 전쟁터를 내려다보던 아테나는

그리스 장수들이 하나 둘 목숨을 잃고 쓰러지자 걱정이 되기

시작했다. 여신은 조바심을 내다가 결국 전쟁터로 향했다.

그 모습을 보고 아폴론도 트로이를 돕기 위해 전쟁터로 향했고,

두 신은 참나무 아래에서 마주쳤다.

제7장

헥토르와 아이아스의 대결

"파리스! 이 메네스티오스의 창에 죽어 줘야겠다."

그러나 파리스를 죽여 가장 큰 영광을 얻으려 한 메네스티오스는 오히려 파리스의 창에 죽고 말았다. 그리스군의 용사 에이오네우스도 헥토르의 창에 목숨을 잃었고, 그 뒤를 이어 덱시오스의 아들 이피노스도 트로이 장수 글라우코스에게 죽임을 당했다. 그러자 트로이군은 크게 사기가 올라 투지를 불태우며 그리스군을 몰아붙였다.

올림포스에서 전쟁터를 내려다보던 아테나는 그리스 장수들이 하나 둘 목숨을 잃고 쓰러지자 걱정이 되기 시작했다. 여신은 조바심을 내다가 결국 전쟁터로 향했다. 그 모습을 보고 아폴론도 트로이를 돕기 위해 전쟁터로 향했고, 두 신은 참나무 아래에서 마주쳤다. 아폴론이 여신에게 물었다.

"지혜의 여신 아테나여, 무슨 일로 이 피비린내 나는 전쟁터로 오셨소? 그리스군의 승리를 위해서인가요? 만약 그렇다면 내게 좋은 생각이 있으니 오늘은 전쟁을 멈추는게 어떻겠소?"

아테나가 대답했다.

"좋아요, 그런데 어떻게 전쟁을 중지시킬 건가요?"

아폴론이 말했다.

"헥토르의 용맹함을 이용합시다. 헥토르를 움직여 그리스군의 대표와 일대일로 목숨을 건 결투를 벌이게 하는 거요. 그리스 인들은 명예를 존중하기에 이 도전에 응할 것이고, 양측 군대는 물러나 이 결투를 지켜보게 될 것이오."

아테나는 아폴론의 제안을 받아들였다.

"좋은 생각이군요."

두 신은 곧 자신들의 생각을 프리아모스 왕의 아들인 예언자 헬레노스가 깨닫도록 만들었다. 헬레노스는 즉시 헥토르에게 그 사실을 알렸다.

"헥토르 형님! 위대한 신들의 본부를 따르세요. 그분들은 형님께서 그리스군 중 가장 힘이 센 자와 일대일로 싸우길 원하십니다. 그러니 어서 전쟁을 중단시키세요."

헥토르는 헬레노스의 말을 듣고 매우 기뻐했다. 그는 창 한가운데를 잡고 양 진영 사이로 나아가 큰 소리로 외쳤다.

"그리스군과 트로이군이여, 모두 싸움을 멈추시오. 그리스군의 총사령관인 아가멤논 대왕이여, 제안할 것이 있으니 군사들을 물러나게 해주시오!"

헥토르의 지시에 따라 트로이군은 뒤로 물러나 앉았고, 그리스군도 아가멤논의 지시에 따라 뒤로 물러났다. 아폴론과 아테나는 독수리의 모습으로 변신해서 그들을 내려다 보고 있었다. 헥토르가 아가멤논에게 제안했다.

"아가멤논 대왕이여, 제우스께서 우리의 서약이 깨어지게 한 것을 보면 그리스군이나 트로이군 중 어느 한쪽이 전멸하기를 원하는 것 같소.

이 자리에서 제우스를 증인으로 모시고, 그대들 중 가장 힘센 용사가 대표가 되어 이 헥토르와 목숨을 걸고 겨루는 것이 어떻소? 만약 그대들의 대표가 나를 죽이면 내 갑옷을 벗겨 전리품으로 삼으시오. 다만 시체는 집으로 돌려보내 백성들의 손으로 화장할 수 있게 해주기를 바라오. 그러나 아폴론 신께서 나에게 승리를 허락하신다면, 그의 갑옷을 벗겨 아폴론 신께 바칠 것이오. 하지만 그의 시체는 돌려주어 그대들이 장사를 지내도록 해주겠소."

헥토르가 말을 마치자 그리스군 진영에서는 침묵이 흘렀다. 헥토르의 제안을 받아들이자니 겁이 났고, 거부하자니 부끄러웠던 것이다. 그러자 메넬라오스가 참지 못하고 일어나 자기편을 비난했다.

"이 무슨 망신인가! 그대들의 용기는 어디로 간 것이오? 헥토르와 싸울 자가 아무도 없단 말이오? 그대들은 겁쟁이들이니 그대로 찌그러져 있으시오! 이 메넬라오스가 저 헥토르와 싸울 것이오."

아가멤논이 급히 나서서 동생을 만류했다.

"잠깐 기다려라, 메넬라오스. 무모한 용기만으로 자신보다 강한 자와 싸워 이길 수는 없는 법.

헥토르는 아킬레우스조차 두려하는 상대가 아니냐. 싸워봤자 패할 것을 알면서도 나서는 것은 진정한 용기가 아니다. 그러니 진정하고 물러나 있거라."

아가멤논의 설득에 메넬라오스는 뒤로 물러나 앉았다. 그러자 이번엔 네스토르가 일어섰다.

"오, 슬픈 일이로다. 그리스의 영웅들은 모두 어디로 숨어 버렸단 말인가? 헥토르가 무서워서 겁먹고 있는 그대들의 꼴을 보면 늙은 용사 펠레우스가 통곡할 것이오.

내가 예전처럼 젊고 힘이 있었다면 당장에 뛰쳐나가 저 헥토르와 맞서 싸웠을 텐데, 참으로 안타깝소. 그리스군은 정녕 비겁한 겁쟁이들 뿐이란 말이오?"

네스토르가 탄식하며 꾸짖자 아가멤논 대왕이 앞으로 나섰다.

"내가 헥토르와 싸우겠소."

그러자 디오메데스, 두 명의 아이아스, 오디세우스 그리고 이도메네우스 등 장수들도 나섰다.

"헥토르와의 싸움은 내게 양보하십시오. 헥토르를 쓰러트려 보이겠습니다."

장수들이 서로 싸우겠다고 나서자 네스토르가 제비 뽑기를 제안했다. 모두 네스토르의 제안을 받아들였고, 그들은 각자 자신을 증명해 줄 물건에 표시를 해서 아가멤논의 투구에 던져 넣었다. 군사들은 하늘

아이아스
피에트로 델라 베키아, 1625~1678년 사이.

을 향해 손을 들고 기도했다.

"오, 제우스 신이여! 큰 아이아스나 디오메데스, 아니면 미케네의
위대한 왕이 뽑히게 하소서."

네스트로가 투구를 흔들자 군사들이 기도한 대로 큰 아이아스의 물
건이 튀어나왔다. 전령이 그 물건을 들고 장수들에게 일일이 확인 시켰
다. 큰 아이아스는 몹시 기뻐했다.

"전우들이여, 내가 행운의 주인공이 되었소. 내가 헥토르와 싸울 동
안 그대들은 제우스 신께 나의 승리를 빌어주시오!"

이리하여 장수들은 다 함께 제우스에게 기도를 올렸다.

"오, 위대하신 제우스 신이여. 아이아스에게 힘을 주셔서 헥토르를 죽이고 그의 명성을 드높이게 하소서."

무장을 마친 아이아스는 투지를 불태우며 나아갔다. 그리스군 중에서 가장 체격이 큰 아이아스가 잔인한 미소를 머금은 채 창을 휘두르며 걸어가는 모습은 마치 전쟁의 신 아레스를 연상케 했다. 그 모습에 그리스 군사들은 승리를 확신했고, 트로이 군사들은 불안감이 엄습했다. 헥토르 역시 긴장해서 창을 쥔 손에 땀이 고였다.

아이아스는 헥토르가 서 있는 지점에 이르자, 큰 소리로 외쳤다.

"헥토르여, 그대는 곧 알게 되리라. 그리스에는 사자처럼 용맹스러운 아킬레우스 말고도 뛰어난 용사가 많다는 것을 말이다!"

헥토르가 대꾸했다.

"아이아스여, 나를 가벼이 여기지 말라. 나는 누구와 싸우든지 승리할 자신이 있다. 내 그대의 말을 시험해 보리라!"

말을 마친 헥토르는 창을 번쩍 치켜들어 아이아스에게 던졌다. 창은 아이아스의 방패를 뚫고 갑옷의 청동과 여섯 겹의 가죽을 모두 뚫었으나 마지막 일곱 번째 가죽에서 멈추고 말았다.

"헥토르여, 그대는 운도 없구나. 이번엔 내 공격을 받아 봐라!"

아이아스의 창은 헥토르의 방패를 뚫었다. 그러나 헥토르가 재빨리 몸을 피했기 때문에 큰 상처를 입지는 않았다. 두 사람은 다시 창을 잡고 성난 사자처럼 서로에게 덤벼들었다.

헥토르의 창이 먼저 아이아스를 공격했지만 아이아스가 방패로 막자 창 끝이 구부려져 버렸다. 그러나 아이아스의 창은 헥토르의 방패를 뚫고 들어가 그의 목을 스쳤다. 그러나 헥토르는 싸움을 멈추지 않았다. 그는 땅바닥에서 돌맹이 하나를 주워 아이아스에게 던졌다. 그러자 아이아스는 그 돌맹이를 방패로 막은 후 자신은 더 큰 돌을 집어 들고 헥토르에게 던졌다. 그 거대한 돌맹이는 헥토르의 방패를 완전히 찌부러뜨렸고, 그 여세에 밀려 헥토르는 뒤로 나가 떨어졌다. 헥토르는 자신도 모르게 깊은 신음을 토해냈다.

"으윽!"

그 모습을 본 아폴론이 뛰어내려가 헥토르를 일으켜 세우고 그에게 힘을 주었다. 두 사람이 다시 싸울 태세를 갖추자 그리스와 트로이 두 진영에서 동시에 전령들이 뛰어나왔다.

"용맹스러운 두 영웅이여, 싸움을 멈추시오! 제우스 신께서 두 분을 모두 사랑한다는 사실과, 두 분 모두 위대한 전사들임을 증명하셨습니다. 밤이 다가왔으니 이제 밤의 여신에게 모든 것을 맡기는 것이 어떻습니까?"

큰 아이아스가 대답했다.

"먼저 싸움을 청한 것은 헥토르이니 나는 그의 의견에 따르겠소."

헥토르가 말했다.

"아이아스, 그대가 아킬레우스 못지않은 전사라는 걸 인정하오. 오늘 싸움은 여기서 중단하고 훗날 다시 승패를 가려 봅시다. 이제 그대의 진영으로 돌아가서 그대의 전우와 부하들을 위로하시오. 나도 내 군

선물을 교환하는 헥토르와 아이아스
안드레아 알치아티의 목판화, 1591년.

사들과 트로이 성으로 돌아가 신전에서 기도하는 여인들을 위로해야
겠소."

아이아스가 대답했다.

"좋소. 과연 누가 강한 용사인지 겨루어 볼 수 있는 기회가 다시 오
기를 기대하겠소."

헥토르는 아이아스에게 서로 정표의 선물을 교환하여 비록 적으로
싸웠지만 친구처럼 헤어지자고 제안했고, 이에 아이아스도 흔쾌히 동
의했다. 헥토르는 은못을 박은 칼과 칼집과 가죽 끈을 아이아스에게 주
었고, 아이아스는 자줏빛 혁대를 헥토르에게 주었다. 그들은 각자 자신
의 진영으로 돌아가 군사들의 열렬한 환영을 받았다.

아가멤논은 막사로 돌아와 황소 한 마리를 잡아 제우스에게 바친 뒤 그 고기로 장수들과 만찬을 즐겼다. 고기의 가장 좋은 부위는 특별히 아이아스에게 주어졌다. 만찬이 끝날 무렵 네스토르가 일어서서 모두에게 제안했다.

"여러분, 우리의 많은 동지들이 죽어서 벌판에 누워 있습니다. 내일 하루 더 휴전을 하여 전사자들의 시체를 모아 태운 뒤 무덤을 만들어 줍시다. 그리고 나서 방벽을 쌓고 요새를 만듭시다. 트로이군의 공격으로부터 배와 막사를 지킬 수 있게 말입니다."

네스토르의 제안은 만장일치로 받아들여졌다.

한편, 트로이 왕궁에서는 프리아모스 왕과 장수들이 모여 회의를 하고 있었다. 지혜로운 안테노르가 제일 먼저 제안했다.

"파리스 왕자여, 내 의견을 들어 보십시오. 지금이라도 늦지 않았으니 헬레네를 메넬라오스에게 돌려줍시다. 제우스 신의 이름으로 그리스군과 맺은 서약을 위반하고 계속 싸우는 것은 멸망으로 가는 지름길입니다."

파리스가 대답했다.

"안테노르여, 헬레네는 내 목숨과도 바꿀 수 없는 여인이오. 절대 돌려 줄 수 없소. 차라리 그리스군에게 내 모든 재산을 주라고 하면 기꺼이 따르겠소."

프리아모스 왕이 말했다.

"음, 여러분. 일단 파리스의 의견을 존중해 줍시다. 내일 아침 전령을 보내 그리스 진영에 파리스의 말을 전합시다. 그리고 전사한 군사들을 화장할 때까지 휴전을 요청하는 것이 좋겠소."

다음 날, 트로이의 전령 이다이오스가 그리스 진영에 프리아모스왕의 말을 전했다. 아가멤논은 파리스의 제안은 거절했으나 휴전 요청은 받아들였다. 전쟁을 멈춘 그리스군과 트로이군은 전사한 전우들을 각자의 진영으로 옮겼다. 잠시 후, 그리스 진영과 트로이 진영에서는 검은 연기가 하늘 높이 솟아 올랐다. 다음날, 날이 채 밝기도 전에 그리스군은 연기가 피어오르는 화장용 장작 더미 주변에 모여 거대한 공동 무덤을 만들었다. 그리고 함선들을 보호할 방벽을 세우고, 병사와 수레의 출입을 위한 문을 따로 만들고 있었다. 또한 요새를 보호하기 위해 방벽 둘레에는 참호를 깊게 파고 그 안에 말뚝을 박아놓았다.

한편, 올림포스의 신들은 하늘에서 그 모습을 내려다보고 있었다. 바다와 지진을 관장하는 포세이돈이 말했다.

"제우스여, 이제 인간들이 신에게 묻지도 않고 멋대로 행동하는구려. 그리스 인들이 우리에게 제물을 바치지도 않고 함선 주변에 벽을 세우고 거대한 참호를 판 것이 보이지 않습니까? 이대로 두면 인간들은 내가 아폴론과 함께 라오메돈을 위해 힘들게 쌓아놓은 성벽은 잊고 말 것입니다."

포세이돈의 말에 제우스는 발끈했다.

"당치않소. 다른 신도 아니고 그대같이 막강한 신이 할 소리는 아닌 것 같소. 그대의 명성은 태양이 온 천하를 비추듯이 세상 곳곳에 퍼져 있소. 저들이 고국인 그리스로 돌아가면 저 방벽을 부숴 바다에 처넣고, 그 위를 모래로 덮어버리면 아무도 모르게 끝나는 것 아니오?"

　해가 지자 그리스군 진영에서는 황소를 잡고, 렘노스에게 가져온 포도주와 함께 성대한 잔치를 열어 밤이 새도록 즐겼다. 그것은 트로이 편에서도 마찬가지였다. 제우스는 그들을 골려주기 위해 천둥을 울렸다. 제우스의 노한 음성을 들은 사람들은 새파랗게 질렸다. 그들은 각자 자신의 술잔에 든 술을 땅바닥에 부어 신에게 바쳤다. 그리고 나서야 술자리는 계속 이어졌고, 밤이 더욱 깊어지자 사람들은 하나 둘 잠자리에 들었다.

제8장

트로이 편에 선 제우스

　새벽 빛이 대지를 밝혀주고 있을 때, 올림포스 산에서는 신들의 회의가 열렸다. 제우스는 신들을 위협하며 열변을 토해냈다.

　"오늘은 그대들에게 분명히 말해 둘 것이 있다. 지금부터 그대들은 그리스나 트로이 중 어느 편도 도와주어서도 안 된다. 만약 내 말을 거역하는 신이 있다면 당장 붙잡아 영원한 어둠의 심연인 타르타로스에 내던질 것이다. 혹시 내 말이 단순한 엄포라고 생각한다면 당장 시험해 봐도 좋다. 황금 밧줄을 하늘에 매달아놓고 그대들이 모두 힘을 합쳐 당겨보라. 아무리 애를 써도 그대들은 나를 땅으로 끌어내리지 못할 것이다. 그러나 난 단번에 그대들 앞으로 대지와 바다를 끌어올 수 있다. 그런 다음에 올림포스 꼭대기에 사슬을 감아놓아 인간과 신 모두를 공중에 매달아 놓을 수 있다. 나는 신이나 인간들 중에서 가장 전능한 신이기 때문이다."

신들의 왕 제우스의 준엄한 경고에 모두 놀라서 아무 말도 하지 못했다. 잠시 침묵이 흐른 뒤 지혜의 여신 아테나가 용기를 내어 말했다.

"오, 위대한 아버지 제우스시여, 어느 누가 감히 당신의 명령을 거역하겠어요? 그러나 아버지의 노여움 때문에 그리스군이 모두 죽는다면 저희는 마음이 아파서 견딜 수가 없을 거예요. 그러니 적절한 조언 정도는 할 수 있게 해주세요."

제우스는 딸의 말에 가벼운 미소를 지었다.

"사랑하는 딸아, 너무 걱정하지 마라. 내게도 따로 생각하는 바가 있느니라."

회의가 끝나고 신들이 모두 돌아가자 제우스는 황금 갑옷으로 무장했다. 그는 황금빛 갈기를 휘날리는 한 쌍의 말이 끄는 전차를 타고 황금 채찍을 휘두르며 지상으로 내려갔다.

제우스가 도착한 곳은 자신의 신전이 있는 이다 산의 봉우리 가르가론이었다. 제우스는 먼저 말과 전차를 구름 속에 숨겨 둔 다음 그리스와 트로이 진영이 한눈에 내려다보이는 산꼭대기에 앉았다.

그리스 진영에서는 아침 식사를 마친 군사들이 무장을 하고 있었고, 트로이 성안의 트로이군도 무장을 마치고 출전 명령을 기다리고 있었다. 그들은 수적으로 불리했지만 처자식을 지켜야한다는 책임감으로 전의에 활활 불탔다. 마침내 출전 명령과 함께 도시의 성문들이 활짝 열리고, 기마병과 보병들이 엄청난 소음과 함께 쏟아져 나오기 시작했다.

저울을 재는 제우스
니콜라이 아빌드가르드, 1793년.

청동 갑옷으로 무장한 양쪽 군대가 들판에서 마주치자 창과 방패가 맞부딪히며 혼란스럽게 뒤섞였다. 여기저기서 죽어가는 자들의 비명과 승리의 함성이 함께 울렸고, 대지는 다시 피로 붉게 물들어 갔다.

한낮이 되도록 전투는 일진일퇴를 거듭했고, 제우스는 마침내 황금 저울을 펼쳐 들었다. 저울의 한쪽 접시에는 트로이군의 운명이, 다른 쪽에는 그리스군의 운명이 올려졌다.

제우스가 저울의 균형을 잡고 들어올리자, 그리스군의 운명이 올려진 접시는 서서히 내려가고, 트로이군의 운명이 담긴 접시는 올라갔다.

'흠, 오늘은 트로이군에게 승리를 안겨 줘야겠군.'

제우스가 그리스군의 진영을 향해 번개를 힘껏 내리치자 곧이어 요란한 천둥 소리가 대지를 울렸다. 그 모습을 보고 그리스군은 공포에 사로잡혔다.

"제우스 신이 노하셨다!"

반면 트로이군의 사기는 크게 올랐다.

"제우스 신께서 우리를 도와 주신다."

용기백배한 트로이군은 맹렬한 기세로 그리스군을 몰아쳤고, 사기가 떨어진 그리스군은 더 이상 버티지 못하고 도망치기 시작했다. 아가멤논, 두 아이아스 그리고 이도메네우스 같은 지휘관들도 예외는 아니었다. 그러나 오직 한 사람, 필로스의 왕 네스토르만이 홀로 버티고 서 있었다. 그는 자신의 전차를 끄는 두 필의 말 중에 한 마리가 파리스가 쏜 화살에 맞아 죽는 바람에 미처 피하지 못했던 것이다. 헥토르는 네스토르를 발견하고 그를 죽이기 위해 쏜살같이 전차를 몰아갔다. 때마침 디오메데스가 헥토르보다 먼저 달려오지 않았다면 네스토르는 목숨을 잃었을 것이다.

"네스토르, 어서 내 전차에 오르십시오. 헥토르에게 내 창의 위력을 보여 줍시다."

네스토르는 전차에 올라 디오메데우스로부터 말고삐를 넘겨 받은 뒤 말을 몰아 헥토르에게 달려갔다. 거리가 좁혀지자 디오메데스는 헥토르를 향해 창을 던졌다.

"헥토르, 내 창을 받아라!"

그러나 창은 헥토르를 벗어나 헥토르의 옆에서 말을 몰던 에니오페우스의 가슴에 박혔다. 마부가 전차에서 떨어져 죽자 말들이 놀라 뒷걸음질 쳤다. 헥토르는 동료의 죽음에 분노했지만 디오메데스를 공격할 수 없었다. 싸우려면 당장 마부를 구해야했다.

헥토르가 위급한 상황에 빠지자 제우스는 디오메데스의 전차 앞에 번갯불을 던졌다. 번쩍하는 섬광에 말들은 놀라서 날뛰었고, 그 바람에 네스토르는 말고삐를 놓쳤다. 그는 제우스 신이 헥토르를 돕고 있다는 사실을 깨달았다.

"디오메데스, 그만 물러나야겠네. 제우스께서 헥토르를 돕고 있으니 지금은 싸워봤자 승산이 없네. 하지만 그분께서 원하시면 다음엔 우리가 승리할 수도 있네. 필멸의 인간이 아무리 강해도 불멸의 신과 비교하면 그 힘은 하찮은 것이지. 그러니 어서 물러나세."

디오메데스가 대답했다.

"어르신의 말씀이 맞습니다. 하지만 이대로 물러나면 헥토르가 나를 겁쟁이라고 비웃을 것입니다. 그런 치욕을 당하느니 차라리 싸우다 죽겠습니다."

디오메데스가 고집을 부리자 네스토르는 포기하지 않고 계속 설득했다. 디오메데스는 세 번이나 후퇴하기를 망설였고, 그때마다 제우스가 트로이의 승리를 예언하는 천둥 소리를 울렸다.

"제우스 신께서 계속 경고를 보내시니 어쩔 도리가 없군요. 필멸의 인간이 불멸의 신과 싸울 수는 없으니 말입니다. "

결국 자존심 강한 디오메데스도 말머리를 돌려 후퇴할 수 밖에 없었다. 헥토르는 제우스 신이 자신을 돕는 것을 보고 용기백배했다.

"트로이의 전사들아, 승리의 때가 왔도다. 그대들의 힘과 용맹을 그리스군에게 마음껏 보여 주어라! 저들이 쌓은 방벽과 참호를 뛰어넘어 그리스군의 배를 불사르고 그들을 전멸시키자!"

사기가 오른 트로이군은 그리스군을 향해 총공세를 퍼부었고, 사기를 잃은 그리스군은 트로이군의 창검에 맥없이 쓰러졌다. 사자에게 쫓기는 가젤 무리처럼 그리스군은 순식간에 자신들의 요새 부근까지 쫓겨갔다. 올림포스에서 전황을 살피던 헤라는 그리스군이 위기에 빠지자 더 이상 참지 못하고 포세이돈을 부추겼다.

"바다와 지진을 관장하는 포세이돈이여, 진정 그리스군의 몰락을 지켜만 보실 작정인가요? 저들은 그대의 신전에 진귀한 제물을 무수히 바쳤습니다. 그런데 무엇이 두려워서 저들을 돕지 못하는 건가요? 우리가 힘을 합쳐 제우스를 막고 트로이군을 물리치면, 제우스도 어쩔 수 없지 않겠어요?"

포세이돈은 헤라의 말을 듣고 화를 버럭냈다.

"수다쟁이 같은 분이여. 내가 그대보다 지혜가 부족하다고 생각하시오? 나는 제우스와 맞설 생각도 없지만, 설령 우리가 모두 힘을 합친다고 해도 그를 당해낼 수 없소. 그러니 나를 부추겨 이용하려는 허튼 생각은 하지도 마시오."

그리스군에게 승리를 안겨주려던 헤라는 포세이돈에게 핀잔만 듣고 말았다. 그 사이에 제우스의 도움을 받은 트로이군은 그리스군의 요새와 함선을 포위했다. 헤라의 마음은 더욱 다급해졌다. 여신은 직접 아가멤논의 마음을 움직여 군사들을 독려하고 용기를 북돋어주었다. 아가멤논은 진영 한 가운데 정박해있는 오디세우스의 함선에 올라 군사들을 향해 외쳤다.

"그리스군이여, 부끄럽지도 않은가? 일당백의 전투력을 호언장담하던 그대들이 지금은 고작 한 사람의 트로이 장수를 겁내고 있다. 그 헥토르가 이제 우리 함선을 불태우려고 하고 있다.

언제까지 목숨이 아까워서 피하기만 할텐가?"

군사들을 독려한 아가멤논은 하늘을 향해 눈물을 흘리며 기도했다.

"오, 위대한 제우스시여. 어찌하여 트로이군에게 승리의 영광을 주려고 하십니까? 제가 트로이 원정에 나선 후 한 번이라도 신전의 제단을 그냥 지나친 적이 있었던가요? 매번 제단에 짐승의 뼈와 기름을 태워 올렸습니다. 모두 다 트로이 성을 함락시키기 위해서였죠. 부디 트로이군의 창검에서 군사들의 목숨을 보존하게 해주시고, 저들과 대항할 힘을 주소서."

아가멤논의 간절한 기도는 제우스의 마음을 움직였다. 그는 군사들의 목숨을 보전하면서도 동시에 테티스에게 한 약속을 지키기로 마음먹었다. 제우스는 그 뜻을 전하기 위해 자신의 상징인 독수리를 보냈다.

독수리는 아기 사슴을 움켜쥔 채 그리스 진영으로 날아가 제물을 바치던 제단 근처에 그 사슴을 떨어뜨렸다. 그것을 본 그리스 군사들은 제우스의 응답임을 확신했다.

그리스 군사들은 참호를 사이에 두고 포위망을 좁혀오는 트로이군을 맞아 두려움에 떨고 있었다. 그러나 제우스의 응답으로 그들의 가슴에 새로운 투지가 불타올랐다. 가장 먼저 디오메데스가 참호를 뛰어 넘어 트로이군을 공격했다. 방어에 치중하던 디오메데스의 갑작스러운 공격에 트로이 장수 아겔라오스는 크게 당황했다. 그는 전차의 말머리를 돌려 도망치려고 하다가 디오메데스의 창에 등을 찔려 목숨을 잃었다. 디오메데스는 그 여세를 몰아 트로이 진영으로 파고 들었다. 그가 길을 내자 아가멤논과 메넬라오스, 두 아이아스와 이도메네우스, 메리오네스와 테우크로스가 뒤따랐다. 테우크로스는 이복 형인 큰 아이아스의 방패 뒤에 몸을 숨긴 채 트로이의 장수들을 노렸다. 그는 아이아스가 방패를 살짝 치워주면 그 틈새로 표적을 향해 화살을 날렸는데 첫 번째 희생자는 오르실로코스였다. 그 뒤를 이어 오르메노스, 오펠레스테스, 다이토르, 크로미오스, 리코폰테스 등 트로이군의 젊은 장수들이 차례로 숨을 거두었다. 아가멤논은 크게 기뻐하며 테우크로스를 격려했다.

"테우크로스, 그대야 말로 최고의 명장이로다. 만약 제우스 신께서 트로이 정복을 허락하신다면 그대는 나 다음으로 좋은 선물을 받는 영광을 누리게 될 것이다."

테우크로스가 대답했다.

"존경하는 아가멤논 대왕이시여. 저를 격려하지 않으셔도 괜찮습니다. 대왕의 휘하에서 공을 세울 수 있다면 그것만으로도 제겐 영광입니다."

테우크로스의 다음 목표는 헥토르였다. 그는 목표물을 향하여 힘껏 활시위를 당겼다. 화살은 바람을 가르며 무서운 속도로 날아갔다. 그러나 궁술의 신 아폴론이 그의 화살을 빗나가게 만들었다. 테우크로스는 계속해서 헥토르를 표적으로 삼았으나 그때마다 번번이 실패했다. 헥토르는 자신을 계속 노리는 저격범에게 화가 났다. 그는 전차에서 뛰어내려 커다란 바위를 집어들었다. 그리고 화살을 장전하고 있는 테우크로스를 향해 힘껏 던졌다. 바위는 빠르게 날아가 테우크로스의 쇄골과 어깨를 강타했다. 그 충격으로 테우크로스는 정신을 잃고 쓰러졌다. 동생이 쓰러지는 모습을 본 큰 아이아스는 재빨리 방패로 그의 몸을 가려주었다. 이어 그의 동지들이 테우크로스를 안전한 함선으로 데려갔다.

제우스는 그리스군의 목숨을 보존시켜 주기로 약속했으나, 여전히 트로이 편을 들고 있었다. 제우스가 헥토르에게 투지를 불어넣자 트로이군은 다시 한 번 그리스군을 참호 너머의 요새로 몰아 넣었다. 미처 참호를 건너 요새로 피하지 못한 그리스 군사들은 모두 목숨을 잃었다. 트로이군은 그리스군의 요새와 함선을 포위한 채 승리의 함성을 질렀다.

한편 올림포스에서 그 광경을 내려다보던 헤라는 아테나를 불렀다.

"전능한 제우스의 딸 아테나여, 미치광이처럼 날뛰는 저 헥토르가 그리스군을 모두 죽이도록 계속 지켜만 볼테냐?"

아테나 역시 피가 끓었으나 그리스군을 동정해서가 아니었다. 그녀는 제우스가 테티스의 부탁으로 트로이를 돕는 것이 불만이었다. 또한 다른 신들의 개입을 막으면서까지 제우스가 트로이군을 돕고 나서자 테티스에게 묘한 질투심까지 느꼈다.

"그럴 수는 없지요. 그리스군이 헥토르의 목숨을 빼앗도록 만들어야지요. 제가 무장을 갖추고 올테니 말을 준비해 주세요. 우리가 전장에 내려간 뒤에도 저 헥토르가 승리의 기쁨을 맛볼 수 있을지 당장 시험해 봐야겠어요."

잠시 후, 무장을 마친 아테나는 헤라와 함께 황금 전차를 타고 올림포스의 문을 나섰다. 그러나 두 여신은 제우스의 눈을 피할 수 없었다.

"헤라와 아테나가 감히 내 명을 거역하려 들다니……!"

제우스는 불같이 노하여 전령인 무지개의 여신 이리스를 불렀다.

"발빠른 이리스여, 당장 저들에게 올림포스로 돌아가라고 전해라. 만약, 저들이 내 명을 거부한다면 당장 벼락을 내려 응징할 것이다. 내 벼락에 맞으면 말들은 불구가 되고, 전차는 산산조각이 날것이며, 여신들은 십 년이 지나도 아물지 않는 깊은 상처를 입게 될 것이다. 그러면 저들은 나와 맞선 결과가 어떤 것인지 뼈저리게 느끼게 될 것이다."

제우스의 명을 받은 이리스는 바람처럼 날아가 두 여신에게 제우스의 말을 그대로 전했다. 헤라와 아테나는 제우스의 준엄한 경고를 무시할 수 없었다. 또한 제우스와 맞서면서까지 인간들을 지켜야할 명분도 없었다. 결국 두 여신은 제우스에 대한 원망과 불만을 가득 품은 채 올림포스로 돌아갔다. 그러자 제우스도 이다 산을 떠나 올림포스로 돌아왔다.

헤라와 아테나가 신전에 앉아 트로이 왕국을 멸망시킬 방법을 모색하고 있을 때 제우스가 들어와 자신의 황금 옥좌에 앉았다. 헤라와 아테나는 불만에 가득찬 표정으로 제우스를 바라보았다. 제우스는 그런 두 여신을 꾸짖었다.

"아테나와 헤라, 그대들은 왜 그렇게 언짢은 표정을 짓고 있는가? 그토록 미워하는 트로이군을 죽이지 못해서 불만인건가? 하지만 다행으로 여기시오. 만약 나의 경고를 무시했다면 전쟁터에 도착하기도 전에 먼저 내 벼락을 맞았을 것이다. 그랬다면 그대들은 지금 이자리에 온전히 앉아있지도 못했겠지. 다시 한 번 경고하지만 나는 내가 한 말을 반드시 실행에 옮길 것이다."

두 여신은 제우스의 말에 몹시 불쾌감을 느꼈다. 아테나는 제우스에게 불만이 가득했지만 그렇다고 감히 따지고 들 수도 없었다. 하지만 헤라는 화를 참지 못하고 분통을 터뜨렸다.

"자비심이라곤 눈꼽만큼도 없는 신이여. 당신이 강하다는 건 굳이 설명하지 않아도 너무나 잘 알아요. 하지만 우리는 저 그리스군이 위험에 빠진것을 지켜만 볼 수 없어요. 그냥 두면 저들은 완전히 전멸하고 말 거에요."

제우스가 대답했다.

"고집만 센 여신이여. 당신이 원한다면 내일 새벽에라도 보여주겠소. 내가 화를 내면 어떤 일들이 벌어지는지 말이오. 당신의 사랑스러운 그 두눈으로 내가 더 많은 그리스군을 도륙하는 것을 보게 될 것이오. 내 장담하지만 아킬레우스가 전투에 다시 나서기 전에는 그리스군의 승리는 없을 것이오. 당신이 화를 내든 말든 난 관심이 없소. 심지어 당신이 대지와 바다 끝을 넘어 끝이 없는 암흑의 지하세계 타르타로스에 떨어져도 난 상관하지 않을 것이기 때문이오."

제우스의 노기어린 말에 헤라는 더 이상 대꾸하지 못했다. 어느새 날은 저물어 대지는 어둠 속에 묻혀갔다. 승리를 눈 앞에 둔 트로이군은 밤이 온 것을 아쉬워했지만 위기에 처한 그리스군에게 밤은 구원의 손길이었다. 트로이군이 물러나자 기진맥진한 그리스군은 바닷가에 그 대로 주저앉았다. 그들의 사기는 이제 바닥까지 떨어져 버렸다.

한편, 트로이 군은 그리스 진영에서 멀리 떨어진 강가에 진지를 구 축했다. 헥토르가 군사들을 향해 외쳤다.

"용감한 트로이의 전사들이여! 나는 저 그리스군과 저들의 함선을 모두 불태워 없애려고 했다. 저들이 만약 어둠의 도움을 받지 않았다 면 단 한 명도 우리의 창 끝을 피할 수 없었을 것이다. 자, 오늘은 마음 껏 승리의 기쁨을 나누자. 식사 준비를 하고, 말들에게도 풀을 먹이도 록 해라. 소와 양을 잡고, 포도주를 가져와 우리의 노고를 달래도록 하 자. 장작을 모아 밤새 불을 지펴서 주위를 환하게 밝혀라. 그래야 어둠 을 틈타 적이 도망치는 것을 막을 수 있다.

그리고 성안에 전령을 보내 젊은이와 노인들을 성벽에 배치하라고 전해라. 여자들은 집안에 불을 환히 밝혀 남자들이 전장에 있는 동안 어떤 적군도 성에 들어오지 못하게 하라고 이르라!

오늘 밤에는 방어 태세에 만전을 기하라. 내일 새벽 우리는 적들의 함선을 불태울 것이다. 그리고 디오메데스가 얼마나 강한지 내 친히 그 와 겨루어보겠다. 그렇지만 날이 밝으면 그가 제일 먼저 내 창에 쓰러 질 것이며, 그 다음에는 그의 많은 전우들이 그의 뒤를 따라 하데스로 가게 될 것이다. 자, 내일은 반드시 그리스군을 전멸시키자!"

트로이군은 술과 고기를 준비하여 잔치를 열고 다가올 승리의 기쁨 을 만끽했다.

제9장

화해를 거부하는 아킬레우스

어둠이 내린 그리스군의 진영에는 패배감과 절망감만이 흐르고 있었다. 북풍 보레아스와 서풍 제피로스가 뒤흔드는 검은 바닷물이 해변에 자라는 해초들을 휩쓸어버리는 것과 같이 그리스 군사들의 정신은 산산이 흩어진 상태였다. 아가멤논은 극심한 정신적 고통에 시달리며 안절부절하다가 은밀하게 전령을 불러 지휘관들을 소집하게 했다.

이윽고 지휘관들이 침통한 표정으로 하나 둘 아가멤논의 막사에 모여들었다. 그들을 바라보는 아가멤논의 눈에서 눈물이 흐르고 있었다. 그는 깊은 한숨을 내쉬고는 입을 열었다.

"나는 승리를 약속하신 제우스의 말씀을 굳게 믿고 이번 전투에 나섰소. 그러니 그분은 우리를 돕기는커녕 오히려 참담한 패배를 안겨주었소. 신은 우리를 속이고 트로이군에게 승리를 주시려고 작정한것이오. 그분이 트로이를 돕는 것을 확인한 이상 우리에게는 희망이 없소. 그러니 지금이라도 함대를 수습하여 돌아갑시다."

그러나 어느 누구 하나 입을 열지 않았고, 막사안에는 무거운 정적만이 감돌았다. 침묵을 깬 것은 디오메데스였다.

"대왕이시여! 저에게 용기가 부족하다며 꾸짖던 분이 어찌 그런 나약한 모습을 보이십니까! 제가 보기에 신들이 대왕께 반쪽의 은총 만을 허락하셨나 봅니다. 왕의 홀을 허락하였으나 그것을 휘두를 투지는 주시지 않은 것 같습니다. 우리는 당신처럼 겁쟁이가 아닙니다. 갈테면 혼자 돌아가십시오. 우리는 이곳에 남아 트로이를 멸망시킬 때까지 싸우겠습니다!"

디오메데스의 결기에 모든 장수들이 감탄하며 갈채를 보냈다. 그러자 그리스군의 원로인 네스토르가 일어서며 말했다.

"디오메데스, 그대는 솔직하고 남자다우며 전쟁터에서는 가장 용맹스러운 장수요. 그대의 말은 모두 옳소. 우리 중 누구도 그대의 말에 반박하거나 부정할 수 없을 것이오. 그러나 구체적인 방법이 빠져 있소.

일단 현실을 생각하도록 합시다. 지금은 밤이고 전투를 쉬고 있으니 지금이야 말로 군대를 재편성할 절호의 기회요. 먼저 젊은 장수들에게 음식을 제공하여 배불리 먹게 하고 참호와 방벽 사이에다 배치시키시오.

그리고 아가멤논 왕이시여, 왕께서 소유한 것들로 잔치를 베풀고 원로들을 대접하시오. 그들이 모이면 앞으로 우리가 해야 할 일들에 대한 여러 조언을 얻게 될 것이오. 그중에서 가장 쓸만하다고 생각되는 충고를 받아들이시오. 그 충고야말로 지금 우리 모두에게 가장 필요한 것이라오."

회의에 참석한 지휘관들은 모두 네스토르의 조언에 따르기로 했다. 젊은 장수들로 편성된 일곱 경비대를 세우고, 하나의 경비대마다 장창으로 무장한 군사들을 100명씩 배치했다. 또한 아가멤논은 술과 고기를 준비하여 원로들과 연회를 가졌다. 그 자리에서 네스토르가 말했다.

"자비로우신 아가멤논 대왕이시여. 지금부터 제 생각을 남김없이 솔직하게 말씀드리겠습니다. 왕께서 아킬레우스에게 하사한 브리세이스를 빼앗아 그를 분노에 빠뜨린 이후, 저보다 더 좋은 방책을 강구한 이는 아마도 없을 것입니다. 그때 나는 진심을 다해 그대를 말렸으나 그대는 거만한 태도로 신들조차 존중하는 위대한 영웅을 모욕하고 말았소.

우리가 이 위기를 극복하려면 아킬레우스의 도움을 받는 수밖에 없습니다. 그러니 지금이라도 당장 그에게 진심으로 사과의 뜻을 전하고 충분한 보상을 한 후 도움을 청하십시오."

아가멤논은 머리를 쥐어 뜯으며 깊이 뉘우쳤다. 그는 네스토르의 지적을 순순히 받아들였다.

"아버지와 같은 분이여. 그대의 지적이 옳소. 내가 욕심에 눈이 멀어 훌륭한 장수를 떠나 보냈으니 모든 책임을 지겠소. 제우스께서 아킬레우스를 높이시고, 그리스군에 굴욕을 안겨주시는 지금, 제우스 신의 사랑과 영광을 한 몸에 받고 있는 그는 우리에게 수천의 군사보다 더 가치있는 존재요. 내 그에게 지난날의 잘못을 사과하고 충분한 보상으로 그를 위로하고 싶소.

여러분들 앞에서 그 보상품을 밝히겠소. 한번도 사용한 적이 없는 큰 솥이 7개, 황금 10달란트, 반짝이는 가마솥 20개, 그리고 경주에서 우승한 말 12마리를 내놓겠소. 거기에 더하여 레스보스 출신 최고의 미녀 7명과 그가 총애했던 브리세이도 돌려보내겠소. 내 침상에서 브리세이스를 한 번도 안아본 적이 없다는 것을 제우스 신의 이름으로 엄숙히 맹세하겠소.

지금 내가 줄 수 있는 것은 이게 전부요. 하지만 신의 은총으로 트로이를 정복할 수 있다면 수많은 황금과 청동, 그리고 헬레네 다음가는 미녀 20명을 줄 것이오. 어디 그뿐이겠습니까?

내 사랑하는 딸들 중 그가 원하는 아이를 고르면 아비가 딸에게 줄수 있는 가장 많은 지참금을 챙겨 시집보내겠소. 또한 내 영토 중 번창한 7개의 도시를 떼어 줄 것이오. 그 도시의 백성들이 공물을 바쳐 아킬레우스를 숭배하고 그의 권위에 복종하게 할 것이오. 부디 그가 내가 준비한 보상품을 받고 노여움을 거두기를 바랍니다. 나는 아킬레우스보다 지위도 더 높고 나이도 많소. 혹여 내 보상품이 만족스럽지 못하더라도 이번만큼은 나에게 져주라고 설득해주시오."

네스토르가 대답했다.

"오오, 자비로우신 왕이여. 그 정도 보상이라면 아킬레우스도 노여움을 풀고 기꺼이 우리를 위해 돌아올 것입니다. 당장 그에게 사절단을 보냅시다. 포이닉스, 그대는 아킬레우스의 스승이면서 가장 친한 전우이니 가서 그를 설득해 주시오. 그리고 오디세우스와 큰 아이아스는 아킬레우스와 절친한 사이니 그들을 데리고 가시오."

포이닉스가 대답했다.

"좋습니다. 나는 어려서부터 아킬레우스를 지켜본 사람입니다. 이 중에서 그를 가장 잘 안다고 할 수 있지요. 우리의 운명이 걸린 일이니 최선을 다해서 그를 설득하겠습니다."

아가멤논이 기뻐하며 포이닉스의 양손을 잡았다.

"포이닉스, 부디 아킬레우스의 마음을 돌려 주시오. 내 그대만 굳게 믿겠소."

아킬레우스에게 보내는 사절단이 결정되자 원로들은 모두 함께 손을 씻고, 경건한 침묵으로 제우스에게 기도를 올리고 자비를 빌었다.

포이닉스가 앞장서고 오디세우스와 큰 아이아스가 그를 보좌하는 사절단은 아킬레우스를 만나기 위해 발걸음을 재촉했다. 그들이 아킬레우스의 함선에 이르렀을 때 아킬레우스는 뱃전에 앉아 수금을 뜯으며 옛 영웅들의 영광을 노래하고 있었다. 그의 맞은편에는 친구이자 부관인 파트로클로스가 노래에 심취한 채 앉아있었다.

세 사람이 다가가자 아킬레우스는 깜짝놀라며 그들을 반겼다.

"아니! 이게 누구요? 나의 친한 벗들이 아니오. 그대들을 다시 보니 참으로 반갑소. 어서 배 안으로 오르시지요."

아킬레우스는 사절단을 막사로 안내하여 좋은 자리를 내주었다. 그리고 옆에 있던 파트로클로스에게 좋은 술과 고기를 가져오게 했다. 파

아가멤논의 사절을 영접하는 아킬레우스
장 오귀스트 도미니크 앵그르, 1801년.

트로클로스는 곧 분주하게 움직였다. 양고기와 염소고기, 살집 많은 돼지의 등심을 불에 얹었다. 부하 아우토메돈이 고깃덩어리를 잡고 아킬레우스가 직접 고기를 잘랐으며, 그 고기를 파트로클로스가 꼬챙이에 끼웠다.

파트로클로스는 잘 구워진 고기에 소금을 뿌리고 접시에 담아 빵과 술과 함께 식탁을 차렸다. 그리고 인원수대로 술잔을 내왔다.

아킬레우스는 음식을 먹기 전 파트로클로스를 시켜 신들에게 먼저 제물을 바치게 했다. 파트로클로스는 뼈와 내장을 불에 태워 신들에게 제물을 바쳤다. 아킬레우스가 유쾌한 표정으로 일행을 둘러보며 음식을 권했다.

"자, 오랜만에 마음껏 먹고 마셔 봅시다."

모두가 식사를 마칠 무렵, 아이아스와 포이닉스가 고개를 끄덕여 신호를 보냈다. 오디세우스가 이를 알아차리고, 잔에 술을 가득 부어 아킬레우스를 향해 축배를 제안했다.

"위대한 영웅 아킬레우스여, 그대의 건강을 기원하오. 이렇게 향연을 베풀고 환대해주어서 정말 고맙소. 하지만 우리가 찾아온 것은 향연을 대접받기 위함이 아닙니다. 지금 그리스군은 절체절명의 위기에 빠져있소. 그대의 출전 여부에 우리 군 전체의 운명이 달려있소. 지금 트로이군이 우리 함선과 요새를 포위하고 진을 쳤소. 저들은 우리가 밤새 배를 타고 도망치지 못하도록 곳곳에 장작불을 피워 놓고 감시를 하고 있소.

제우스께서 저들을 돕고 있으니 우린 그들을 도저히 감당할 수 없소. 헥토르는 지금 빨리 새벽이 오기를 기도하고 있을 거요. 우리 함선에 불을 질러 퇴로를 차단한 뒤 우리 군을 완전히 몰살시키기 위해서 말이오.

나는 정말 두렵소. 제우스께서 헥토르의 소원을 들어주어 우리가 트로이 땅에서 최후를 맞는 것이 우리의 운명이 될 것 같아서 말이요. 부디 그리스 군사들과 고국에서 그들의 무사귀향을 고대하는 가족들을 생각해 주시오. 그대를 존경하는 군사들이 이 낯선 땅에서 죽어가도록 그냥 버려 둘 거요? 지금이라도 늦지 않았으니 그만 노여움을 풀고 돌아와 주시오. 그대가 고향 프티아를 떠날 때 부친인 펠레우스께서 하신 말씀이 기억나시오?"

아킬레우스는 동요하지 않고 묵묵히 오디세우스의 이야기를 듣고 있었다. 그는 부친의 조언을 또렷이 기억하고 있었다.

"아테나와 헤라 두 여신께서 너와 함께 하시면 승리는 너의 것이다. 그러나 자만심을 경계해야 한다. 자비로운 마음만이 더 크고 귀한 일을 할 수 있기 때문이다. 특히 시비와 다툼을 피해라. 그것은 곧 망하는 지름길이다. 그것만 지키면 너는 만인의 존경을 한 몸에 받게 될 것이다."

부친의 모습이 떠오르자 아킬레우스는 잠시 울컥했으나 겉으로는 전혀 내색하지 않았다. 아킬레우스의 무덤덤한 반응에 오디세우스는 맥이 빠졌지만 설득을 포기하지 않았다.

"부왕께서 당부하신 그 말씀이 기억나지 않는단 말이오? 제발 지금이라도 마음을 돌려주시오. 그동안 품었던 원한 따위는 이제 내려놓으란 말이오. 아가멤논 왕께서도 자신의 잘못을 진심으로 뉘우치며 사과한다고 하셨소. 또한 막대한 보상을 약속하셨소."

오디세우스는 아가멤논이 약속했던 보상을 하나씩 열거하며 상세하게 설명했다. 그리고 이렇게 덧붙였다.

"이래도 아가멤논 왕에 대한 증오가 가시지 않고, 그가 주는 보상마저 성에 차지않는다면 군사들에게 만이라도 동정심을 가져주시오. 그들은 그대를 마치 신처럼 존경하고 있소. 맹수처럼 날뛰는 저 헥토르를 죽일 수 있는 것은 그대밖에 없다고 믿기 때문이오."

"……!"

오디세우스의 끈질긴 설득에도 아킬레우스는 계속 침묵을 지켰고,

막사 안은 무거운 정적만이 흘렀다. 한참이 지난 후 이윽고 아킬레우스가 입을 열었다.

"나는 아가멤논을 위해 싸울 마음이 조금도 없소. 난 더 이상 그를 믿지 않기 때문이오. 여러분도 아시다시피 난 그를 위해 생사를 넘나들며 수많은 전쟁터를 누볐소. 그때 아가멤논은 위험에서 벗어나 함선근처에서 편하게 쉬고 있었소. 하지만 그는 항상 가장 많은 전리품을 챙겼고, 노고와 관계없이 장수들에게 전리품을 나누어 준 뒤 내게는 터무니없이 작은 보상만 했소. 그러나 나는 불만 없이 그를 위해 계속 목숨을 건 전쟁을 치렀고, 그때마다 전리품을 모두 그에게 바쳤소. 하지만 그는 고마워하기는커녕 내 몫을 빼앗고 여러 장수들 앞에서 나에게 씻을 수 없는 모욕을 안겨주었소. 난 그에게 더 이상 속지 않겠소. 아가멤논이 막대한 재물로 나의 목숨을 매수하고 싶은 모양이지만 더 이상 하찮은 왕을 위해서 목숨을 걸지 않겠소. 또한 아가멤논의 사위가 될 생각도 없고, 그가 약속한 7개의 도시도 필요 없소. 나에겐 이미 프티야 왕국이 있고, 나를 따르는 충성스러운 미르미돈 부대가 있으며, 나를 기다리는 스키로스 왕국의 공주 데이다메이아가 있소. 그것으로 나는 충분히 만족하다오. 그리고 이젠 헥토르와 싸우고 싶은 생각이 없어졌소. 그러니 앞으로 부끄러움을 모르는 왕을 대신하여 나를 찾아오는 이가 없도록 해주시오.

예전에 내 어머니인 테티스 여신께서 말씀하시기를 나는 두 가지 상반된 운명을 타고났다고 하셨소.

여기 머물러 트로이군과 계속 싸운다면 목숨을 잃게 되겠지만 대신 큰 명성을 얻고, 만약 고향으로 돌아간다면 평생 장수하며 살겠지만, 명성을 얻지는 못할거라고 하셨소. 그래서 나는 두 가지 운명 중 후자를 선택할 생각이오. 지금이라도 당장 올림포스의 신들께 제물을 바치고 고향으로 돌아가고 싶소. 만약 그대의 생각도 나와 같다면 내일 함께 배에 올라 그리운 고향으로 돌아갑시다."

아킬레우스가 장황하면서도 단호하게 자신의 뜻을 밝히자 모두들 질려 입을 다물었다. 긴 침묵이 흐른 뒤 포이닉스가 입을 열었다.

"여보게, 아킬레우스. 난 자네를 친아들처럼 아껴왔네. 그러니 아버지의 말이라 생각하고 들어 주게. 자네가 화를 내는 건 이해하지만 분노와 원한 때문에 큰일을 그르치지는 말게. 뛰어난 영웅은 다른 사람의 간청을 저버리지 않는 법이라네."

하지만 스승이자 전우인 포이닉스의 설득에도 아킬레우스의 마음은 요지부동이었다.

"존경하는 포이닉스여, 어찌 제가 어르신의 마음을 모르겠습니까? 하지만 제 결심은 확고합니다. 아가멤논이 아무리 값진 것들로 보상한다고 해도, 내게 준 모욕의 대가를 치르기 전에는 결코 돌아가지 않겠습니다."

아킬레우스의 단호한 태도에도 포이닉스는 물러서지 않았다.

"그리스 군사들이 모두 자네를 그리워하며 신뢰하고 있네. 그들을 봐서라도 아가멤논 왕의 사과를 받아들이고 돌아와 주게. 자네가 트로이 원정대에 합류하던 날, 자네의 부친은 내게 자네를 책임지고 보호하라는 명령을 내리셨네. 그러니 자네가 떠난다면 나도 이곳에 머물 이유가 없네.

자랑스러운 아킬레우스여. 나는 지금의 자네를 만든 사람이네. 나는 누구보다 자네를 아끼고 있네. 자네는 어렸을 적에 나 없으면 연회에도 잘 참석하지 않았고, 식사를 할 때도 내가 자네를 무릎에 올려놓고 고기를 잘게 썰어주기 전에는 스스로 먹으려하지 않았어. 자네가 버릇없이 내 옷에 술을 쏟았던 적은 또 얼마나 많았었나? 자네는 항상 말썽을 부렸고, 나는 뒤치다꺼리에 바빴지. 하지만 나에게 그 모든것이 그저 사랑스럽게만 느껴졌었네. 자식이 없던 나에게 자네는 친아들과 다름없었기 때문이지. 그래서 나는 언젠가 내가 큰 위기를 만났을 때 자네가 나를 구해줄거라는 소망을 품고 살아왔네.

아킬레우스, 제발 그 성질 좀 죽이게. 전능하신 불멸의 신들조차 노여움을 푸는데 자네가 이토록 완고해서야 되겠는가? 큰 잘못을 저지른 인간도 신에게 간절히 기도하고 제물을 바치면 그 죄를 사하여 주신다네. 아가멤논 왕은 진심으로 뉘우치며 그 많은 보상품을 약속하셨네. 그 약속에 거짓이 없다는 것을 우리는 믿고있네. 그래서 자네와 가장 친한 우리가 이렇게 사절로 온 것이네. 그러니 우리들의 발걸음을 욕되게 하지 말아주게. 자네도 분노에 사로잡혔던 영웅들의 이야기를 들어보았겠지? 그들도 진심어린 사과와 선물로 화해를 청했을 때 받아들였다고 하네.

옛날 아이톨리아 지방의 칼리돈 왕 오이네우스는 아르테미스 여신의 마음을 상하게 한 적이 있었네. 분노한 여신은 사납고 몸집이 거대

칼리돈의 멧돼지 사냥
피터 폴 루벤스, 1616~1620년경 사이.

한 멧돼지 한 마리를 풀어서 오이네우스의 과수원을 쑥대밭으로 만들었지. 그 멧돼지는 거대하고 날카로운 어금니로 과수원의 나무들을 뿌리째 뽑아 쓰러뜨렸다네. 오이네우스는 멧돼지를 없애기 위해 그리스 전역에서 수많은 영웅들을 불러 모았어.

사냥꾼들 중 유일한 여성인 아틀란테는 가장 먼저 멧돼지에게 상처를 입혔고, 오이네우스의 아들 멜레아그로스는 창으로 멧돼지의 숨통을 끊었네. 멜레아그로스는 전리품인 멧돼지의 가죽과 머리를 아탈란테에게 줄 것을 선언했네. 그런데 멜레아그로스의 외삼촌인 플렉시포스와 톡세우스가 아탈란테가 받은 전리품이 탐이나서 그것을 빼앗았어. 이 일로 외삼촌들과 조카 사이에 시비가 붙었고, 칼부림 끝에 멜레아그로스는 자신의 외삼촌들을 죽이고 말았지. 멜레아그로스의 어머니 알타이아는 동생들의 죽음에 분노하여 아들에게 저주를 퍼부었어. 그러자 멜레아그로스도 화가 나서 아내가 있는 집으로 가버렸다네.

그런데 멜레아그로스가 없는 틈에 쿠레테스 족이 칼리돈을 침략했어. 다급해진 아이톨리아 족의 원로들은 대사제를 멜레아그로스에게 보내 막대한 보상을 약속하면서 도와주기를 간청했네. 하지만 그는 싸우기를 거절하고 침실에 틀어박혀 나오지 않았다네. 노쇠한 아버지 오이네우스의 간청도, 어머니와 누이들의 부탁도 모두 거절했지. 그러나 자신의 집 방문으로 불화살이 날아와 박히고, 도시가 불에 타며, 다정한 아내가 눈물로 호소하자 결국 고집을 꺾고 전투에 나섰다네. 그의 활약으로 아이톨리아 족은 쿠레테스 족을 물리칠 수 있었지. 하지만 그는 아무런 보상도 받지 못했다네.

나는 자네가 멜레아그로스의 전철을 밟지 않기를 바라네. 자네가 도우러 오기전에 함선에 불이 붙고 그리스 군사들이 트로이군의 창에 죽어나간다면 그때 자네가 도우러 온들 무슨 소용이 있겠나. 혹여 자네의 활약으로 그리스군이 위기에서 벗어나더라도 약속한 보상이나 군사들의 존경을 받기는 어려울 것일세."

포이닉스의 끈질긴 설득에도 아킬레우스는 끝내 마음을 열지 않았다. 그는 정중하면서도 단호하게 그의 설득을 거절했다.

"존경하는 포이닉스여, 내 말을 들어보시오. 아가멤논의 비위를 맞추려고 날 설득하진 마시오. 어르신까지 미워하게 될까 두렵소. 오늘은 여기서 주무시고 내일 나와 함께 고향으로 돌아갑시다. 어르신이 원한다면 말이오. 파트로클로스, 포이닉스 님의 잠자리를 준비해 주게."

큰 아이아스는 매우 현실적인 사람이었다. 그는 계속 침묵하며 세 사람의 대화를 통해 상황을 파악하려고 했다. 그리고 마침내 더 이상 아킬레우스를 설득해봤자 소용없다는 결론에 이르렀다.

"아킬레우스여, 오늘보니 그대에게 인정이라곤 찾아볼 수 없구려. 그대는 까탈스럽고 무례하며, 자존심만 강한 사내요. 그대를 설득하며 에너지를 쏟느니 차라리 돌아가서 다른 장수들과 대안을 찾는 것이 나을 것 같구려. 오디세우스, 그만 포기하고 돌아갑시다."

아킬레우스가 응수했다.

"텔라몬의 아들인 아이아스여, 그대는 나를 비난하기 전에 먼저 아가멤논이 내게 한 짓을 헤아려 보시오. 그대가 무슨 말을 해도 나는 그를 용서할 마음이 전혀없소. 그러니 가서 전하시오. 헥토르가 미르미돈 족의 진영까지 쳐들어와 우리 함선에 불을 지르기전까지는 내가 전투에 나설 일은 절대 없을 것이라고 말이오. 하지만 정말 그런 일이 벌어진다면 제 아무리 헥토르가 용맹스러워도 결국 내 창에 목숨을 잃게 될 것이오."

협상은 끝났다. 포이닉스는 남았고, 아이아스와 오디세우스는 무거운 마음을 안고 아킬레우스의 진영을 떠났다. 그들이 아가멤논의 막사에 도착하자 좋은 소식을 기대한 그리스 장수들이 앞다퉈 달려왔다. 하지만 두 사람의 보고를 받고 나서 모두 크게 실망했다. 망연자실한 그들은 서로 얼굴만 쳐다볼 뿐 누구 하나 입을 열지 않았다. 무거운 정적만이 막사 안을 가득 채웠다. 성미가 급한 디오메데스가 참지못하고 침묵을 깨뜨렸다.

"아킬레우스는 제가 잘 압니다. 처음부터 그에게 막대한 보상을 약속하며 고개를 숙이고 들어간 것이 잘못입니다. 가뜩이나 자만심이 가득한 아킬레우스를 더욱 기고만장하게 만들었습니다. 그는 스스로 싸우고 싶은 마음이 생겨야 전투에 나설 것입니다. 그러니 고향으로 돌아가든 이곳에 남든지 그가 원하는 대로 내버려 둡시다. 우리에겐 그가 필요 없습니다. 우리 스스로 이 위기를 극복해야 합니다.

우리에겐 아직 훌륭한 장수들과 군사들이 많이 있습니다. 대왕께서 선두에 서서 군사들을 이끌어주십시오. 그러자면 우선 충분히 먹고 잠을 자두도록 합시다. 충분한 식사와 숙면은 우리의 심장과 근육을 더욱 튼튼하게 만들어 줄 것입니다. 그러니 전투 계획은 날이 밝으면 세우도록 합시다."

디오메데스의 말에 그리스 장수들은 겨우 기운을 차리고 한 자리에 모여 신들에게 술을 바쳤다. 그리고 나서 잠시라도 눈을 붙이기 위해 각자 자신의 막사로 돌아갔다.

제10장

야간 원정

그리스의 지휘관들이 모두 잠든 늦은 밤. 아가멤논만은 잠을 이루지 못했다. 그는 절망적인 상황에 처한 그리스군의 현실을 생각하니 불안해서 잠이 오지 않았다. 침대위에서 뒤척이든 아가멤논은 깊은 한숨을 내쉬다가 벌떡 일어나 막사 밖으로 나왔다. 눈을 돌려 트로이 진영을 바라보니 어둠속에서 수많은 모닥불이 타오르고 있었다. 나팔이나 피리를 부는 소리와 왁자지껄하게 떠드는 소리가 뒤섞여 바람을 타고 들려왔다. 아가멤논의 붉게 충혈된 두 눈으로 트로이 진영을 노려보았다. 그의 가슴은 납덩이처럼 무거워졌고, 숨은 턱턱 막혀왔다.

그는 고개를 돌려 바다 끝자락에 밀집해있는 그리스 함선들을 살펴보았다. 어둠에 휩싸인 함선들 사이에서 파도가 울부짖고 있었다. 서늘

한 바람과 함께 공포가 밀려와 아가멤논의 마음을 사로잡았다. 그는 오싹한 한기를 느끼며 온몸을 부르르 떨었다. 그리고는 자신의 머리를 쥐어뜯으며 거칠게 신음을 토해냈다.

"오, 위대하신 제우스 신이여. 어찌하여 제게 이런 시련을 주십니까?"

아가멤논은 제우스를 원망하며 깊이 탄식하였다. 하지만 신을 원망한다고 달라지는 것은 아무것도 없다. 그는 대책을 강구해야 했다. 트로이군을 물리치고 그리스군을 위기에서 지켜내야할 책임이 총사령관인 그에게 있었다. 시간이 없다. 초조해진 그는 결국 경험이 풍부하고 현명한 네스토르에게 조언을 구하기로 마음먹었다.

근심으로 잠을 이루지 못한 이는 또 있었다. 아가멤논의 동생이자 헬레네의 전 남편 메넬라오스였다. 자신의 문제로 트로이 전쟁에 뛰어든 전우들이 해가 뜨면 최후를 맞이하게 되는 것은 아닌지 불안한 마음이 그를 무겁게 짓눌렀다. 그들의 죽음은 모두 자신의 책임이 아닌가? 생각이 여기에 미치자 그는 몹시 괴로웠다. 잠은 고사하고 막사에 앉아있는 것 조차 부담스러웠다. 그는 급히 겉옷을 걸치고 표범 털가죽을 어깨에 둘렀다. 이어 청동 투구를 쓰고 창을 움켜쥐고 아가멤논의 막사로 향했다.

그가 아가멤논의 막사에 도착했을 때 그의 형은 네스토르를 만나기 위해 막사를 나서고 있었다. 형제는 서로의 모습을 보고 매우 기뻐했다.

"형님, 이 시간에 왜 무장을 하고 계십니까? 정찰병이라도 보낼 생각입니까? 하지만 그런 위험한 일에 나설 사람이 있을지 의문입니다.

이 어둠을 뚫고 홀로 적진으로 침투할 사람이라면 보통 용기와 담력을 가지고는 어렵습니다."

아가멤논이 대답했다.

"메넬라오스. 제우스께서 우리를 버리셨으니 너와 내가 대책을 세워야 한다. 무슨 일이 있어도 군사들과 함선을 지켜낼 방책을 강구해야 한다. 헥토르 혼자서, 그것도 하루 사이에 우리 군에 이토록 큰 피해를 주다니, 제우스께서 돕지 않는다면 도저히 불가능한 일이다. 제우스께서는 헥토르가 바친 제물이 우리가 드린 것보다 훨씬 마음에 드신 모양이다.

너는 빨리 가서 큰 아이아스와 이도메네우스를 깨워라. 그들에게 너무 고자세로 대하지 말고 최대한 예의를 갖추고 존중하도록 해라. 난 네스토르를 만나 그분께 지혜를 빌려야겠다."

메넬라오스가 자리를 뜨자 아가멤논도 네스토르의 막사로 향했다. 아가멤논이 도착했을 때 네스토르는 자신의 막사 안 침상에 잠들어 있었다. 침상 옆에는 갑옷과 방패, 투구, 그리고 창이 여러 개 놓여 있었다. 아가멤논이 다가가자, 네스토르가 후다닥 일어나며 경계 태세를 취했다.

"이 야심한 밤에 누구냐? 노새나 동료를 찾다가 잘못 들어온 것이냐? 더 이상 다가오지 말고 용무를 밝혀라."

아가멤논이 헛기침을 하였다.

"고매하신 네스토르여. 아가멤논이오. 우리가 처한 상황을 생각하니 잠이 오지 않는구려. 고통과 절망이 내 몸과 마음을 잡아 누르니 견디기가 어렵습니다. 그대도 잠이 깨었다면 나를 좀 도와주시오. 나와 함께 적군의 동태를 살피고 우리의 파수병들이 경계를 잘 서고 있는지 확인해 봅시다. 적들이 코 앞에 있는데 혹시 야밤을 틈타 기습해 오지나 않을지 걱정이오."

네스토르가 대답했다.

"좋습니다. 이왕이면 다른 장수들도 깨워서 함께 갑시다."

잠시 후, 두 사람의 부름을 받고 오디세우스와 디오메데스 등 장수들이 모여들었다. 그들은 함께 초소마다 경계를 서고 있는 파수병들을 둘러보았다. 그들은 하나같이 긴장된 모습으로 적진을 살피며 철통같은 경계를 펴고 있었다. 그 모습을 본 네스토르는 매우 기뻐하며 파수병들을 격려했다.

"정말 수고가 많다. 그대들 덕분에 다른 전우들이 마음놓고 쉴 수 있으니 그대들의 공이 크다. 부디 졸지말고 끝까지 임무를 완수해주기 바란다. 만일 잠깐이라도 졸다가 적군이 침투해 오기라도 한다면 돌이킬 수 없는 참사를 겪게 될 것이다."

아가멤논과 지휘관들은 초소를 모두 돌아본 뒤 빈터에 자리를 잡고 앉았다. 네스토르가 좌중을 둘러보며 진지한 표정으로 말했다.

"동지들이여. 그대들 중 적진을 살펴보고 올 용사가 없겠소? 적진에 침투하면 낙오된 적군을 잡아오거나, 저들이 어떤 생각을 가지고 있는지 정보를 얻을 수도 있을 것이오. 임무를 완수하여 공을 세우면 마땅히 큰 보상이 따를 것이오."

그러나 선뜻 나서는 사람이 없었다. 모두 무겁게 입을 닫고 침묵했다. 한동안 침묵이 흐른 뒤 디오메데스가 입을 열었다.

"네스토르여, 그 일이라면 제가 하겠습니다. 그 대신 한 명을 더 붙여주십시오. 둘이 간다면 용기도 갑절이 되어 안심할 수 있습니다. 또한 지혜도 보태어져 무슨 일을 해야할지 잘 판단할 수 있습니다."

그러자 두 아이아스와 메리오네스, 메넬라오스와 오디세우스도 자원했다. 아가멤논이 기뻐하며 입을 열었다.

"디오메데스, 그대야말로 나의 충직한 신하다. 지원자가 많으니 이 중에서 가장 믿음이 가고 마음이 맞는 동지를 한 명 고르게. 이번 임무는 무엇보다 서로 호흡이 잘 맞아야하네."

디오메데스가 대답했다.

"저에게 동지를 직접 선택하라고 하셨으니 오디세우스와 함께 가겠습니다. 그는 용맹하고 지략이 뛰어나며 모든 일에 탁월한 능력을 보여주고 있습니다. 더군다나 아테나 여신께서 가장 아끼는 장수이기도 합니다. 그가 동행만 해준다면 어떤 위험한 상황에서도 무사히 임무를 완수할 수 있습니다."

오디세우스가 쑥스러운 표정을 지으며 말했다.

"디오메데스여, 너무 추켜세우진 말게. 우린 이미 서로를 잘 알고 있지 않나. 자네가 원한다면 기꺼이 함께 가겠네. 밤이 지나고 새벽이 가까웠네. 별빛도 희미해지고 있지않나. 이제 시간이 얼마남지 않았으니 서두르도록 하세."

두 사람은 서둘러 무구를 갖추었다. 디오메데스는 칼을 차고 방패를 들고 투구를 썼으며, 오디세우스는 활을 들고 화살 통을 멨다. 메리오네스가 오디세우스에게 멧돼지 송곳니가 촘촘이 박힌 귀하고 훌륭한 투구를 빌려주었다.

잠시 후, 두 사람이 적진을 향해 나아갈 때 아테나는 그들에게 왜가리 한 마리를 보냈다. 그들은 어두워서 왜가리의 형체는 볼 수 없었으나 시끄러운 울음소리는 또렷이 들을 수 있었다. 오디세우스는 그 새가 아테나 여신이 보낸 전조임을 깨닫고 기도를 올렸다.

"전능하신 제우스의 따님이시여. 내 기도를 들어주소서. 고난의 순간마다 내 편이 되어주시고, 가는 곳마다 동행하시는 여신이시여. 오늘도 제게 자비를 베푸셔서 적에게 타격을 줄 만한 수훈을 세우고 무사히 귀환할 수 있도록 하소서."

그러자 디오메데스도 아테나에게 기원했다.

"여신이여, 저의 부친 티데우스와 함께 하셨던 것처럼 나와 함께 하소서. 그분을 도와 훌륭한 일을 하게 하셨듯이 이제 저를 도와주소서. 제 기도를 들어주신다면 흠없는 어린 황소를 뿔에 황금을 덧씌워 제물로 바치겠나이다."

기도를 마친 두 사람은 어둠이 내린 트로이 진영을 향해 쏜살같이 나아갔다.

트로이의 진영에서도 잠이 든 사람은 거의 없었다. 헥토르가 잠자는 것을 금지했던 것이다. 그는 장수들을 소집하여 한 가지 제안을 했다.

"그대들 중에서 나를 위해 적진을 염탐하고 올 사람이 있는가? 임무를 완수하면 가장 좋은 전차 1대와 전차를 끌 말 2필로 보상하겠다. 더

불어 아주 큰 영예도 얻게 될 것이다."

선뜻 나서는 사람이 없었고, 긴 침묵이 흘렀다. 이윽고 한 사람이 자원하고 나섰다. 그는 부자인 에우메데스의 외아들 돌론Dolon이었다. 그는 위로 누이가 다섯이나 있었다. 비록 용모는 볼품없었으나 달리기만큼은 누구보다 뛰어났다.

"헥토르여, 저는 당신의 충복입니다. 저는 누구보다 빨리 달릴 수 있어서 적진을 염탐하는데 가장 적임자라고 자부합니다. 장군의 홀을 높이 치켜들고 아킬레우스의 전차와 말들을 제게 주겠다고 맹세해주십시오. 그렇게 하면 제가 반드시 정찰병의 임무를 완수하여 공을 세우겠습니다. 저는 아가멤논 왕의 함선으로 곧장 갈 것입니다. 적의 지휘관들은 아마 그곳에 모여서 달아날지 싸울지를 의논하고 있을 것입니다."

헥토르가 대답했다.

"올림포스 신들의 왕이요 천둥의 신 제우스께서 몸소 이 서약의 증인이 되어주실 것이다. 트로이군의 총사령관으로서 맹세하노라. 트로이의 어떤 장수들도 그 말들을 소유하지 못할 것이며 오직 너를 위한 상이 되게 할 것이다."

헥토르는 홀을 들어 맹세했으나, 그 맹세가 부질없음을 스스로 잘 알고 있었다. 하지만 돌론에게는 그것으로 충분했다. 그는 어깨에 활과 화살통을 메고 회색 이리의 가죽으로 몸을 감쌌으며, 흰 족제비 털모자를 쓰고서 길을 떠났다. 하지만 그는 트로이 진영을 벗어나기도 전에 오디세우스의 눈에 띄고 말았다. 그는 팔꿈치로 슬쩍 디오메데스의 몸을 찌르며 속삭였다.

회색 이리의 가죽으로 몸을 감싸고 흰 족제비 털모자를 쓰고서 길을 떠나는 돌론
그리스, 에트루리아 및 로마 고대 유물, 기원전 460년.

"쉿! 이 밤중에 트로이 쪽에서 오는 걸로 봐서 정탐꾼이 틀림없네. 우리 곁을 지나가게 두었다가 덮치도록 하세. 만약 날랜 놈이라면 우리 진영으로 몰고간 다음 자네의 창으로 해결하세. 트로이 진영으로 되돌아가게 두어서는 안 되네."

두 사람은 귀엣말을 나누며 시체 사이에 몸을 숨기고 상대가 가까이 다가오기를 기다렸다. 돌론은 그들이 숨어있는 것을 눈치채지 못하고 그들 곁을 지나갔다. 오디세우스와 디오메데스는 쏜살같이 돌론의 뒤를 따라 붙었다.

"멈춰라!"

"헉!"

돌론은 깜짝 놀라서 뒤를 돌아보았다. 무구를 든 그리스 장수 두 명이 자신의 뒤를 쫓아오고 있었다. 그는 위험을 직감했지만 자신의 빠른 발로 도망칠 수 있다고 자신했다. 그는 추격자들을 따돌리기 위해 전력질주했다. 그러나 추격자들 역시 만만한 상대가 아니었다. 두 사람은 일정한 거리를 두고 돌론을 추격했다. 쫓고 쫓기는 추격전 끝에 돌론은 마침내 그리스 파수병들이 보초를 서는 초소 근처까지 쫓겨왔다. 디오메데스는 준비하고 있던 창을 들고 소리쳤다.

"서랏. 서지 않으면 창을 던지겠다. 그렇게 되면 너는 목숨을 잃게 될 것이다."

돌론이 경고를 무시하고 계속 달아나자 디오메데스는 창을 던졌다. 그러나 창은 돌론의 어깨를 스치고 날아가 그가 서 있는 바로 앞 땅에 꽂혔다. 그 충격으로 돌론은 공포에 사로잡혀 더 이상 달아나지 못하고 멈춰섰다. 오디세우스와 디오메데스가 달려와 돌론의 팔을 하나씩 움켜잡았다. 그러자 돌론은 갑자기 울음을 터뜨리며 울부짖었다.

"살려주십시오. 내 저택에는 청동과 황금은 물론 값진 물건들이 많이 있습니다. 부친께서 외아들인 제가 포로가 된 것을 아시면 후한 몸값을 지불하실 겁니다."

오디세우스가 상냥하게 말했다.

"두려워 마라. 사실대로만 말하면 살려 주마. 넌 누구며 여기는 뭣하러 왔느냐?"

돌론이 겁에 잔뜩 질려 몸을 부들부들 떨면서 대답했다.

"저는 돌론이라고 합니다. 헥토르가 당신들 진영을 정탐하라고 보냈습니다. 임무를 완수하면 아킬레우스의 말과 전차를 주겠다는 약속에 제가 눈이 멀었습니다."

그러자 오디세우스의 입가에 미소가 번졌다.

"욕심날만한 상이로구나. 하지만 그 말들은 아무나 몰 수 있는 말들이 아니다. 포세이돈께서 선물하신 특별한 말이며, 아킬레우스처럼 불멸의 신을 모친으로 둔 용사만이 몰 수 있다. 자, 사실대로 말하라. 헥토르는 지금 무엇을 하고 있느냐."

돌론이 대답했다.

"헥토르는 지휘관들과 밤을 새우며 회의를 하고 있습니다. "

"트로이군의 상황은 어떠냐? 트로이군과 동맹군의 진영은 함께 있느냐, 아니면 흩어져 있느냐? 상세하게 말해봐라."

돌론은 자신이 알고 있는 모든 것을 숨김없이 말했다. 파수병들이 망을 보는 초소의 위치며, 트로이군과 동맹군 진영의 규모와 위치까지 상세히 알려주었다. 심지어는 오디세우스의 환심을 사기 위해 이렇게 덧붙였다.

"트로이 진영에서 전리품을 얻고자 한다면 트리키아를 치십시오. 그들은 최근에야 동맹군에 합류하여 다른 진영으로부터 멀리 떨어져 있습니다. 초소에 보초도 세우지 않고 모두 잠들어 있어서 그곳에서 소란이 일어나도 다른 진영에서 눈치채기 어렵습니다. 또한 레소스

Rhesus 왕이 소유한 눈처럼 흰 백마들은 가장 튼튼하고 좋은 말들입니다. 마치 바람처럼 빠르게 달릴 수 있지요. 백마가 끄는 전차는 황금과 은으로 장식되어 있고, 왕은 휘황찬란한 황금갑옷을 입고 있습니다. 그 물건들은 하나같이 신들에게나 어울릴만한 것들이죠."

돌론은 어리석게도 중요한 기밀들을 털어놓으면 목숨을 구할 수 있다고 믿었다. 하지만 그것은 착각이었다. 오디세우스는 충분한 정보를 빼내자 뒤로 물러서고 디오메데스가 앞으로 나섰다.

"여러 가지로 좋은 정보를 알려 줘서 고맙다."

돌론은 기대에 찬 눈빛으로 디오메데스를 바라보았다.

"아, 그럼 이제 살려 주시는 겁니까."

디오메데스가 차가운 눈빛으로 돌론을 노려보았다.

"살려 주냐고? 목숨이 아까워서 조국을 배신하는 너같은 놈은 살려 둘 가치조차 없다. 너는 살아 있어봤자 네 조국 트로이나 우리 그리스에 화만 불러 올 것이다."

돌론은 크게 놀라 디오메데스에게 매달려 자비를 구하려고 했다. 하지만 디오메데스는 그럴 틈조차 주지 않았다. 그가 휘두른 칼에 돌론의 목은 베어져나가 땅바닥에 굴러 떨어졌다. 디오메데스와 오디세우스는 돌론의 갑옷과 투구와 희색 이리의 가죽을 취하여 그것들을 숲에 숨겼다. 돌아오는 길에 쉽게 찾을 수 있도록 표시를 한 후 아테나 여신에게 무사 귀환을 위한 기도도 잊지 않았다.

오디세우스와 디오메데스는 돌론의 정보를 이용하여 트라키아 진영이 있는 바닷가로 달려갔다. 그들이 도착했을 때, 트라키아 군사들은 모두 깊은 잠에 곯아떨어져 있었다. 그들 곁에는 병장기가 가지런히 놓여있었고, 말들도 묶여 있었다. 그 중심에는 돌론이 말한 백마와 황금과 은으로 장식한 전차도 있었다.

오디세우스가 디오메데스의 귓가에 입을 가져가 조용히 속삭였다.

"디오메데스, 레소스 왕과 군사들을 처치해 주게. 난 말들을 끌고 갈 준비를 하겠네."

아테나 여신은 디오메데스에게 용기를 불어넣어 주었다. 그는 양떼를 습격하는 맹수처럼 잠든 트라키아 군사들을 거침없이 베어 나갔고, 삽시간에 열두 명을 해치웠다. 진영은 이들의 피로 붉게 물들었다. 트라키아 왕 레소스는 열세 번째 희생자가 되었다. 오디세우스는 트리키아 군사들의 시신을 한쪽으로 끌어내 말을 몰아갈 길을 열었다. 그리고는 레소스 왕의 전차에 묶여있는 아름다운 흰 말들을 풀어냈다. 전차까지 가져갈 수는 없었기 때문이다. 오디세우는 그 중 한 마리에 올라 다른 두 마리를 끌어냈다. 이때 디오메데스는 레소스 왕을 죽인 후 자세를 바로잡고 있었다. 오디세우스는 휘파람을 불어 돌아가자는 신호를 보냈다. 그러나 디오메데스는 적을 더 베고 싶은 마음에 자리를 뜨지 못하고 망설였다.

이때, 아테나가 그를 재촉했다.

"디오메데스 서둘러라. 적에게 쫓겨가기 싫으면 어서 떠나라. 다른 신이 곧 트로이를 도우러 올 것이다."

여신의 재촉에 순종한 디오메데스는 아쉬움을 뒤로 하고 말에 올랐

레소스의 말들을 훔치는 오디세우스와 디오메데스
붉은 그림 토기, 기원전 360년경.

다. 두 사람은 안전한 선단 쪽으로 급히 말을 몰았다.

아테나의 예상은 틀리지 않았다. 올림포스에서 아폴론은 디오메데스를 돕느라 분주한 아테나를 보고 화가 치밀었다. 그는 트리키아 진영으로 급히 내려가서 힙포코온을 깨웠다. 그는 레소스 왕의 친척이자 트리키아 족의 고문이었다. 힙포코온은 자다가 벌떡 일어나, 도륙된 군사들과 레소스 왕의 시신을 보고 경악하며 울부짖었다. 그 소리를 듣고 트리키아 군사들이 떼지어 몰려왔고 곧 큰 소동이 일어났다.

오디세우스와 디오메데스는 돌론을 죽이고 전리품을 숨겨논 장소에 도착하여 그것들을 챙긴 후 다시 말을 몰아 그리스 진영으로 돌아왔다. 네스토르가 가장 먼저 그들의 말발굽 소리를 들었다. 그는 훌륭한 두 장수가 적진에서 무슨 변을 당하지는 않았을지 몹시 염려하고 있다가 임무를 수행하고 돌아온 그들을 보고 몹시 기뻐했다. 그들의 무사귀환을 기다리던 장수들이 모여들어 두 사람을 얼싸안았다. 네스토르가 모두를 대신하여 입을 열었다.

"말해보시오. 두 사람은 아무리 칭찬해도 부족할 만큼 대단한 공적을 세웠소. 이 훌륭한 말들은 어디서 구한거요? 트로이 진영에서 빼앗아 온 것이오. 아니면 신이라도 만나 선물로 얻은 것이오? 그대들은 전능한 제우스 신과 그분의 따님인 아테나 여신의 사랑을 받고 있으니 하는 말이오. 내 일찍이 이토록 아름다운 말은 본 적이 없소."

그러자 오디세우스가 대답했다.

"네스토르, 현명한 어른이시여. 신들이 마음만 먹는다면 이보다 훨씬 좋은 말도 쉽게 내려 주시겠지요. 하지만 이 말은 트리키아의 왕 렉소스의 것입니다. 그는 디오메데스의 손에 죽었습니다. 그의 옆에 자고 있던 12명의 장수들도 마찬가지입니다. 또한 우리를 염탐하기 위해 헥토르가 보낸 정탐꾼 또한 해치웠습니다."

장수들은 두 사람의 무용담을 듣고 감탄했다. 오디세우스와 디오메데스는 전우들의 갈채를 뒤로 한 채 말을 끌고 디오메데스의 진영으로 갔다. 그곳의 마구간에 말들을 매어 놓고 먹이를 주고 물을 먹였다. 오디세우스는 돌론에게서 벗겨온 전리품을 자신의 함대로 가져가 아테나 여신에게 바쳤다.

그리고 두 사람은 바다로 걸어 들어가 땀과 먼지를 닦아냈다. 목욕을 마친 그들은 몸에 올리브 기름을 바르고 나서, 식사를 하기 위해 자리에 앉았다. 식사가 준비되자 그들은 먼저 자신들을 보호해준 아테나 여신에게 감사의 포도주를 바쳤다.

제11장

아가멤논의 활약

새벽의 여신 에오스가 빛으로 세상을 밝히고 있을 때, 제우스는 불화의 여신 에리스를 그리스 진영으로 보냈다. 에리스는 진영의 중앙에 자리잡은 오디세우스의 배 위에 섰다. 여신은 무시무시한 함성을 지르며 전쟁을 선포하고, 군사들의 가슴속에 투지와 용기를 가득 불어넣었다.

아침이 밝아오자 군사들은 고향을 그리워하는 마음보다 전쟁이 더 감미롭게 느껴졌다.

아가멤논은 군대에 무장을 명하고 자신도 무장을 갖추었다. 그리고는 방패와 창을 챙겨들고 병사들을 향해 큰 소리로 외쳤다.

"용감한 그리스 군사들이여! 결전의 날이 밝아왔도다. 모두 용감하게 싸워 오늘은 기필코 트로이 성을 함락시키자!"

헤라와 아테나는 아가멤논의 권위를 세워주기 위해 천둥을 울려주었다. 그리스의 지휘관들은 각자 자신의 마부에게 말과 전차를 참호 근처에 배치시키라고 명령했다. 전투병들은 완전 무장을 하고 앞으로 진군하였다. 새벽하늘 아래 울려 퍼지는 그리스군의 함성이 대지를 쩌렁쩌렁 울렸다. 보병들이 앞으로 나아가자, 전차들이 뒤에서 진군하였다.

제우스는 많은 그리스 군사들을 하데스로 보내기로 작정하고 그들의 머리 위로 소름끼치는 소음과 함께 핏방울들을 내려 보냈다.

한편, 평원 높은 곳에 진을 친 트로이군도 전투 준비를 마치고 헥토르의 공격 명령을 기다리고 있었다. 헥토르의 청동 갑옷에 아침 햇살이 반사되어 반짝거렸다. 그의 옆에는 트로이군의 뛰어난 장수 폴리다마스, 트로이 군사들이 신처럼 존경하는 아이네이아스, 안테노르의 세 아들인 폴리보스, 아케노르, 아카마스 등 위대한 영웅들이 어깨를 나란히 하고 섰다.

이윽고 헥토르의 입에서 공격 명령이 떨어졌다.

"자, 가자! 그리스 군을 전멸시켜라!"

그리스 진영에서도 아가멤논의 공격 명령이 떨어졌다.

"트로이 놈들을 한 명도 살려 보내지 마라!"

그리스군과 트로이군은 이내 뒤섞였다. 그들은 한치의 양보도 없이 서로 뒤엉켜 싸우며 조금도 물러서지 않았다. 여기저기서 비명소리와 함께 쓰러져 나뒹구는 전사자와 부상자들이 속출했다. 그러나 양측의 군사들은 아랑곳하지 않고 치열한 전투를 벌여 나갔다. 불화의 여신 에리스는 전쟁의 피비린내를 즐기고 있었지만, 올림포스의 신들은 어느 누구도 이 전쟁에 개입할 수 없었다. 제우스가 트로이군에게 승리를 주려고 작정했기 때문이다.

양군은 아침나절 내내 치열한 전투를 벌였으나 어느 한 쪽도 물러서지 않았다. 그러나 정오 무렵이 되면서 그리스군이 갑자기 트로이군의 전열을 무너뜨렸다. 아가멤논이 자신을 막아서는 트로이의 전사 비에노르와 그의 마부 오일레우스를 죽였다. 그는 이어서 프리아모스 왕의 두 아들 이소스와 안티포스를 공격했다. 이들 형제는 과거 이다 산에서 양을 치다가 아킬레우스에게 잡혀 몸값을 보상하고 풀려난 적이 있었다.

아가멤논은 이소스의 가슴을 찌르고 안티포스는 귀밑 쪽을 칼로 베어 전차에서 떨어뜨렸다. 아가멤논은 그들의 무장을 벗겨내고서야 그들의 정체를 알아차렸다. 아킬레우스에게 잡혀 진영으로 끌려왔을 때 본 적이 있었던 것이다.

아가멤논은 다시 트로이군의 대열로 뛰어들어 안티마코스의 두 아들 페이산데르와 힙폴로코스를 발견하고 그들을 덮쳤다. 두 형제는 목숨을 살려주면 많은 몸값으로 보상하겠다고 제안했다. 하지만 피에 굶주린 아가멤논에게 그런 제안이 귀에 들어올 리 없었다. 페이산데르는 가슴에 창을 맞고 심장이 멎었고, 동생인 힙폴로코스는 형의 시신을 수습하려다가 두 팔과 목이 잘려 비참한 죽음을 맞았다. 트로이 군사들은 아가멤논의 무서운 기세에 눌려 뒤로 물러나 그를 피했다.

제우스는 치열한 전투 중에도 헥토르를 지켜보며 그를 보호했다. 아가멤논은 핏덩이로 범벅이 된 손을 들어 그리스군을 지휘하며 트로

이리스와 제우스
미셸 코르네유, 1701년.

이군을 스카이아이 성문 쪽으로 밀어 붙였다.

　제우스는 천둥으로 무장을 하고 이다 산으로 내려왔다. 그는 자신의 전령인 무지개의 여신 이리스를 전투의 중심에 선 헥토르에게 보냈다. 헥토르에게 이리스가 말했다.

　"헥토르, 제우스 신의 말씀을 전하겠다. 그대는 아가멤논이 맹렬하게 싸우는 동안에는 그와 맞서지 말고 뒤로 물러나 있으라. 그러나 아가멤논이 부상을 입고 물러서면 그 순간부터 제우스 신께서 그대에게 힘을 줄 것이다. 그때부터 트로이군은 전세를 뒤집고 그리스군을 그들의 함선까지 밀어붙이게 될 것이다."

헥토르는 제우스의 뜻을 따라 뒤로 물러나 쉬지않고 트로이 진중을 돌며 군사들을 격려했다.

"힘을 내라! 제우스께서 우리에게 승리를 약속하셨다!"

성문 앞까지 밀렸던 트로이군은 헥토르의 격려에 다시 힘을 얻었다. 그들은 돌아서서 그리스군에 맞서 저항했다. 그러나 아가멤논은 저항하는 트로이군을 닥치는 대로 도륙했다. 트로이의 장수 이피다마스 Iphidamas(트로이의 장로 안테노르의 아들)가 아가멤논을 막아섰다. 그러자 아가멤논은 이피다마스를 향해 창을 던졌다. 하지만 그의 창은 빗나갔고 이피다마스는 그 기회를 놓치지않고 창으로 아가멤논의 갑옷을 뚫고 몸통을 찔렀다. 그러나 창은 아가멤논의 은빛 혁띠에 맞아 창끝이 부러지고 말았다.

아가멤논은 자신의 창을 회수하여 이피다마스에게 치명적인 일격을 가했다. 아가멤논이 그의 몸에서 갑옷을 벗겨내자, 이피다마스의 형 코온은 아가멤논이 눈치채지 못하게 다가가서 창으로 그의 팔뚝을 찔렀다. 기습을 당한 아가멤논은 분노하여 코온을 공격했고, 두 사람은 이피다마스의 시신 위에서 뒤엉켜 싸웠다. 아가멤논은 코온의 목을 잘라 동생의 시체 위로 던졌다. 안테노르Antenor의 두 아들은 이렇게 최후를 맞았다.

아가멤논은 상처에서 피가 쉴새없이 흘러내렸지만 아랑곳하지 않고 싸움을 계속했다. 그러나 한참 뒤 상처의 피가 마르기 시작하자 참을 수 없는 극심한 고통이 몰려왔다. 그는 자신의 전차에 올라 큰 소리로 외쳤다.

"동지들이여, 그리스의 전사들이여. 그대들이 나 대신 우리 함선의 방어를 위해 싸워주기 바라오. 제우스께서 오늘은 나로 하여금 그대들과 함께 끝까지 싸우도록 허락하지 않는구려."

아가멤논은 마부에게 자신의 진영으로 말을 돌리라고 시켰다. 마부가 채직을 휘두르자 말들은 흙먼지 속을 달려 부상당한 왕을 안전하게 그리스 진영으로 데려갔다.

아가멤논이 후퇴하는 모습을 본 헥토르는 이리스 여신이 전해준 승리의 기회가 왔다는 것을 깨달았다. 그는 군사들을 향해 목청껏 외쳤다.

"트로이 군사들이여, 적의 총사령관 아가멤논이 도망치고 있다. 모두 힘을 내서 싸워라. 제우스께서 내게 승리의 영광을 주셨다. 두려워하지 말고 싸워라. 적들을 쳐부수고 승리를 쟁취하자."

헥토르는 그리스군을 향해 성난 파도처럼 돌진해 갔다. 제우스는 그에게 강력한 힘과 불타는 투지를 불어 넣어 주었다. 헥토르가 달려나가며 창을 휘두르자 그리스군은 추풍낙엽처럼 쓰러졌다. 성난 헥토르와 트로이군의 기세에 눌린 그리스군은 차츰 뒤로 밀리기 시작하더니 급기야 달아나기 시작했다.

그리스군이 쫓겨가기 시작할 때 오디세우스만은 물러서지 않고 힘차게 트로이군에 맞서 싸우고 있었다. 그는 디오메데스를 불렀다.

"디오메데스여, 무엇을 꾸물거리는가? 어서 나와 힘을 합쳐 헥토르를 물리치세. 저들이 함대까지 진격하도록 놔둘 수는 없네."

"물론입니다! 하지만 제우스께서 트로이에 승리를 주시려고 작정하셨다면 우리도 어쩔 도리가 없지 않겠소."

그러면서도 두 사람은 트로이의 군사들에 맞서 싸웠다. 그들은 마치 궁지에 몰린 두 마리의 멧돼지가 사냥개들을 향해 화풀이를 하듯이 닥치는 대로 트로이 군사들을 죽였다. 제우스는 이들의 활약을 통해 쫓기는 그리스군이 잠시 숨을 돌릴 수 있도록 트로이군의 전진을 막아주었다.

트로이 동맹국의 위대한 예언자 메롭스Merops의 두 아들 히포다모스와 히페이로코스도 그들의 손에 죽음을 당했다. 이들 형제는 목숨이 위험하니 출전하지 말라는 부친의 당부를 뿌리치고 참전했다가 결국 목숨을 잃게 된 것이다. 오디세우스는 그들의 갑옷을 벗겨 전리품으로 챙겼다. 디오메데스가 트로이의 젊은 장수 아가스트로포스를 공격하자 그 모습을 본 헥토르가 디오메데스를 향해 돌진해왔다.

"앗, 저기 헥토르가 이리로 오고 있소!"

디오메데스는 전차를 타고 돌진해 오는 헥토르를 향해 급히 창을 던졌다. 창은 정확히 헥토르의 투구를 명중시켰지만 아폴론 신이 선물한 3겹짜리 투구를 뚫지 못하고 튕겨져 나갔다. 그 충격에 헥토르는 전차에서 바닥으로 떨어졌고, 이것을 본 디오메데스는 재빨리 자신의 창을 집어 들었다. 그가 재차 헥토르를 공격하려고 했을 때, 헥토르는 이미 전차에 올라 트로이 군사들 틈 사이로 모습을 감췄다. 디오메데스가 약이 올라 소리쳤다.

"망할자식, 이번에도 또 죽음을 피했구나. 재앙이 네 머리 위를 덮쳤는데도 아폴론 신께서 또 한 번 네 목숨을 구해주었구나. 너는 전투에 나서기 전 항상 그분께 기도를 드리나보구나. 그러나 나를 도우시는 신도 계시니 다음에 만나면 내 기필코 너를 끝장내고 말 것이다."

헥토르를 포기한 디오메데스는 아가스트로포스의 시체에서 갑옷을 벗기는 순간, 일로스의 무덤 쪽에 매복했던 파리스가 그를 보게 되었다.

"디오메데스, 내게 그대를 죽일 기회를 주는구나."

파리스는 재빨리 화살을 재어 디오메데스를 겨누고 활시위를 힘껏 당겼다. 화살은 빠르게 날아가 디오메데스의 오른발 바닥을 뚫고 땅에 박혔다. 파리스는 의기양양하게 뛰쳐나와 크게 소리쳤다.

"명중했다. 디오메데스가 내 화살에 맞았다."

디오메데스가 차분하게 대꾸했다.

"파리스, 이 비겁한 놈. 숨어서 화살을 쏘다니! 남의 아내를 훔쳐 달아난 짓과 뭐가 다르냐. 활과 화살에만 의존하지 말고 사내답게 싸워보자. 내게 이 정도의 상처는 발바닥을 긁힌 것과 같다! 어서 덤벼라."

디오메데스는 부상을 입었지만 파리스를 겁내지 않았다. 하지만 일대일 결투를 하면 오래 버티지 못한다는 것을 숨길 목적으로 허풍을 떨며 파리스에게 야유를 보냈다. 그 사이 오디세우스가 달려와서 디오메데스를 적으로부터 보호했다. 디오메데스는 뒤로 물러나 발에 박힌 화살을 뽑아냈다. 끔찍한 통증이 몰려왔다. 화살을 뽑은 그는 전차에 올라 마부에게 자신의 진영으로 돌아가자고 했다. 그러자 오디세우스는 홀로 남게 되었다. 그는 생각했다.

"큰일났군. 이제 어떻게 하지? 지금이라도 몸을 피할까? 그건 아니지. 겁쟁이처럼 도망갈 수는 없어. 하지만 적에게 붙잡혀 포로가 되는 것은 더욱 좋지 않다. 그렇다고 도망치는 것도 좋은 생각은 아니야. 좋아. 전사라면 자리를 지키고 서서 살든지 죽든지 결판을 내야 한다."

오디세우스가 갈등하고 있을 때, 트로이 군사들이 우르르 몰려와서 오디세우스를 포위했다. 오디세우스는 그들 중 두 명을 처치했으나, 다른 한 명이 창으로 그의 방패를 찔렀다. 그는 스코스라는 트로이의 젊은이였다. 묵직한 창이 방패를 뚫고 오디세우스의 옆구리를 찔렀다. 그 순간 아테나는 창이 더 이상 깊이 들어가지 않도록 막아주었다. 오디세우스는 치명상을 면한 것을 알아채고 뒤로 물러나 스코스를 향해 호기롭게 말했다.

"어리석구나. 잠시 나를 막을 수 있을지 몰라도 어차피 너는 오늘 여기서 죽는다. 내 창이 널 쓰러뜨릴 것이니, 나는 승리를 얻고 너는 하데스로 내려가게 될 것이다."

스코스는 오디에우스가 창을 치켜들고 자신을 공격하려고 하자 놀라 도망치려 했지만 헛된 일이었다. 오디세우스의 창이 그의 심장을 관통하자 스코스는 그 자리에서 즉사했다.

. 오디세우스는 그제야 자신의 몸과 방패에 박힌 창을 뽑아냈다. 상처에서 피가 콸콸 쏟아져 나오는 모습을 보자 오디세우스는 새삼 고통을 느꼈다. 그 모습을 지켜보던 트로이 군사들은 서로 눈빛으로 공격 신호를 교환했다. 그들은 사기가 올라 한꺼번에 우르르 오디세우스를

향해 몰려왔다. 위험한 상황이 펼쳐지자 오디세우스는 뒷걸음치며 큰 소리로 도움을 요청했다. 마침 멀지 않은 곳에서 메넬라오스와 아이아스가 트로이군에 맞서 싸우고 있었다.

"아이아스! 오디세우스가 도움을 요청하고 있소. 적들이 혼자 있는 그를 공격하여 위험에 빠뜨린 것 같으니 어서 가서 도와야겠소."

메넬라오스와 아이아스는 오디세우스의 목소리가 들린 방향으로 달려갔다. 그들이 나타나자 오디세우스를 위협하던 트로이 군사들은 뿔뿔이 흩어졌다. 조금만 늦었다면 오디세우스는 트로이군의 창에 목숨을 잃었을 것이다. 메넬라오스는 오디세우스를 부축하여 전차가 있는 곳으로 데려갔다. 아이아스가 앞을 막아서는 트로이 군사들을 마구 쓰러뜨리며 길을 열었다. 그 와중에 프리아모스 왕의 서자인 도리클로스가 죽었고, 판다코스와 리산드로스 등은 부상을 당했다.

한편 헥토르는 그 상황을 전혀 모르고 있었다. 그는 전쟁터의 왼편 스카만드로스의 강둑 옆에서 그리스군과 치열한 전투를 벌이고 있었다. 헥토르는 지칠줄 모르고 전장을 휩쓸고 다녔으며, 수많은 그리스 군사들이 목숨을 잃거나 부상을 당했다. 그러나 그리스군은 노장 네스토르와 크레타의 왕 이도메네우스의 지휘아래 트로이군과 맞서 싸우며 결코 물러서지 않았다. 이 전투에서 의술의 신 아스클레피오스의 아들인 의사 마카온의 활약도 컸다. 그는 트로이군에 맞서 누구보다 용맹스럽게 싸우며 그리스 군사들의 사기를 북돋았다.

헥토르를 지원하던 파리스는 트로이군에게 큰 위협이 되고 있는 그를 쓰러뜨려 그리스군의 기세를 꺾기로 마음먹었다. 파리스는 미늘(낚

싯바늘에 가시랭이 모양으로 된 갈고리)이 셋 달린 화살을 재어 마카온을 향해 쏘았다. 화살은 쏜살같이 날아가 마카온의 오른쪽 어깨에 박혔다. 이도메네우스가 놀라서 네스토르를 향해 외쳤다.

"네스토르 왕이시여! 어서 전차에 오르셔서 마카온을 빨리 우리 진영으로 데려가십시오. 전시 중에는 의원 하나가 수많은 사람의 몫을 하는 법입니다. 그는 부상병에게 없어서는 안 될 중요한 사람입니다."

네스토르는 그 말을 듣고 황급히 전차에 올라 마카온을 태웠다. 그들을 태운 전차는 그리스 진영을 향해 뽀얀 먼지를 일으키며 쏜살같이 내달렸다.

이때, 헥토르와 전차를 함께 타고 싸우던 부하 케브리오네스는 쫓기는 아군을 보고 말했다.

"장군. 저기 아이아스 때문에 우리 군사들이 고전을 면치 못하고 있습니다. 어서 가서 저들을 도와야 합니다."

헥토르가 채찍을 휘두르자 전차는 양쪽 군사들을 가르며 질풍처럼 달려갔다. 시신과 방패가 널려있는 곳을 지날 때면 말 발굽과 전차 바퀴에서 핏물이 튀어올랐다. 헥토르는 그리스군의 대열을 뚫고 들어가 좌충우돌하며 그들을 흩어놓았다. 그의 창과 검은 닥치는 대로 적군을 찌르고 베며 공포를 몰고 다녔다. 그리스군은 두려움에 떨며 헥토르를 피하기에 급급했다.

헥토르의 활약으로 용기백배한 트로이군은 그리스군을 향해 맹공격을 퍼부었다. 그 공격을 견디지 못한 그리스군은 후퇴하기 시작했고, 용맹스러운 큰 아이아스도 결국 물러날 수 밖에 없었다. 아이아스는 후퇴하면서도 한 번씩 추격해오는 트로이 군사들을 공격하여 그들의 목숨을 빼앗았다. 그때마다 트로이군은 무리지어 협공을 해왔고, 여러 개의 창을 동시에 막아낸 아이아스의 방패는 벌집이 되었다.

그 모습을 보고 테살리아의 왕 에우리필로스Eurypylus가 친구를 돕기 위해 달려왔다. 그는 아이아스의 옆에 서서 공격해오는 트로이의 장수 아피사온의 가슴을 창으로 찔렀다. 에우리필로스가 아피사온의 갑옷을 벗기려고 몸을 숙였을 때, 그 광경을 목격한 파리스가 화살을 쏘았다. 화살은 에우리필로스의 오른쪽 허벅지에 명중했다. 중상을 입은 그는 비명을 질렀다. 그의 동료들이 달려와 방패로 벽을 만들어 부상당한 에우리필로스를 보호했다. 아이아스도 달려와 그들의 뒤에 버티고 서서 트로이군을 향해 창을 겨누었다.

한편 아킬레우스는 자신의 함선 위에서 이 긴박한 전투 상황을 지켜보고 있었다. 그때, 아킬레우스의 눈에 급히 전차를 몰고 가는 네스토르의 모습이 보였다. 아킬레우스는 급히 파트로클로스를 불렀다.

"무슨 분부라도 있으십니까?"

아킬레우스가 대답했다.

"친구여, 이제 곧 그리스군이 내게 무릎을 꿇고 애원할 것이네. 자네는 어서 네스토르에게 가보게. 지금 그가 전차를 몰고 이 앞을 지나갔는데 아무래도 부상 당한 의사 마카온을 태운 것처럼 보였네. 마카온이 맞는지 자네가 좀 알아보게."

아킬레우스의 명을 받은 파트로클로스는 급히 그리스군 진영의 네스토르를 찾아갔다.

"어서 오게. 파트로클로스. 잠시 이리로 앉게."

네스토르가 자리를 권하자 파트로클로스는 손사래를 쳤다.

"아닙니다. 전 급히 돌아가 아킬레우스 장군에게 부상자가 누군지 알려야 합니다. 존경하는 네스트로 왕께서도 그의 성격을 잘 아실터이니 양해를 부탁드립니다."

네스트로가 대답했다.

"별일이로군. 아킬레우스가 부상자에게 관심을 다 갖다니 말일세. 그는 우리가 처한 크나큰 위기를 모른단 말인가? 지금 아가멤논 왕과 디오메데스, 오디세우스 등 뛰어난 명장들이 모두 부상을 입고 배 안에 누워있네. 그리고 여기 우리가 아끼는 의사 마카온까지 말일세."

네스토르는 자신도 예전처럼 젊고 팔팔한 전사가 아니라고 한탄했다. 그리고 파트로클로스의 아버지가 했던 말을 전해주었다. 그가 비록 아킬레우스만큼 혈통이나 힘이 강하지는 않지만 나이는 연장자이니 지혜로운 말로 아킬레우스를 잘 이끌어 주어야 한다는 것이었다.

"지금도 늦지 않았네. 자네가 아킬레우스를 설득해 주게. 그게 어렵다면 그대가 그의 갑옷을 빌려 입고 싸움터에 나갈 수 있도록 부탁해 보게. 만약 그렇게 하면 트로이군은 자네를 아킬레우스로 착각하여 함부로 공격하지 못할 것이고, 그 틈에 우리 군사들은 잠시 쉴 수도 있지 않겠나? 그대의 미르미돈 군대는 용맹스럽고 혈기왕성하니 이미 지친 적군을 쉽게 물리칠지도 모르네."

네스토르의 말을 듣고 난 파트로클로스의 가슴엔 용기가 불타올랐

에우리필로스의 상처를 치료하는 파트로클로스
크리스핀 반 데 패스 영거, 1613년.

다. 그는 서둘러 아킬레우스에게 돌아가기 위해 길을 나섰다.

도중에 그는 오디세우스의 함선을 지나다가 테살리아의 왕 에우리
필로스와 마주쳤다. 에우리필로스는 넓적다리에 부상을 입은 채 절뚝
거리며 힘겹게 걷고 있었다. 상처에서는 아직도 검붉은 피가 솟구치고
있었다. 파트로클로스는 깜짝 놀라서 부상이 심한지 묻고 이어서 전황
에 대해서도 물었다. 에우리필로스는 현재 절망적인 상황이며, 그리스
의 많은 지휘관들이 목숨을 잃거나 부상을 당했다고 알려주었다. 그리
고 자신은 부상으로 움직이기 어려우니 막사까지 부축해달라고 부탁
했다. 파트로클로스는 차마 거절할 수 없어서 에우리필로스를 막사까
지 데려다주고 침상에 눕힌 뒤 그의 상처를 정성껏 치료해 주었다.

제12장

헥토르의 공격

　파트로클로스가 에우리필로스를 돌보고 있을 때 전황은 급박하게 돌아가고 있었다. 헥토르와 트로이군의 기세에 겁을 집어먹은 그리스군은 방벽 안으로 후퇴하여 문을 굳게 닫아 걸었다.

　헥토르는 참호를 건너서 방벽을 공격하라고 군사들을 독려했다. 그러나 방벽 앞에 깊고 넓게 파놓은 참호 때문에 겁을 집어먹은 말들이 앞으로 나아가려 하지 않았다. 이때, 폴리다마스가 헥토르에게 다가왔다.

　"헥토르 총사령관이여! 말을 몰고 참호를 건너 방벽을 공격하는 것은 너무 무모합니다. 말이나 전차가 뛰어 넘기에는 참호의 폭이 너무 넓습니다. 자칫 참호로 떨어지면 적들이 박아놓은 끝이 뾰족한 나무 기둥에 찔려 죽거나 큰 부상을 입게 됩니다. 더구나 적들이 방벽위에서 참호에 빠진 우리를 공격하면 꼼짝없이 목숨을 잃게 됩니다. 전차와 말은 뒤에 남겨 두고 무기만 들고서 방벽을 공격합시다. 신께서 우리를 돕고 있으니 그리스군은 오래 버텨내지 못할 겁니다."

헥토르도 공감했다.

"좋은 생각이오."

헥토르는 폴리다마스의 제안에 따라 말과 전차는 모두 후방으로 보내게 했다. 곧 이어 군사들을 5개의 부대로 새롭게 편성했다. 군사가 가장 많은 선두 부대는 헥토르와 폴리다마스가 이끌었다. 그들은 방벽을 뚫고 그리스군을 전멸시키고야 말겠다는 의지로 충만했다. 두 번째 부대는 헥토르의 동생인 파리스가 지휘했다. 세 번째 부대는 헬레노스와 데이포보스가 아시오스Asios를 부지휘관으로 삼아 이끌었다. 네 번째 부대는 아프로디테의 아들인 아이네이아스와 안테노르의 두 아들 아르켈로코스, 아카마스가 이끌었다. 그들은 모두 역전의 용사들이었다. 다섯 번째 부대는 동맹군으로 구성되었으며, 제우스의 아들인 사르페돈이 지휘를 맡고 글라우코스와 아스테로파이오스를 부지휘관으로 삼았다.

각 부대는 방패를 앞세우고 일렬로 바싹 붙어 방패의 벽을 만들고 앞으로 전진했다. 그러나 헬레노스와 데이포보스가 이끄는 부대의 부관인 아시오스는 폴리다마스의 전략에 따르지 않았다. 그는 그리스 진영의 좌측 공격을 맡았는데 그쪽에는 그리스 군사들이 드나드는 통로가 있었고, 후퇴하는 아군을 위해 통로의 문은 아직 열려있었다.

아시오스는 전차를 탄 채로 진격하면 단숨에 그리스군을 함선까지 몰아붙일 수 있다는 자신감에 사로잡혔다. 그는 전차를 탄 채 군사들을 이끌고 단숨에 그곳을 향해 내달렸다. 하지만 그것은 착각이었다. 그곳엔 용맹스럽고 호전적인 라피타이족 전사 폴리포이테스와 레온테우스가 지키고 있었다. 그들은 트로이 군사들이 진격해오자 창을 휘두르며 막아섰다. 그들 위의 방벽에서는 그리스 군사들이 접근하는 트로이군을 향해 돌들을 마구 던져 협공을 가했다.

트로이군의 투구나 갑옷에 돌덩이들이 부딪쳐 박살나며 굉음을 냈다. 라피타이족의 전사들의 강력한 저지에 막혀 트로이군은 방벽의 문을 돌파할 수 없었다. 오히려 트로이군의 희생자만 늘어나고 있었다. 이에 아시오스는 분통을 터뜨렸다.

"제우스시여, 트로이에 승리를 안겨주시겠다는 약속은 거짓입니까? 그리스 군사들이 우리를 막아낼만큼 강할 리가 없지 않습니까?"

그러나 제우스는 헥토르에게 승리의 영광을 안겨주기로 마음먹었기 때문에, 아시오스의 말을 무시했다.

한편, 헥토르와 폴리다마스가 지휘하는 트로이군이 막 공격을 시작하려는 순간 그들의 머리 위로 독수리 한 마리가 나타났다. 독수리는 피처럼 붉은 뱀 한 마리를 발톱으로 움켜쥐고 있었다. 그런데 버둥대던 뱀이 독수리의 앞가슴을 물었다.

"까악!"

독수리는 고통을 이기지 못하고 트로이군 한가운데로 뱀을 떨어뜨리고는 멀리 날아갔다.

"불길한 징조다!"

트로이 군사들은 자신들의 발 앞에 뱀이 떨어져 몸부림치는 것을 보고 두려움에 사로잡혔다. 그들은 그것이 제우스가 내려보낸 징조라고 믿었다. 폴리다마스가 말했다.

"헥토르여, 내 말이 달갑지 않겠지만 들어 주시오. 조금 전, 독수리가 뱀을 잡고 돌아다니다가 놓치고도 다시 잡으려 하지 않았습니다. 이것은 우리가 방벽을 부수고 쳐들어가더라도 많은 병사들을 잃고 퇴각하게 될 것이라는 암시입니다."

헥토르는 그의 말에 미간을 찌푸리며 화를 냈다.

"폴리다마스, 그대가 아무리 현명하다지만 군대의 사기를 떨어뜨리는 그런 말은 듣고 싶지 않소. 그런 징조보다 더 중요한 것은 제우스 신의 약속을 믿는 것이오. 나는 오로지 그분의 약속만을 믿소. 그러니 날보고 한낱 날짐승에게 의지하란 말 따위는 하지 마시오. 혹시 죽음을 피하기 위해 군사들을 선동한다면 내가 그대를 용서치 않을 것이오."

말을 마친 헥토르는 선봉에 서서 진격 명령을 내렸다.

"용감한 트로이 군이여, 나를 따르라!"

헥토르가 앞장서서 진격하자 사기가 오른 트로이군이 벌떼처럼 사방에서 그리스군의 방벽을 공격하기 시작했다.

이때, 제우스가 트로이군을 돕기 위해 거센 돌풍을 일으켜 그리스군의 눈에 흙먼지를 불어 넣었다. 흙먼지 때문에 시야가 가려지자 그리스군은 크게 당황했다.

"앗! 갑자기 웬 돌풍이⋯⋯!"

그러나 그리스군은 물러서지 않고 돌을 던지고 창으로 찌르며 최선을 다해 방벽을 방어했다.

"싸워라!"

용맹스러운 두 아이아스가 방벽 이곳저곳을 뛰어다니며 부하들을 격려했다. 그리스군은 트로이군이 방벽에 틈을 내면 그때마다 소가죽이나 방패로 막고, 그 밑으로 다가오는 적을 향해 돌덩이를 내던지며 접근을 막았다.

"용감한 그리스군이여, 물러서지 말고 너희의 용맹함을 보여라. 그러면 신께서 적을 물리치도록 도와 주실 것이다."

아이아스의 격려에 힘을 얻은 그리스군은 더욱 용감하게 싸웠다. 그리스군의 거센 저항에 부딪친 트로이군은 쉽게 성벽을 돌파할 수 없었다. 그리스군이 던진 돌에 머리나 몸을 맞은 트로이 군사들이 고통에 찬 비명을 질렀다.

"으아악!"

"커억!"

전투는 맹렬했으나 방벽을 돌파하려는 트로이군이나 방어하는 그리스군도 모두 필사적이어서 어느 편도 우세를 점하지는 못하고 있었다. 그 모습을 내려다 본 제우스는 미간을 찌푸리며 자신의 수염을 쓰다듬었다.

"흠, 이래서야 트로이군이 방벽을 돌파하기 힘들겠군."

제우스는 자신의 아들이자 트로이 동맹군의 지휘관 사르페돈에게 용기를 불어넣어 주었다. 그러자 온몸에 힘이 넘치게 된 사르페돈은 부지휘관인 글라우코스를 찾아가 말했다.

"내 친구여, 자네와 나의 술잔에는 늘 술이 넘쳤고, 우리는 많은 재산을 차지하여 신과 같은 대접을 받아왔네. 크산토스 강기슭에 있는 비옥한 영토와 과수원, 밀밭들은 또 무엇 때문이었겠나? 그런 영화와 특권을 누렸으니 이제 우리는 트로이군의 선봉에 서야하네. 군사들이 우리가 선두에 서서 싸우는 모습을 보면 자신들의 왕이 그런 영화와 특권을 누리는 것을 비난하지 않을 것이네. 만일 우리가 이 싸움을 피함으로써 불멸의 삶을 보장받는다면 나도 목숨을 걸고 싸우지 않을 것이며, 그대의 참전도 막았을 것이네. 하지만 우리는 죽을 수 밖에 없는 존재이고, 그 운명을 피하거나 도망친다고 바꿀 수 없다네. 그러니 남자답게 나가서 싸우세. 우리가 적에게 명성을 안겨주든, 아니면 우리가 받던가, 둘 중의 하나가 아니겠나!"

사르페돈의 말에 글라우코스도 사기가 충천하여, 용맹스러운 리키아 군사들을 이끌고 방벽을 향해 돌진했다. 그들이 진군하는 쪽의 방벽을 지키는 그리스의 장수는 메네스테우스였다. 그는 트로이군의 기세에 눌려 두 아이아스에게 급히 전령을 보냈다. 큰 아이아스는 전갈을 받자마자 이복형제인 테우크로스와 함께 급히 전령을 따라나섰다. 이들이 도착했을 때 리키아 군사들은 이미 검은 구름처럼 떼를 지어 방벽을 타넘고 있었다.

아이아스는 방벽 꼭대기에 이르자마자 가장 먼저 보이는 트로이 군사를 향해 돌덩이를 내리쳤다. 그 충격으로 투구는 박살나고 그 군사의 두개골은 함몰되었다.

　　한편, 테우크로스는 자신의 활로 글라우코스의 팔꿈치에 상처를 입혔다. 글라우코스는 자신의 부상을 그리스군이 눈치채지 못하도록 서둘러 트로이군의 대열속으로 후퇴했다. 사르페돈은 그 모습을 보며 더는 지체할 수 없다고 여겼다. 그는 가장 가까이에 있는 그리스 군사를 창으로 찔러 방벽 아래로 끌어내린 뒤, 억센 팔로 방벽의 틈에 손을 넣어 뜯어 내기 시작했다.

　　"이야압!"

　　두두두둑 소리와 함께 방벽의 일부가 부서졌고, 그곳엔 군사들이 들어갈 만큼의 통로가 만들어졌다. 방벽이 뚫리자 놀란 큰 아이아스와 테우크로스가 사르페돈에게 한꺼번에 달려들었다. 테우크로스가 활을 들어 사르페돈을 쏘았으나 제우스는 그 화살로부터 자신의 아들을 구해냈다.

　　"막아라! 한 놈도 들여보내지 마라."

　　방벽의 뚫린 통로를 들어가려는 트로이군과 막으려는 그리스군 사이에 치열한 전투가 벌어졌다. 아이아스는 사르페돈의 방패를 창으로 찔러 잠시 그의 기세를 꺾어놓으려 했다. 하지만 사르페돈은 밀리지 않았고, 자신을 따르는 군사들을 독려했다.

　　"용맹스러운 리키아인들이여. 어째서 꾸물거리는가? 내가 아무리 강하다고 해도 혼자 힘으로 방벽을 돌파하여 적들의 함선까지 쳐들어가기는 무리다. 그러나 우리가 함께 힘을 모으면 충분히 가능한 일이다. 자 모두 나를 따르라!"

사르페돈이 그리스군을 향해 앞장서서 진격하자 리키아의 전사들은 그의 뒤를 따랐다. 창과 창이 서로 맞부딪치면서 여기저기서 비명소리가 울려퍼졌다.

"으악! 커어억!"

그러나 트로이군과 그리스군 어느 쪽도 전투를 유리하게 끌고 가지는 못했고 팽팽한 접전이 계속되었다. 양군이 일진일퇴의 공방을 벌이는 동안 많은 군사들이 부상당하거나 전사했고, 방벽 주변은 서서히 붉은 피로 물들어 갔다.

한편, 제우스는 이 지루한 공방전을 끝내기로 마음먹었다.

"헥토르에게 승리를 안겨줄 때가 되었군."

이때 헥토르는 커다란 바위를 들어 올릴 준비를 하고 있었다. 바위는 힘센 장사 두 명이 들기에도 벅찰 만큼 커 보였다. 제우스는 헥토르가 바위를 들 수 있도록 강한 힘을 주었다. 그러자 헥토르는 큰 바위를 힘들이지 않고 가볍게 들어 올렸다. 헥토르가 던진 큰 바위는 강하게 날아가 방벽의 문을 단번에 부숴버렸다. 헥토르는 제일 먼저 방벽안으로 뛰어들어가 군사들을 향해 외쳤다.

"방벽이 무너졌다. 어서 진격하라. 방벽을 돌파하여 적군의 함선을 불태워버리자! 그렇게 하여 이 해변을 적들의 무덤으로 만들자."

그러자 트로이군이 함성을 지르며 방벽 안으로 벌떼처럼 몰려 들어갔다. 그리스군은 트로이군이 방벽안으로 물밀 듯이 쏟아져 들어오자 크게 당황했다.

"아앗! 문이 뚫렸다."

사기가 크게 떨어진 그리스군은 곳곳에서 트로이군에 밀리기 시작했다. 헥토르는 군사들을 독려하며 공격의 고삐를 늦추지 않았다.

"공격하라! 한 놈도 살려 두지 마라!"

마침내 트로이군의 공세를 견디지 못한 그리스군은 자신들의 함선으로 쫓겨갔다.

제13장

포세이돈의 도움

그리스군은 트로이군에 쫓겨 자신들의 함선까지 쫓겨갔다. 제우스는 그 모습을 내려다보며 흡족해했다.

"이제 그리스군이 패배하면 내 계획대로 아킬레우스의 명성은 더욱 높아지겠지!"

테티스에게 했던 자신의 약속이 지켜졌음을 확인한 제우스는 안심하고 전선에서 관심을 돌렸다. 그는 다른 신들이 더 이상 자신의 명을 어기고 트로이군과 그리스군의 전투에 개입하지 않을 것으로 믿었기 때문이다.

제우스의 시선이 전쟁터를 벗어났을 때, 포세이돈은 사모트라키 섬(에게 해 최북부, 트라키아 연안에 있는 그리스령(領)의 섬)의 가장 높은 봉우리에 앉아 트로이군과 그리스군의 전투를 지켜보고 있었다.

"제우스는 그리스군을 아예 전멸시킬 작정인가."

포세이돈은 그리스군이 쫓기는 모습을 보고 그들에게 동정심을 느꼈다. 동시에 제우스에게 깊은 반감을 품게 되었다. 그는 큰 걸음으로 산을 내려왔다. 지진의 신 포세이돈이 발걸음을 옮길 때마다 산과 들이 크게 진동했다. 그가 네 걸음을 내딛자 목표지인 아이가이 해에 닿았다. 아이가이의 깊은 바다 속에 그의 궁전이 있었는데, 그 궁은 전체가 황금으로 이루어진 영원불멸의 장소였다.

포세이돈은 자신의 궁전에 도착하자마자 황금 갈기의 말들을 전차에 매었다. 그리고 자신은 황금 무구들을 몸에 두르고 전차에 올랐다. 그리고는 파도를 가르며 쏜살같이 내달려 그리스 함대를 향해 나아갔다.

주인을 알아본 바다 괴물들은 그를 둘러싸고 사방으로 뛰어다녔고, 바닷물은 기쁨에 넘쳐 길을 열어주기 위해 갈라졌다. 말들이 바람처럼 빠르게 바다 위로 날아오르자 바퀴에는 물 한 방울 묻지 않았다. 말들은 순식간에 포세이돈을 그리스 함대가 있는 근처까지 데려다주었다.

그곳의 바다 깊은 곳에 자리한 거대한 동굴에 말들을 세워 고삐를 매어둔 그는 그리스군의 진영을 찾아갔다.

해변에 도착한 포세이돈은 제우스의 눈을 피하기 위해 예언자 칼가스의 모습으로 변신했다. 포세이돈은 트로이군을 맞아 힘겹게 싸우고 있는 두 아이아스에게 다가갔다.

"그리스의 영웅들이여, 물러서지 말고 끝까지 싸우시오! 도망치지 않고 싸우면 충분히 적들을 막을 수 있소. 다만, 전능한 제우스의 아들

포세이돈의 말
월터 크레인, 1910년.

이라고 떠벌리는 헥토르가 불길처럼 맹렬하게 군사들을 이끌며 날뛰
고 있으니 걱정이오. 하지만 두 영웅이 적을 흔들림없이 막아낸다면 군
사들도 용기를 얻어 헥토르를 물리칠 수 있을 것이오. 설령 올림포스의
주인께서 헥토르에게 타오르는 열정을 쏟아붓는다 해도 그대들은 능
히 그를 막아낼 수 있소."

　포세이돈이 지팡이를 들어 두 아이아스의 가슴에 불굴의 용기를 불
어넣었다. 그러자 두 아이아스는 몸이 날듯이 가벼워지고 전신에 힘이
넘쳐났다. 그들이 놀라워하며 칼카스를 바라보니 그는 이미 사라진 후

였다. 작은 아이아스가 말했다.

"아이아스, 방금 그 예언자는 사람의 모습을 하고 내려온 올림포스의 신이 틀림없소. 갑자기 몸이 가벼워지고 힘과 용기가 샘솟는 걸 보니 말이오."

큰 아이아스도 고개를 끄덕이며 작은 아이아스의 의견에 동의했다.

"나 역시 그렇소. 이제 헥토르와 겨루어도 그를 충분히 이길 것 같소."

두 아이아스가 사기충천하여 전의를 불태울 때, 포세이돈은 그리스 군사들 사이를 누비며 그들을 재결집시키기 시작했다. 포세이돈은 테우크로스와 레이토스를 찾아가 격려한 뒤 페넬레오스, 토아스, 데이피로스, 메리오네스, 안틸로코스 등 지휘관들을 찾아다니며 그들을 혹독하게 꾸짖었다.

"이 무슨 꼴인가! 부끄럽지도 않소? 그대들이 진정 그리스의 영웅이라면 당장 일어나 트로이군에 맞서 용감히 싸우시오! 나는 전에 볼 수 없던 놀라운 광경을 보고 있소이다.

트로이군이 우리 함대까지 쳐들어온 모습 말이오. 이전의 트로이군은 맹수에게 쫓겨 도망치는 새끼 사슴처럼 연약했었소. 저들은 전투에 나설 배짱도 하나 없는 겁쟁이들에 지나지 않았단 말이오. 그들은 감히 우리의 강력한 전투력과 불굴의 정신력에 맞설 수 없었소. 그런데 지금 저들은 우리 군의 심장과도 같은 함대까지 쳐들어와서 싸우고 있소. 이 결과는 모두 무능한 지휘관들과 나태한 군사들 탓이오. 트로이군을 떨게 했던 그대들의 용맹함은 어디로 갔소? 용기와 투지가 불타오르던 그대들의 가슴은 이제 텅 비어 버렸단 말이오? 지금이라도 늦지 않았소. 모두 정신을 차리고 싸워서 반드시 배를 지켜냅시다!"

포세이돈은 그리스 지휘관들에게 용기를 불어 넣어 그들의 사기를 북돋았다.

"맞소. 우리는 명예로운 그리스의 영웅들이오! 가서 우리의 명예를 회복합시다!"

용기와 힘을 얻은 그리스의 지휘관들은 두 아이아스를 중심으로 모였다. 신들조차 무시할 수 없는 그리스 최고의 장수들이 전의를 불사르며 트로이군에 맞섰다. 헥토르가 지휘하는 트로이군이 마치 눈사태처럼 이들을 덮쳐왔다. 그러나 두 아이아스가 이끄는 그리스군은 물러서지 않고 트로이군에 맞서 싸웠고, 그 기세에 눌린 트로이군은 뒤로 물러설 수 밖에 없었다.

헥토르는 트로이군을 향해 외쳤다.

"트로이와 리키아의 군대여, 다르다니의 전사들이여. 더 이상 물러서지 말고 자리를 지켜라. 저들이 인간 성벽을 이루고 있어도 계속 우리의 공격을 막아내지는 못할 것이다. 신들의 제왕인 제우스께서 나에게 힘을 주실테니, 저들은 결코 오래 버티지 못하고 내 창 앞에 굴복할 것이다."

그리스군의 기세에 놀라 잠시 밀려났던 트로이군은 다시 용기를 얻고 사기충천했다. 프리아모스 왕의 아들인 데이포보스가 길고 크다란 방패로 몸을 방어하며 그리스군을 향해 밀고 나갔다. 그러자 크레타의 왕 이도메네우스의 부관인 메리오네스Meriones가 창을 날렸다. 그러나 창은 방패의 중앙을 뚫지 못하고 창날이 부러져 버렸다.

메리오네스는 분한 마음에 다른 창을 가져오기 위해 막사로 달려갔다. 활의 명수인 테우크로스가 프리아모스 왕의 사위인 임브리오스를 쓰러뜨리자, 큰 아이아스가 기다렸다는 듯 그의 귀밑에 창을 꽂아 넣었다.

임브리오스가 숨을 거두자 테우크로스는 그의 시체에서 무구들을 벗기려고 다가갔다. 그러자 헥토르가 테우크로스를 향해 창을 던졌고, 위험을 직감한 테우크로스는 몸을 비틀어 창을 피했다. 그 바람에 창은 전투에 참여하기 위해 달려오던 암피마코스Amphimacos의 가슴에 박혔다.

암피마코스는 바다의 신 포세이돈의 손자였다. 헥토르가 그의 머리에서 투구를 벗겨내려고 하자, 이번에는 아이아스가 헥토르를 노리고 창을 던졌다. 하지만 창은 헥토르의 방패에 부딪쳐 튕겨져 나오고 말았다. 그래도 그의 창 공격은 헥토르로 하여금 시체에서 물러나게 만들었다. 그 틈을 이용하여 그리스 군사들은 아군인 암피마코스와 적군인 임보리오스의 시신을 수습했다. 큰 아이아스는 암피마코스의 죽음에 대한 분풀이라도 하듯이 임보리오스의 시체에서 목을 잘랐다. 그는 잘려진 시체의 머리통을 잡고 빙빙 돌리다가 마치 공을 던지듯이 트로이 진영으로 던졌다. 그 머리는 헥토르의 발치까지 날아가서 굴러 떨어졌다.

이때 포세이돈은 손자의 주검을 보고 크게 분노했다. 그는 트로이군을 곤경에 빠뜨리고자 그리스 진영을 휘젓고 다니며 군사들을 독려했다. 그러다가 창의 명수인 이도메네우스와 마주쳤다. 그는 허벅지에 부상을 입고 실려 온 전우를 만나고 자신의 막사로 돌아가는 길이었다.

포세이돈은 칼리돈의 왕 토아스의 목소리를 빌어 말을 걸었다.

"용감한 크레타의 영웅 이도메네우스여! 트로이군을 두려움에 떨게 만들었던 그대의 용맹함은 어디로 갔소? 용기와 투지로 뜨겁게 불타던 그대의 가슴은 이제 차갑게 식어 버렸단 말이오?"

이도메네우스가 대답하였다.

"토아스여, 우리가 이렇게 힘들고 괴로운 싸움을 하는 것은 제우스 신의 뜻 때문이니 나를 너무 책망하지 마시오. 나와 그리스군은 결코 트로이군에 굴복하지 않을 것이오."

토아스로 변신한 포세이돈이 말했다.

"이도메네우스여! 만약 우리 중에 전투를 게을리하는 자가 있다면, 그자가 고향으로 돌아가지 못하게 해달라고 신들께 빌겠소. 여기 트로이 땅에서 개들의 먹이나 되라고 말이오. 자, 어서 무구를 챙겨서 날 따라 오시오. 나는 기꺼이 그대의 힘이 되겠으니 최선을 다해 싸웁시다."

포세이돈은 이도메네우스에게 싸울 용기와 힘을 불어넣어 주고 다시 격전지로 향했다. 이도메네우스는 자신의 막사로 가서 무장을 하고, 창과 방패를 챙겨서 나오다가 메리오네스를 만났다. 그도 창을 가지러 오는 중이었다. 이도메네우스가 물었다.

"메리오네스, 싸우지 않고 그대가 여긴 무슨 일인가? 혹시 부상이라도 입었는가? 아니면 나에게 전할 소식이라도 있는 것인가?"

메리오네스가 대답했다.

"창이 부러져서 다른 창을 가지러 왔습니다. 제 창이 데이포보스의 방패를 뚫다가 그만 부러지고 말았습니다."

"창 때문이라면 내 막사에 20여 자루나 있네. 트로이군의 시체에서 챙겨둔 것이지. 그뿐인가? 방패와 갑옷들도 무수히 쌓여있다네."

그 말에 메리오네우스가 말했다.

"저도 그렇습니다. 제 배와 막사에도 트로이군의 창들이 수북합니다. 하지만 제 막사는 여기서 너무 멀군요."

이도메네우스가 정색을 했다.

"시간 낭비할게 무엇인가? 내 막사 안에서 마음에 드는 창을 가져오게. 여기서 어물쩡 거리다간 군사들의 원망을 듣게 될 것이네. 어서 서두르게."

막사에서 창을 구한 메리오네스는 이도메네우스를 따라 전장으로 나아갔다. 메리오네스가 말했다.

"그런데 장군, 지금 두 아이아스가 죽을 힘을 다해 헥토르를 막고 있는데 우리가 그쪽을 돕는 게 어떻겠습니까?"

이도메네우스가 대답했다.

"헥토르가 아무리 강해도 그 둘을 쉽게 이기지는 못할 것이네. 더군다나 활의 명수이자 백병전에도 뛰어난 테우크로스까지 있으니, 헥토르는 싸우다가 스스로 지쳐서 나가떨어질 것이네. 제우스가 배에 불덩이라도 떨어뜨리지 않는 이상 트로이군이 함선을 불태우는 일은 결코 없을 것이네. 자, 우리는 왼쪽의 파리스를 공격하도록 하세. 우리가 승리를 얻을지 적에게 명예를 안겨줄지는 금방 판가름 날 것이네."

두 사람이 전투에 가세하여 무서운 기세로 트로이군을 공격하자, 그리스군의 사기가 크게 올라갔다. 트로이군도 함성을 지르며 두 사람에게 돌진했다. 격렬한 전투가 벌어지는 현장에는 군사들의 어지러운 발걸음에 따라 뿌연 먼지가 솟구쳐 올랐다. 창과 칼이 부딪치며 내는 날카로운 금속음과 비명소리가 겹쳐지며 군사들의 귀를 어지럽혔다.

한편 크로노스의 두 아들인 제우스와 포세이돈은 인간들을 장기판의 말로 삼아 서로 싸웠다. 제우스는 아킬레우스의 영광을 되찾아주기 위해 헥토르와 트로이의 승리를 안겨 주고 싶어 했지만, 그렇다고 그리스군이 전멸하는 것도 원하지 않았다. 그가 바라는 것은 오로지 테티스에게 약속한 것을 지키는 것 뿐이었다.

그 반면에 포세이돈은 그리스군의 편에 섰다. 그는 그리스인들을 가엾게 여겼고, 제우스에게 반감을 품고 있었다. 하지만 드러내놓고 그리스군을 돕지는 못했고, 비밀리에 그들에게 용기를 심어주었다. 두 신은 거대한 전쟁의 비틀린 올가미를 잡고 양군의 머리 위에서 무자비하게 번갈아 끌어당기니, 많은 인간들이 무릎을 꺾고 쓰러져갔다.

한편, 이도메네우스는 트로이군사들을 맹렬하게 공격하며 공포를 불러일으켰다. 그는 트로이 공주 카산드라에게 청혼한 동맹군 오트리오네우스의 방패를 뚫고 그의 복부를 꿰뚫어 죽였다. 이도메네우스가 시신을 끌고 가자 트로이의 장수 아시오스가 그를 막아섰다. 하지만 그역시 이도메네우스의 창에 목숨을 잃고 말았다. 그 모습을 본 데이포보스가 분노하여 이도메네우스에게 창을 던졌다. 이도메네우스는 재빨리 방패로 창을 쳐냈으나, 불행히도 창은 그의 뒤에 있던 동료 힙세노르의 가슴을 관통했다. 데이포보스는 기뻐하며 외쳤다.

"아시오스의 원수를 갚았다. 하데스로 가는 길동무를 만들어 주었으니 아시오스도 기뻐할 것이다."

그의 외침은 그리스 군사들의 마음을 아프게 했고, 네스토르의 아들인 안틸로코스는 급히 달려나가 트로이군의 접근을 막았다. 그 사이에 그리스 군사들은 중상을 입은 힙세노르를 자신들의 함선으로 데려갔다. 이도메네우스는 자신이 죽든가 아니면 적들을 하데스로 보내겠다며, 더욱 사납게 날뛰었다. 아이네이아스의 매부인 알카토오스는 이도메네우스의 표적이 되었고, 결국 가슴에 창을 맞고 쓰러졌다. 심장이 펄떡일 때마다 창 끝이 부들부들 떨렸지만 이내 움직임이 멈추었다. 이도메네우스는 데이포보스를 조롱했다.

"데이포보스여. 우리가 한 사람을 잃고 너희 셋을 죽였다고 해서 충분한 보상을 받았다고 여길줄 아느냐? 어림 반 푼어치도 없다. 자, 이제 네가 직접 덤벼보거라. 제우스의 자손이 어떻게 너를 상대하는지 똑똑히 보여주마."

데이포보스는 순간적으로 결정장애가 왔다. 그는 이도메네우스와 결투를 벌여야 할지, 지원군을 찾아야 할지 결정을 내리지 못하고 망설였다. 그러다가 떠 오른 얼굴이 아이네이아스였다. 데이포보스는 즉시 걸음을 옮겨 아이네이아스를 찾아갔다. 아이네이아스는 전선의 가장 후방에서 싸우며 전투에 수동적이었다. 그는 장인인 프리아모스 왕에게 늘 불만을 품고 있었다. 왕이 자신의 공적에 맞는 합당한 대우를 해주지 않는다고 여겼기 때문이다. 데이포보스는 아이네이아스를 발견하고 다급하게 외쳤다.

"어서 나와 함께 갑시다. 당신의 매부인 알카토오스가 이도메네우스의 창에 목숨을 잃었소. 그는 어릴 때부터 당신을 키워준 사람이 아니오? 그에 대한 애정이 있다면 그리스군의 손에서 그의 시신이라도 거두어야 하지 않겠소?"

매부의 전사 소식에 분노한 아이네이아스는 데이포보스와 함께 이도메네우스에게 돌진했다. 그 모습을 본 이도메네우스는 주위를 둘러보며 전우들에게 도움을 요청했다.

"동지들이여, 어서 와서 나를 좀 도와주게. 여긴 나 혼자일세. 아이네이아스가 나를 노리고 달려오고 있네. 그는 젊고 힘이 장사여서 나 혼자 감당하기 어렵다네. 내가 저자와 나이만 같아도 누가 이기든지 한 번 붙어볼 텐데 말이야."

데이피로스와 아스칼라포스, 메리오네스, 안틸로코스 등 그리스의 장수들은 이도메네우스의 지원 요청에 즉시 달려와서 방어 태세를 갖추었다. 그러자 아이네이아스도 트로이군을 향해 지원 요청을 했고, 순식간에 트로이의 지휘관들과 군사들이 모여들었다.

양군은 알카토오스의 시신을 놓고 치열한 전투를 벌였다. 아이네이아스는 이도메네우스에게 창을 던졌으나, 이도메네우스가 몸을 살짝 비틀어 피하자 목표를 잃은 창은 땅바닥에 꽂히고 말았다. 이번에는 이도메네우스가 창을 던졌으나 그의 창 역시 아이네이아스를 벗어나 트로이의 전사 오이노마오스의 복부를 뚫었다. 창에 맞은 오이노마오스는 비명을 지르며 그대로 쓰러져 흙을 움켜쥐었다. 이도메네우스는 오이노마오스의 몸에 박힌 창은 회수했지만, 그의 갑옷을 벗길 틈은 없었다. 무수한 창이 그를 표적으로 삼았기 때문이다. 그는 겨우 위기에서 벗어났지만 체력이 소진되어 더는 버티기 힘든 지경이 되었다.

데이포보스는 이도메네우스를 향해 다시 한 번 창을 날렸다. 그러나 이번에도 창은 빗나갔고, 그 대신에 아스칼라포스의 어깨에 박혀 그를 쓰러뜨렸다. 아스칼라포스는 전쟁의 신 아레스의 아들이었다. 하지만 그의 아버지는 아들이 죽으며 내지르는 비명소리를 전혀 듣지 못했다. 전쟁에 관여하지 말라는 제우스의 엄명에 따라 그는 다른 신들과 함께 올림포스에 발이 묶인 채 꼼짝할 수 없었기 때문이다.

데이포보스는 아스칼라포스의 투구를 벗겨냈으나, 메리오네스가 달려들어 창으로 그의 팔뚝 위쪽을 찔렀다. 극심한 고통을 느낀 데이포보스는 손에서 투구를 떨어뜨렸다. 데이포보스의 형제인 폴리테스가 달려와 그를 위기에서 구해낸 뒤 후방으로 데려갔다.

한편, 아이네이아스는 칼레토르의 아들 아파레우스의 목을 겨냥하여 창을 날렸다. 창이 목을 관통하자 아파레우스의 고개가 한 쪽으로 꺾이면서 머리에서 투구가 떨어졌다. 네스토르의 아들 안틸로코스는 토아스의 빈틈을 노리다가 그가 등을 보이자마자 창으로 그의 목을 공격했다. 목부근의 혈관이 잘린 토아스는 비명을 지르며 그 자리에 주저앉았다.

안틸로코스는 적의 공격에 대비하여 큰 방패로 몸을 가린 후 토아스의 목숨을 빼앗고, 그의 갑옷을 벗겨냈다. 트로이의 군사들이 달려와서 안틸로코스에게 맹렬한 공격을 퍼부었지만 포세이돈이 빗발치는 창으로부터 그를 보호해주었다. 그러나 그 사실을 모르는 트로이군은 포기하지 않고 계속 그를 공격했다.

트로이의 장수 아다마스가 안틸로코스에게 다가와 그의 방패 한가운데를 창으로 찔렀다. 전투를 지켜보던 포세이돈은 그 창을 꺾어버렸다. 창은 두 동강이 났고, 한쪽은 방패에 박히고, 다른 하나는 땅으로 떨어졌다. 무기를 잃은 아다마스는 트로이군의 무리속으로 몸을 피하려고 했다. 그러자 이도메네우스의 부관인 메리오네스가 재빨리 그를 따라잡아 창으로 그의 복부를 찔렀다. 끔찍한 고통에 몸을 떨던 아다마스는 메리오네스가 다가와 창을 뽑자 이내 숨을 거두었다.

프리아모스 왕의 아들인 헬레노스는 거대한 검으로 그리스의 장수 데이피로스의 머리를 내리쳐 투구를 박살냈다. 부숴진 투구가 바닥에 나뒹굴 때 이미 그의 영혼도 육신을 떠나 하데스로 향했다. 그 모습을 본 메넬라오스는 화가 나서 고함을 지르며 헬레노스를 향해 창을 겨누었다. 그 순간 헬레노스는 메넬라오스를 향해 활시위를 당겼다. 그러나 화살은 메넬라오스의 가슴받이에 맞고 그대로 튕겨나갔다. 반면 메넬라오스의 창은 헬레노스의 손에 꽂혔다. 그는 뒤로 넘어졌고, 더 이상 활을 쏠 수 없게 되었다. 이번에는 페이산드로스가 메넬라오스를 공격했다. 하지만 그는 메넬라오스가 휘두른 칼에 미간을 정통으로 맞았다. 뼈가 부숴지며 핏덩이를 머금은 두 눈알이 흙먼지가 날리는 땅에 떨어졌고, 그는 곧 숨이 멎었다.

메넬라오스는 쓰러진 페이산드로스의 가슴팍을 밟고 갑옷을 벗겨냈다. 그는 승리감에 도취되어 큰 소리로 외쳤다.

"이 뻔뻔스러운 트로이 군사들아! 내게 온갖 모욕을 주고도 모자라서 이젠 우리 함선을 불태우려고 하느냐? 여기 너희 동료가 어찌 되었는지 똑똑히 보아라. 이제 너희들 모두 이런 비참한 꼴로 죽어가게 될 것이다. 제우스 신께서 언젠가 너희 도시를 멸망시키고, 페허로 만드실 줄을 모른단 말이냐?

오, 지혜로우신 아버지 제우스여! 어찌하여 저 교만한 트로이군에게 영광을 베푸시나이까? 저들이 지치지도 않고 미쳐서 날뛰는 모습을 보십시오. 잠도, 사랑도, 노래하고 노는 일도 충분히 즐기고 나면 실증내기 마련이거늘, 저들은 전투가 질리지도 않는 모양입니다."

메넬라오스는 페이산드로의 시체에서 무구들을 벗겨내어 함선으로 가져가라고 부하들에게 던져주고, 돌아서서 다시 전선으로 뛰어들었다. 이때 파플라고니아의 왕자 하르팔리온Harpalion이 메넬라오스를 발견하고 창으로 공격했다. 그러나 메넬라오스의 방패에 막혀 타격을 주지 못하자 그는 슬그머니 몸을 돌려 트로이군의 무리속으로 달아나려 했다.

메넬라오스는 재빨리 화살을 쏘아 하르팔리온의 엉덩이를 맞추었다. 화살이 방광과 치골을 관통하자 하르팔리온은 동료들의 품에서 숨을 거두었다. 그의 죽음에 친구인 파리스는 분노했다. 복수심에 불타오른 파리스는 그리스 코린토 출신의 전사 에우케노르Euchenor를 표적으로 삼아 화살을 쏘았다. 바람을 가르며 날아간 화살은 표적의 귀밑 턱뼈 부근에 명중했다. 에우케노르는 그 자리에서 즉사하고 말았다.

한편 헥토르는 트로이의 주력 부대를 이끌고 그리스 진영의 한 가운데에서 치열한 전투를 벌이고 있었다. 그는 함대 왼편에서는 트로이군이 포세이돈의 도움을 받는 그리스군에게 패배하고 있다는 사실을 전혀 알아채지 못했다.

그는 아이아스와 프로테실라오스의 함선들을 목표로 그리스군을 맹렬하게 밀어붙였다. 그리스 측에서는 보이오티아와 이오니아, 에페이오이 족이 함선을 방어하기 위해 헥토르와 맞섰다. 그들은 성난 파도처럼 밀고 들어오는 트로이군을 막아내기 위해 악전고투를 벌였고, 메네스테우스가 이끄는 아테네 정예부대조차도 고전을 면치 못했다.

두 아이아스는 나란히 붙어 서서 싸웠으며, 큰 아이아스를 따르는 전사들이 옆에서 그들을 지원했다. 이때 작은 아이아스를 따르는 로크리아 족은 그들의 뒤에서 활과 투석기로 트로이군을 향해 맹공을 퍼부었다. 투석기에서 날아온 돌맹이들이 마치 우박처럼 트로이군의 머리 위에서 쉴 새 없이 쏟아져 내렸다. 트로이군의 전열이 무너지고 사기가 떨어져가자 폴리다마스가 나서서 헥토르에게 조언했다.

"헥토르여, 제우스가 능력을 주신 무적의 전사라고 해서 모든 것을 다 가진 것은 아닙니다. 신은 어떤 이에게는 강한 힘을 주고, 또 다른 이에게는 지혜를 주십니다. 자신의 능력을 헤아릴 줄 아는 사람은 많은 사람에게 이득을 줄 수 있는 법입니다. 제가 생각하는 최선의 방책을 말씀드리겠습니다. 지금 우리 군사들이 곳곳에 흩어져서 싸우고 있는데 어떤 곳에서는 적은 수의 군사들이 많은 수의 적을 상대하느라 어려운 상태입니다. 장수들을 불러 모아 먼저 전황부터 파악하고 그에 따른 대책을 논의해야 합니다.

신이 진실로 우리에게 승리를 주신다면 우리는 저들의 함선 안으로 뛰어들 수 있을 것이나, 그렇지 않다면 피해가 없을 때 서둘러 물러나야 합니다."

헥토르는 그의 조언을 받아들였다.

"좋은 충고일세. 내가 지휘관들을 불러 모을테니, 그들이 도착하면 이곳에 대기시켜 주게. 나도 신속하게 돌아오겠네."

헥토르는 폴리마다스의 조언대로 장수들을 찾아다니며 그들을 불러 모았다. 그런데 데이포보스와 헬레노스, 아다마스와 아시오스는 찾을 수가 없었다. 그들 중 두사람은 전사했고, 또 둘은 부상을 입고 성안으로 후송되었던 것이다. 그 사실을 모르는 헥토르는 계속 그들을 찾아다니다가 군사들을 독려하는 파리스를 만났다. 헥토르가 동생에게 성난 어조로 다그쳤다.

"파리스, 이 빌어먹을 녀석아! 대체 넌 무얼하고 있었느냐? 어째서 트로이의 장수들이 하나도 보이질 않느냐? 아아, 트로이의 드높은 성도 곧 무너지고 말겠구나. 이제 너도 파멸을 면치 못할 것이다."

헥토르의 질책에 파리스는 억울하다는 듯이 말했다.

"형님, 무고한 사람을 책망하지 마십시오. 저는 이 곳을 지키며 최선을 다해 그리스군과 싸웠습니다. 그러나 적의 공격이 워낙 치열한 탓에 데이포보스와 헬레노스는 부상을 당해 성안으로 후송되었습니다. 그리고 오트리오네우스, 아시오스, 알카토오스는 안타깝게도 그만 목숨을 잃었습니다.

형님이 원하시는 바를 명령만 내려주십시오. 제 목숨을 바쳐 따르겠습니다. 하지만 아무리 용을 써도 제가 가진 한계를 뛰어 넘어 싸울 수는 없지 않겠습니까?"

파리스의 말에 헥토르의 마음은 누그러졌다. 형제는 함께 가장 치열한 전투가 벌어지고 있는 전장으로 향했다. 그곳에는 폴리다마스와 장수들이 대기하고 있었다. 그들 중에는 전날 아스카니아에서 온 지원군의 장수들도 있었다.

제우스는 그들에게 용기를 불어 넣어 주었다. 그러자 그들의 가슴 속에서 전의가 불타 올랐다. 헥토르가 선두에서 그리스군을 향해 돌진해 가자 트로이군은 성난 파도와 같은 기세로 그 뒤를 따랐다. 그러나 트로이군의 파상적인 공격에도 그리스군은 흔들리지 않았다. 큰 아이아스가 헥토르를 발견하고 앞으로 나서며 도발했다.

"헥토르, 아무리 덤벼 봤자 소용없다. 우리는 싸움에 능숙한 전사들이다. 제우스의 채찍이 우릴 내리칠지라도 너희는 우리를 꺾을 수 없다. 내가 장담하건데 너희가 자랑하는 성과 도시는 반드시 우리 손에 함락된다."

이때 독수리 한 마리가 그의 오른편에서 나타나 창공을 높이 날았다. 그리스군은 이 상스러운 징조를 보고 환호성을 올렸다. 그러자 헥토르가 아이아스를 향해 외쳤다.

"아이아스, 헛소리는 집어치워라! 오늘 그리스군은 한 명도 살아남지 못한다. 특히 그대는 나의 창에 목숨을 잃고 독수리와 개들의 배를 채워 주게 될 것이다."

말을 마친 헥토르가 앞장서자 트로이군은 함성을 지르며 그 뒤를 따랐다. 그리스군도 이에 대응해 함성을 지르며 트로이군에 맞섰다. 양쪽 군대의 엄청난 함성은 하늘까지 닿아, 제우스가 있는 곳까지 울려 퍼졌다.

제14장

헤라의 유혹

네스토르는 자신의 막사에서 마카온을 돌보며 쉬다가, 밖에서 들려오는 함성을 들었다.

"마카온, 아무래도 내가 나가서 한번 돌아보고 와야겠소. 그대는 여기서 헤카메데가 상처를 치료해 줄 때까지 포도주를 마시고 계시구려."

네스토르는 창과 방패를 챙겨들고 막사를 나왔다. 멀리 뚫린 방벽과 문, 트로이군에 쫓기는 그리스군의 처참한 모습이 그의 눈에 들어왔다.

"도대체 이게 어떻게 된 일인가?"

네스토르는 크게 놀라 어떻게 해야할지 고민했다. 전차를 집어타고 당장 전투에 뛰어들어야 할지 아니면 아가멤논을 찾아야 할지 고민하다가 결정을 내렸다.

'음, 일단 대왕을 만나 대책부터 세워야겠다.'

네스토르는 아가멤논을 만나기 위해 발걸음을 서둘렀다. 그가 함선 근처에 도착했을 때, 창을 지팡이 삼아 의지한 채 절뚝거리며 다가오는 세 사람이 눈에 띄었다. 디오메데스와 오디세우스, 그리고 아가멤논이었다. 그들은 자신들의 함선에서 부상을 치료하던 중 전투 상황이 궁금해서 살피러 오는 중이었다. 아가멤논이 네스토르를 보고 힘없이 말했다.

"네스토르여, 왜 전장을 떠나 이곳에 있는 것이오? 그 무서운 헥토르의 위협이 현실이 되는 것은 아닌지 두렵기만 하구려. 배를 불태우고 우리 군사를 모두 몰살시키기 전에는 돌아가지 않겠다고 장담했던 일 말이오. 지금 돌아가는 상황을 보시오. 우리 군사들은 아킬레우스와 마찬가지로 나를 원망하고 있소. 그들은 내게 원한을 품고 자신들의 함대를 지키려는 싸움조차 피하고 있단 말이오!"

네스토르가 탄식했다.

"대왕의 말씀을 부정할 수가 없군요. 우리가 믿었던 방벽은 무너지고 병사들은 쫓기고 있습니다. 눈을 크게 뜨고 보시오. 아군이 어디까지 밀려났는지조차 모를 지경이 되었소. 여기저기서 우리 군사들이 속수무책으로 죽어가고 있소. 그 비명소리가 하늘에 닿을 지경입니다. 쉴 틈도 없고, 휴전도 없소. 이 상황을 타파하기 위해서 우리가 뭘 할 수 있을지 고민해 봅시다. 우리 장수들은 부상을 당해 싸울 수 없으니 승패는 이미 결정된 것과 같습니다."

아가멤논은 낙심해서 말했다.

"네스토르. 우리가 공들여 쌓은 방어벽도, 땀 흘려 파놓은 참호도

222

쓸모없게 되었소. 그것들이 적으로부터 우리의 안전을 지켜주리라 믿었는데……. 제우스 신은 우리 그리스군의 멸망을 보고 싶어 하는 듯하오. 그러니 이제 밤이 되어 전투가 중단되면 트로이군 몰래 배를 띄워 고향으로 돌아가는 수 밖에 없을 것 같소. 적에게 목숨을 잃거나 붙잡히느니 차라리 도망치는 게 더 낫지 않겠소?"

아가멤논의 말에 오디세우스는 자신의 귀를 의심했다. 그리스군의 운명을 책임져야할 총사령관의 입에서 나온 말이라고 믿어지지 않아서였다. 그는 눈을 부릅뜨며 말했다.

"아가멤논 왕이여, 정말 실망이군요! 제우스 신께서 우리에게 고난을 주셨다면 마지막 한 사람까지 싸우는 게 마땅하거늘, 왕께서 그런 겁쟁이 같은 말을 하시다니요. 우리가 목숨을 걸고 그토록 힘든 역경을 헤쳐온 것이 고작 트로이에서 도망치기 위함이었단 말입니까? 말을 함부로 하지 마십시오. 행여 군사들의 귀에 들어갈까 두렵습니다. 지금 대왕의 계획은 스스로 파멸을 자초하는 것입니다. "

아가멤논은 오디세우스의 비난에 고개를 숙였다.

"오디세우스. 그대의 말이 옳소. 그대들이 원한다면 나 역시 배를 띄우지 않겠소. 하지만 어쩌겠는가? 누가 좀 더 나은 계획이 있다면 말해주시오."

그러자 디오메데스도 나섰다.

"왕께서 경청할 준비가 되어 있다면 제가 말씀드리겠습니다. 제가 이 중에서 가장 나이가 어리지만 저 또한 티데우스 왕의 아들이며, 플레우론과 칼리돈의 왕이신 포르테우스의 후손이기도 합니다. 그러니 행여 출신을 문제 삼거나 어리다고 무시하지는 말아 주십시오. 제 의견도 끝까지 남아서 함께 싸우자는 겁니다. 그러자면 우리 모두 전장으로 가야합니다. 우리가 비록 부상을 당해 창을 들 수 없지만 군사들을 모으고 격려할 수는 있습니다."

모두들 오디세우스와 디오메데스의 말에 동의하며 전투 의지를 다졌다. 아가멤논이 앞장서서 싸움터로 향하자 모두 그의 뒤를 따랐다.

한편, 그들이 전장으로 향하는 것을 본 포세이돈은 늙은 전사의 모습으로 변장하고 그 뒤를 쫓아갔다. 그리고 아가멤논의 오른손을 잡으며 조용히 말했다.

"대왕이시여, 이제 그 냉혹한 아킬레우스가 아군이 피를 흘리며 죽어나가는 것을 보면서 좋아하고 있겠구려. 분별력이라고는 없는 자니 말입니다. 그런 자는 신의 저주나 받고, 그 명예는 땅바닥에나 처박히라고 하시오. 하지만 너무 염려하지 마시오. 신들이 모두 그대를 외면하는 것은 아닙니다. 이제 곧 트로이군이 먼지를 날리면서 성으로 도망치는 걸 보게 될 것입니다.

말을 마친 포세이돈은 1만 명의 군사가 한꺼번에 내지르는 듯이 싸움터에 무시무시한 함성을 울리며, 그리스 군사들의 가슴에 힘과 용기를 불어넣었다. 그리스 군사들은 다시 사기가 올라 전의를 뜨겁게 불태웠다. 그들은 기필코 승리하리라 다짐했다.

이때, 올림포스 신전에 있던 헤라는 포세이돈이 그리스군을 돕는 것을 보고 크게 기뻐했다. "오! 포세이돈이 그리스군을 돕고 있다니 정말 다행이구나. 이 사실을 제우스가 눈치채지 못하게 해야 하는데……. 아! 좋은 방법이 생각났다."

그녀는 포세이돈에게 시간을 벌어주기 위해 제우스를 유혹하기로 했다. 제우스가 욕정에 쉽게 넘어가는 약점을 공략하기로 한 것이다. 일단 사랑을 나눈 후에 제우스는 길고 깊은 잠에 빠질 것이고, 그가 잠든 시간이면 포세이돈이 그리스군에게 승리를 안겨줄 시간으로 충분할 것이다. 이렇게 계획을 세운 그녀는 준비를 서둘렀다.

헤라는 먼저 암브로시아로 목욕을 하고, 신들만이 사용하는 향기로운 올리브 기름을 몸에 골고루 발랐다. 이 기름은 조금만 휘저어도 그 향기가 제우스의 궁전과 대지와 온 하늘에 퍼졌다. 그녀는 윤기도는 검은 머리를 곱게 빗어 길게 땋아 늘어뜨렸다. 이어 아테나가 아름다운 무늬를 수놓아 만들어준 옷을 걸쳤는데, 그 옷은 미끄러질 듯 부드러웠고 그윽한 향기가 풍겼다. 가슴에는 황금 브로치를 꽂고, 허리는 100개의 술이 달린 허리띠로 조이고, 귀에는 번쩍이는 은 귀걸이를 달았다. 끝으로 머리 위에 곱고도 눈부시게 빛나는 흰 베일을 쓰고 발에는 맵시 있는 신발을 신었다. 그리고 헤라는 아프로디테에게 찾아가서 온갖 매력과 사랑 그리고 욕망이 담긴 가죽 띠를 빌려달라고 부탁했다.

그녀는 불화를 겪고 있는 오케아노스Oceanos와 테티스Tethys(가이아의 딸, 아킬레우스의 어머니 테티스와 다른 여신) 부부를 화해시켜 다시 사랑에 빠지도록 돕고 싶다고 거짓말을 했다. 하지만 아프로디테는 의심하지 않고 마법의 띠를 순순히 내어주었다. 헤라는 얼굴에 미소를 머금고 그것을 품속에 넣었다. 곧이어 그녀는 잠의 신 히포노스Hypnos를 만나러 렘노스로 내려갔다.

"히포노스, 부탁이 있어서 왔어요. 내가 제우스의 품에 안겨 그 곁에 눕거든 그대는 곧바로 제우스를 잠들게 해주세요. 그렇게만 해주면 영원히 변치 않는 황금 옥좌를 선물로 드리지요. 내 아들 헤파이스토스가 온갖 솜씨를 다해 만들어서, 그대가 흥겨운 잔치 때 그 예민한 발을 올려놓고 쉬도록 발판도 달아 줄 거예요."

그러자 잠의 신이 대답했다.

"자비로운 신들의 여왕이시여. 분명 저에게 농담을 하시는 것이겠지요? 다른 신들은 몰라도 제우스는 잠재울 수 없다는 것을 여왕께서 누구보다 잘 아시지 않습니까? 이전에 당신의 부탁대로 내가 제우스를 잠재웠다가, 나중에 그가 깨어나서 얼마나 화를 냈는지 아십니까? 그때 밤의 여신이 도와주지 않았다면 제우스는 나를 바다에 처박았을 겁니다. 이제 두 번 다시는 그분의 화를 돋구고 싶지 않습니다."

잠의 신의 말에 헤라는 몸이 달았다.

"히포노스여, 뭐가 그리 두려운 거지요. 그 때와 지금은 사정이 전혀 다르잖아요. 설마 제우스께서 하찮은 트로이 사람들 때문에 그대에게 화를 내겠어요? 그러니 이번에 한 번만 더 도와주세요. 내가 그 대가로 당신이 짝사랑하는 여신 파시테아Pasithea를 아내로 주겠어요."

헤라의 제안은 확실히 효과가 있었다. 잠의 신은 오래도록 짝사랑하던 여신을 아내로 얻게 될 생각에 기쁨을 숨기지 못하고 웃으며 말했다.

"당신의 부탁을 들어주었다가 제우스의 분노를 살까 두렵소. 하지만 파시테아를 아내로 주겠다니 그 정도 위험은 감수해야 겠지요."

잠의 신은 헤라에게 스틱스 강과 최초의 신들인 티탄족을 증인으로 세우고 맹세하게 했다. 헤라가 그의 요구대로 맹세하자 두 신의 거래는 성립되었고, 그들은 제우스가 있는 이다 산으로 향했다.

먼저 도착한 잠의 신은 제우스의 눈에 띄지 않도록 산새로 모습을 바꾸어 커다란 전나무 가지에 앉았다. 그는 무성한 잎사귀 속에 몸을 감추고 기회를 엿보았다. 헤라는 제우스가 자신을 쉽게 발견할 수 있도록 이다 산 꼭대기로 올라갔다. 아프로디테가 빌려준 마법의 허리띠는 바로 효과를 나타냈다. 제우스는 그녀가 한껏 치장한 아름다운 모습을 발견하고, 가슴속에 뜨거운 사랑의 감정이 솟구쳐 올라왔다. 처음 그녀를 품었을 때와 같은 황홀함에 젖어 부모 몰래 사랑을 나누었던 그때로 돌아간 기분이었다.

"헤라, 어디를 그렇게 바삐 가고 있소? 전차와 말도 없이 무슨 일로 여기까지 온 것이오?"

그러자 헤라가 대답했다.

"땅 끝에 좀 가보려구요. 신들의 아버지 오케아노스와 어머니 테티스를 찾아가 화해시켜 드릴 생각이에요. 그곳에 가기 전에 당신에게 먼저 알리려고 찾아왔어요. 말도 없이 떠났다가 나중에 당신이 알면 화를 낼 것 같아서 말이예요."

제우스는 헤라의 손을 슬며시 잡아 끌었다.

"헤라, 거긴 천천히 가도록 하시오. 그보다 우리 함께 사랑을 나누

제우스와 헤라

아니발레 카라치, 1597년.

며 즐거운 시간을 보내도록 합시다. 오늘따라 그대의 모습이 눈부시게 아름답고 사랑스럽구려."

제우스는 헤라에게 여태껏 잠자리를 함께 했던 어떤 여신이나 여인에게도 느껴보지 못했던 매력과 강렬한 욕망을 느꼈다. 헤라는 짐짓 놀란 표정을 지으며 말했다.

"말도 안 되는 소리에요. 사방이 훤히 보이는 산 정상에서 사랑을 나누자고요? 우리가 누워 있는 걸 누가 보고 소문이라도 퍼뜨리면 어쩌시려구요. 정말로 당신이 원한다면 헤파이스토스가 지어준 우리의 침실로 가요. 거기에서 마음껏 사랑을 나누도록 해요."

그러자 몸이 달아오른 제우스가 서둘러 말했다.

"헤라, 그런 걱정은 필요없소. 내가 우리 주위에 황금 구름을 두르리다. 그러면 가장 밝다는 헬리오스의 태양조차도 꿰뚫어 보지 못할 거요."

제우스가 헤라를 안고 그 주위를 황금 구름으로 감싸자 그곳의 성스러운 대지가 잔디를 자라나게 하고 꽃을 피워냈다. 이슬 맺힌 클로버와 사프란의 일종인 크로커스, 그리고 부드러운 히야신스가 잔디위에 가득 깔렸다. 제우스가 헤라를 안고 사랑을 나눈 뒤 깊은 잠에 빠져들게 만든 잠의 신은 서둘러 그리스군을 돕고 있는 포세이돈을 찾아갔다.

"포세이돈이여! 내가 헤라 여신의 부탁으로 제우스 님을 잠들게 했으니 마음놓고 그리스군을 돕도록 하시오."

포세이돈은 크게 기뻐하며 그리스군을 지휘했다.

"용감한 그리스 군사들이여! 헥토르에게 승리를 넘겨줄 셈인가? 적

제우스와 헤라를 잠들게 하는 히포노스
발타사르 베시, 18세기.

들이 우리 함대를 불태우도록 지켜만 보고 있을 것인가? 아킬레우스가
참전을 피하고 있어서 힘이 들지만, 우리가 최선을 다한다면 굳이 아킬
레우스를 아쉬워 할 필요가 없다. 그러니 모두 내 말을 듣고 따르라. 우
리 진영에서 가장 크고 좋은 방패를 들고, 가장 빛나는 투구를 써라. 그
리고 가장 긴 창을 가지고 진격하라. 내가 너희를 이끌 것이니 모두 힘
을 내어 트로이군을 무찌르자!"

　포세이돈의 격려에 힘을 얻은 그리스의 지휘관들은 기쁘게 그 말에

순종했다. 아가멤논과 오디세우스 그리고 디오메데스는 부상에도 불구하고 직접 나서서 군사들을 집결시켰다. 그리고 포세이돈의 지시대로 무기를 바꾸라고 지시했다. 용감한 군사에게는 좋은 무기를 주고, 볼품 없는 무기는 그보다 못한 군사들에게 주어졌다. 그러자 포세이돈은 번 개처럼 길고 번쩍이는 날선 검을 들고 그리스군을 싸움터로 이끌었다. 그 모습을 보는 것만으로도 필멸의 인간들은 두려움을 느끼기에 충분했다.

한편 트로이 쪽에서도 헥토르의 지시에 따라 군사들을 재정렬했다. 트로이군은 그리스 함대를 향해 물밀 듯이 쳐들어갔다. 그리스군도 진 격해오는 트로이군을 맞아 맹렬하게 돌진해 나갔다. 양편의 선두 부대 가 정면으로 충돌했다. 양쪽 군사들은 죽기 살기로 서로에게 달려들었 다. 곧 창과 창이 부딪치고, 방패와 방패가 부딪치는 소리와 함께 여기 저기서 고함소리와 비명소리가 뒤섞여졌다. 한 부대는 헥토르가 지휘 했고, 다른 부대는 바다의 신이자 지진의 신 포세이돈이 직접 지휘했 다. 헥토르는 큰 아이아스를 발견하고 그에게 창을 날렸다. 창은 가슴 한복판을 맞았으나, 그곳은 방패와 칼의 끈이 교차하는 지점이었다. 그 덕분에 창은 튕겨져 나갔고, 아이아스는 부상을 면할 수 있었다.

헥토르는 자신의 공격이 수포로 돌아가자 안전을 위해 몸을 뒤로 피했다. 그러자 아이아스는 커다란 돌을 집어 헥토르에게 던졌다. 돌은 방패를 넘어 헥토르의 목 근처 가슴을 강타했다. 그 충격에 의해 헥토 르의 몸은 팽이처럼 빙그르르 돌더니 그대로 땅에 풀썩 쓰러졌다. 그러자 그리스 군사들이 함성을 내지르며 헥토르에게 달려들었다. 하지만 그들 중 누구하나 헥토르에게 창을 찌르지 못했다. 그들보다 먼저 아게노르와 폴리다마스, 아이네이아스, 사르페돈, 글라우코스 등 트로이의 장수들이 재빠르게 달려와서 자신들의 지휘관을 에워쌌기 때문에 아무도 그를 건드릴 수 없었다. 그 틈에 헥토르는 그의 전차와 마부가 기다리는 곳으로 안전하게 옮겨졌다.

트로이의 총사령관이 쓰러지자 사기가 오른 그리스군은 트로이군에게 맹공을 퍼부었다. 가장 먼저 창을 날린 사람은 작은 아이아스였다. 그는 물의 요정의 아들인 사트니오스의 옆구리를 찔러 넘어뜨렸다. 그러자 시체를 둘러싸고 그리스와 트로이 장수들 간의 전투가 벌어졌다. 폴리다마스가 전우의 복수를 위해 보이오티아 지휘관인 프로토에노르의 어깨를 창으로 찔러 쓰러뜨렸다. 큰 아이아스가 환호하는 폴리다마스에게 창을 날렸으나, 창은 그를 비켜가서 아르켈로코스의 머리와 목이 이어지는 척추 끝을 관통했다. 그는 동생인 아카마스와 함께 아이네이아스의 밑에서 다르다니군을 지휘하고 있었다. 그리스의 전사인 프로마코스가 아르켈로코스의 시체를 끌고 가려하자, 아카마스가 형의 시체를 지키기 위해 그를 창으로 찔러 쓰러뜨렸다. 그 모습을 본 그리스의 장수 페넬레오스가 전우의 복수를 위해 아카마스에게 달려들었다. 그러나 아카마스가 그의 공격을 기다리지 않고 다른 곳으로 가버리자, 일리오네우스Ilioneus에게 공격의 화살을 돌렸다.

일리오네우스는 신들의 전령인 헤르메스의 총애를 받아 많은 가축을 소유한 포르바스의 외아들이었다. 페넬레오스가 던진 창은 일리네우스의 눈을 관통해서 창끝이 목덜미로 빠져나왔다. 그러자 페넬레오스는 날카로운 칼을 뽑아들고 그의 목을 베었다. 창이 눈에 꽂힌 채로 그의 머리는 투구와 함께 땅에 떨어졌다. 페넬레오스는 창자루를 움켜쥐고 마치 그것이 꽃다발이라도 되는 것처럼 허공에 휘두르며 트로이 군사들을 조롱했다.

"트로이인들이여! 일리네우스의 어미와 아비에게 아들의 장례식을 준비하라고 전해라. 물론 프로마코스의 아내에게도 마찬가지다. 모든 그리스 인들이 트로이를 떠나 고향으로 간 뒤에도 그녀는 남편을 다시 만나는 기쁨을 누리지 못할 것이다."

트로이의 군사들은 그 말에 몸을 떨었다. 하지만 총사령관 헥토르가 없는 상황에 처음으로 맞닥뜨린 트로이군은 두려움에 사로잡혔다. 포세이돈이 지휘하는 그리스군의 위용 앞에 트로이군은 겁을 집어먹고 물러섰다. 전세가 뒤집히자 그리스의 장수들은 적들의 피묻은 전리품을 차지했다.

큰 아이아스는 미시아 족 지휘관 히르타오스를 처치하였고, 안틸로코스는 팔케스와 메르메스를 죽였고, 메리오네스는 모리스와 힙포티온을 죽였다. 테우크로스가 프로토온과 페리페데스를 쓰러뜨렸고, 메넬라오스는 히페레노르 왕의 옆구리를 찔러 즉사시켰다. 그러나 가장 많은 적을 쓰러뜨린 것은 작은 아이아스였다. 그는 빠른 발을 활용하여 겁에 질려 달아나는 트로이군을 빠르게 추적하여 쓰러뜨렸다.

한편, 부상을 입고 정신을 잃은 헥토르는 부하들에 의해 전쟁터에서 멀리 떨어진 스카만드로스 강가로 옮겨졌다. 부하들은 헥토르의 얼굴에 물을 끼얹었다. 그러자 의식이 돌아온 헥토르는 일어나 앉더니 붉은 피를 토해 냈다. 그리고는 이내 다시 쓰러져 정신을 잃었다. 그만큼 돌에 맞은 충격이 컸던 것이다.

제15장

그리스군의 위기

포세이돈이 지휘하는 그리스군의 반격에 놀란 트로이군은 도망치기에 급급했다. 그리스 진영의 깊숙이 쳐들어간 트로이군은 승리를 눈앞에 두고 어이없이 무너졌다. 그들은 많은 희생자를 적진에 남겨두고 참호를 넘어 후퇴했다. 전차가 대기하고 있는 곳까지 물러난 그들은 공포에 사로잡혔다.

이때, 제우스가 잠에서 깨어나 전쟁터를 내려다보았다. 그리스군이 트로이군을 참호 밖으로 몰아내는 광경과 그 속에 그리스군을 지휘하는 포세이돈의 모습이 보였다.

"이게 어떻게 된 일인가. 포세이돈이 내 명을 어기고 그리스군을 돕다니……."

제우스는 소스라치게 놀라서 두 눈을 부릅뜨고 헥토르의 모습을 찾았다.

"그럼 헥토르는 어떻게 되었지?"

제우스는 스카만드로스 강가의 평원에 누워있는 헥토르를 발견했다. 그는 피를 토한 채 쓰러져서 가쁜 숨을 몰아쉬고 있었다. 제우스는 그의 부상이 심각함을 한 눈에 알아보았다.

"감히 내 명을 어기고 헥토르를 전쟁터에서 몰아내다니, 헤라! 이 모든 것이 그대의 계략이겠지. 이 일로 그대가 큰 대가를 치르게 되더라도 날 원망하지 마시오! 내가 전에 그대의 발에 큰 돌덩이를 매달고 두 손에는 누구도 끊을 수 없는 황금 사슬을 감아 구름에 매달아놓던 일을 기억하시오? 그때 다른 신들은 그대를 풀어주고 싶어했지만 어느 누구도 그렇게 하지 못했소. 그런 자는 내가 땅으로 내던져 버렸으니까.

당신의 계략에 헤라클레스와 내가 얼마나 애를 먹었는지 아시오? 그때 일을 지금 그대에게 상기시키는 것은 다시는 날 속일 생각을 하지 말라는 뜻이오. 이번에 날 유혹하여 속인 대가가 어떤것인지 곧 알게 될거요."

제우스의 분노가 심상치 않음을 느낀 헤라는 겁을 먹고 몸을 움츠렸다. 그녀는 감언이설로 제우스를 속여 궁지에서 벗어나려고 했다.

"대지와 하늘, 스틱스 강과 당신의 거룩한 머리와 내가 결코 가볍게 입에 담을 수 없는 우리의 신방을 걸고 맹세할게요. 포세이돈이 그리스군을 도와준 것은 나와 상관없는 일이예요. 그리스군이 패하여 함대

까지 쫓기는 모습을 보고 불쌍해서 나선 걸 거예요. 포세이돈이 그럴줄
알았다면 오히려 내가 나서서 막았을 거예요. 제우스의 뜻을 거스르지
말라구요."

　　제우스는 그말에 냉소를 머금었다.

　　"헤라, 당신이 나와 같은 생각을 품었다면 포세이돈도 마음을 돌려
우리 뜻에 따를 것이오. 자, 이제 올림포스로 돌아가시오. 당신의 말이
진실이라면 이리스와 아폴론을 찾아 즉시 내게로 보내시오."

　　제우스는 헤라에게 앞으로의 계획을 밝혔다. 아킬레우스가 참전할 때까지 트로이군이 그리스군을 맹렬하게 쳐부수도록 도와줄 것이며, 그후에는 아킬레우스가 헥토르를 죽일 것이라고 했다. 그러면 트로이의 도시들이 무참히 파괴될 것이며, 자신이 테티스에게 약속한 대로 아킬레우스는 영원토록 변치 않는 영광을 얻게 된다는 것이다. 제우스는 이 계획을 이루기 위해 자신의 아들인 사르페돈까지 희생시키겠다고 했다. 그러나 아킬레우스가 참전하여 헥토르를 쓰러뜨리기 전에는 올림포스의 남신이나 여신 모두 그리스군을 도와서는 안되었다.

헤라는 제우스의 말을 거역할 수가 없었다. 그녀는 한시라도 제우스의 시야에서 빨리 벗어나고 싶었다.

그녀가 궁전으로 들어서자 여러 신들이 자리에서 일어나 환영의 뜻으로 잔을 들어 보였다. 헤라는 다른 신들의 인사는 무시하고 술잔을 가져다주는 테미스의 인사만 받아주었다. 그녀는 황금 궁전에 자리를 잡고 앉아 쓴 웃음을 지었다.

"제우스에게 반항하려는 생각은 어리석은 거예요. 우리가 아무리 힘이나 말로 그를 막으려 해도 그는 눈썹하나 까딱하지 않아요. 신들 중에서 자신이 가장 강하다고 생각하기 때문이지요. 그러니까 혹시 제우스가 그대들에게 어떤 재앙을 안겨주더라도 그냥 참도록 하세요. 그리고 내 아들 아레스, 너에게는 슬픈 소식을 전해야겠구나. 네가 인간들 중에 가장 아끼던 너의 아들 아스칼라포스가 전사했단다."

그 말에 아레스는 손바닥으로 자신의 허벅지를 내리치며 고통스럽게 울부짖었다.

"올림포스 신들이여, 나를 말리지 마시오. 나는 당장 그리스군에게 아들의 죽음을 갚아주러 가겠소. 아버지 제우스의 벼락에 맞아 피에 젖은 흙 위에 다른 시체들과 눕게 되는 한이 있더라도 난 반드시 갈 것이오. 자, 공포와 두려움이여, 그리고 나의 말들아. 당장 전쟁터로 떠날 준비를 해라!"

아레스는 자신의 신전으로 달려가 즉시 무장했다. 그러자 신들은 크게 놀랐다. 아레스의 거침없는 행동이 제우스의 진노를 부르게 되고, 그 불똥이 자신들에게 튀게 될 것이 걱정되었던 것이다. 이때 지혜의 여신 아테나가 화근을 막기 위해 아레스를 쫓아갔다. 그녀는 아레스의 투구와 어깨에 걸친 방패를 거칠게 잡아 벗기고 손에서 청동 창까지 빼앗아버렸다. 그리고는 강한 어조로 아레스를 꾸짖었다.

"정신 나갔어? 이런 짓을 하는 걸 보니 미쳐도 단단히 미쳤구나. 분별력도 없고 자존심도 없는 거야? 그렇게 말귀를 못 알아 듣겠어? 어머니가 직접 전해준 아버지의 말뜻을 이해하지 못하겠냐고! 지금 나섰다가는 너만 오히려 비참한 꼴을 당하게 될거야. 아버지의 뜻을 어겼다가는 그분이 트로이를 제쳐두고 당장 올림포스로 달려와서 우리에게 먼저 불벼락을 내리실거야. 아들 일은 잊어. 아스칼라포스보다 강하고 더 뛰어난 전사들도 많이 죽었고, 앞으로도 죽어갈 거야. 냉정하게 생각해봐. 우리가 인간들을 모두 구해줄 수는 없잖아?"

아테나는 여전히 분이 풀리지 않은 아레스를 억지로 끌고 와서 제자리에 앉혔다.

한편 헤라는 아폴론과 신들의 전령인 이리스를 밖으로 불러내 조용히 일렀다.

"제우스께서 최대한 빨리 이다 산으로 오라고 분부하셨다. 당장 그곳으로 가서 그분의 명을 따르도록 하거라."

헤라는 자기 자리로 돌아가 앉았고, 아폴론과 이리스는 급히 이다 산으로 향했다. 그들이 도착했을 때 제우스는 구름 위에 앉아 전쟁터를 내려다보고 있었다. 제우스는 이리스에게 포세이돈을 만나 전할 말을 일러주었다.

"이리스, 지금 즉시 포세이돈에게 가서 싸움터에서 물러나라고 일러라. 그리고 만일 그가 내 말에 순종하지 않으면, 나에게 맞설 만큼 자신이 강한지 잘 따져보라고 하여라!"

이리스는 곧장 전쟁터로 포세이돈을 찾아갔다. 그리고 제우스의 말을 토시 하나 틀리지 않고 그대로 전하였다. 그러자 포세이돈은 버럭 화를 냈다.

"뭐라고? 그가 아무리 강해도 그렇지, 내게 그런 협박을 하는 것은 폭군이나 다름없는 행동이다. 우리는 모두 크로노스의 아들이며, 나와 제우스, 하데스는 친형제이다. 우리는 이 천지를 세 영역, 즉 바다, 하늘, 저승으로 분할하여 공평하게 나눠 가졌다. 그러니 누가 위고 누가 아래일 수 없는 것이다. 제우스에게 가서 나를 힘으로 제압할 생각은 아예 하지도 말라고 전하라."

하지만 이리스는 단순한 전령이 아니었고, 책략에 뛰어났다. 그녀는 차분한 음성으로 포세이돈을 설득했다.

"포세이돈이여, 흥분하지 말고 다시 한 번 생각해 보세요. 과연 제우스와 힘으로 맞서는 게 옳은지 말이에요. 더구나 복수의 여신들이 항상 제우스 님의 시중을 들고 있다는 것을 잘 아시잖아요."

포세이돈이 대답하였다.

"이리스, 친애하는 여신이여. 그대의 말이 참으로 옳도다. 화가 나지만 이번만은 내가 양보하겠네. 하지만 이 말은 꼭 제우스에게 전하게. 그가 다른 신들의 의견을 무시하고 계속 트로이 편만 든다면 그와 나 사이에 돌이킬 수 없는 불화가 생길 거라고 말이네."

말을 마친 포세이돈은 즉시 싸움터를 떠나 바닷속 신전으로 돌아갔다. 포세이돈이 물러간 그 시간, 제우스는 아폴론에게도 지시를 내렸다.

"아폴론, 너는 헥토르에게 가서 상처를 치료해 주거라. 그리고 나의 방패 아이기스를 줄테니 너는 이 방패를 온 전장에 휘둘러 그리스의 영웅들이 두려워 떨게 만들어라. 너의 임무는 헥토르를 보살피는 것이다. 그리스군이 헬레스폰트 강 아래로 밀려날 때까지 그에게 힘과 용기를 북돋워주거라. 때가 되면 내가 그리스 군사들의 패배를 어루만져 줄 것이다."

아폴론은 즉시 날쌘 매처럼 이다 산을 내려가서 제우스의 뜻에 따라 헥토르를 치료해 주었다.

"헥토르, 제우스 신께서 나를 보내어 그대를 돕게 했다. 어서 일어나 군사들이 적의 함대를 향해 전차를 몰도록 지휘하라! 내가 그리스군을 공포에 떨게 만들어 그대의 앞길을 열어 주겠다."

아폴론 덕분에 완전한 힘을 회복한 헥토르는 용기백배하여 싸움터로 향했다. 헥토르가 싸움터에 돌아오자 그가 죽은 줄 알았던 그리스군은 크게 놀라 뒤로 물러갔다. 헥토르는 군사들에게 말과 전차를 끌고 오게 한 뒤 전열을 다시 갖추었다. 공포가 그리스 군사들을 사로잡자 그들의 사기는 땅에 떨어졌다. 그러나 한 전사만은 냉정을 잃지 않았다. 그는 아이톨리아 인들의 지휘관인 토아스였다.

"지금 우리는 기적을 보고 있습니다. 큰 부상을 입고 도망쳤던 헥토르가 한나절도 되기 전에 다시 나타났단 말입니다. 우리는 진심으로 그가 죽기를 바랐습니다. 큰 아이아스가 분명히 그에게 회복이 어려울 만큼 치명적인 부상을 입혔습니다. 그런데 도대체 어떤 신이 그를 살렸단 말입니까? 그자는 지금까지 무수히 많은 우리 군사들을 죽였고, 앞으로도 그럴 것입니다. 아무래도 신들의 왕 제우스께서 그를 돕는 것 같습니다. 그렇지 않고서야 저렇게 멀쩡한 모습으로 우리 앞에 나타날 수 있겠습니까?

우리가 어떻게 하면 좋을지 제 의견을 말씀드리겠습니다. 일단 주력 부대는 함선 쪽으로 퇴각해야 합니다. 그러기 위해서는 우리 중 최고의 전사들을 선발하여 그와 맞서게 하고, 나머지 군사들은 창을 던져 적들을 막아야 합니다. 그자가 아무리 강하다고 한들 감히 우리들 속으로 겁 없이 뛰어들지는 못할 것입니다."

그리스의 지휘관들은 토아스의 의견에 따라 큰 아이아스와 이도메네우스, 테우크로스, 메리오네스, 그리고 메게스와 그의 부하들은 헥토르에 대항할 전사들을 모았고, 군의 주력부대는 후방으로 퇴각하기 시작했다.

헥토르는 군사들을 독려하며 큰 소리로 외쳤다.

"트로이 군사들이여! 힘을 내서 싸워라. 제우스 신께서 우리를 도와주신다!"

헥토르의 지휘에 따라 트로이군은 맹렬한 기세로 그리스군을 공격하기 시작했다. 아폴론은 트로이군을 돕기 위해 제우스의 방패 아이기스를 들고 그리스군이 용기를 잃고 두려움에 떨게 만들었다.

최고의 전사들로 구성된 그리스군은 공격해오는 트로이군을 향해 마주쳐 나갔다. 양 진영에서 터져나오는 엄청난 함성소리와 함께 활과 창이 표적을 찾아 사방에서 빗발쳤다. 곧 이어 비명소리가 터져나오며 양측의 표적이 된 군사들이 하나 둘 쓰러졌다.

그리스군은 완강히 버티며 저항했다. 그러나 아폴론이 다가와서 아이기스를 휘둘러 그들의 가슴에서 용기를 빨아들이자, 그들은 맹수의 습격을 받은 소나 양의 무리처럼 맹목적인 공포에 사로잡혔다. 최고의 전사들로 구성된 그리스군의 방어벽은 삽시간에 무너져 사방으로 흩어졌고, 곳곳에서 살상이 벌어졌다.

"한 놈도 남기지 말고 해치워라!"

헥토르는 보이오티아 족 지휘관인 스티키오스와 아르케실라오스를 죽였다. 아이네이아스는 메돈과 아소스를 죽였고, 폴리다마스는 메키스테우스를, 폴리테스는 에키오스를, 아게노르는 클로니오스를 쓰러뜨려 하데스로 보냈다. 트로이의 장수들이 시체들에서 전리품을 챙기는 동안 그리스군은 쓰러진 전우들을 버려둔 채 공포에 질려 방벽 안으로 달아났다.

헥토르는 장수들에게 전리품을 챙기느라고 시간을 낭비하지 말고 적들을 함선까지 몰아붙이라고 독려했다. 그리고 함선들을 모두 불태워야 한다고 다그쳤다.

아폴론은 앞서가며 그리스군이 파놓은 참호를 메워 넓은 길을 만들어 주었다. 트로이군이 방벽 앞에 이르자, 아폴론은 마치 어린 아이가 발로 모래성을 차서 허물 듯이 간단하게 쓰러뜨려 버렸다. 도망가던 그리스군은 그 모습을 보고 겁에 질린 채 절망에 빠졌다. 그리스군은 순식간에 함선이 있는 곳까지 쫓겨갔다. 그곳에서 그리스 군사들은 공포에 사로잡혀 서로 하소연하기도 하고 양손을 들어 신에게 기도를 올리기도 했다.

네스토르는 제우스에게 그동안 바친 모든 제물을 기억해서라도 그리스군들이 치욕을 당하지 않게 해달라고 기도했다. 제우스는 그의 기도를 듣고 천둥과 번개로 응답했고, 트로이 군사들은 그것을 자신들에게 보내는 신호로 여기고 더욱 맹렬하게 싸움에 몸을 내던졌다.

더 이상 도망갈 곳이 없게 된 그리스 군사들은 갑판 위로 올라가 그곳에서 싸워야 했다. 트로이군은 말과 전차에서, 그리스군은 갑판 위에서 긴 장대를 무기 삼아 싸웠다.

한편, 파트로클로스는 에우리필로스의 막사에서 그의 상처를 돌보다가 함성과 비명소리를 듣고 깜짝 놀라서 일어섰다. 그는 전투가 가까운 곳에서 벌어지고 있다는 것을 짐작했다.

"에우리필로스, 나는 더 이상 이곳에 머무를 수 없을 것 같소. 어서 아킬레우스에게 달려가서 그가 참전하도록 설득해 보아야겠소. 신께서 도와주신다면 그를 설득할 수 있을지도 모르오. 친구의 설득을 받아들여 좋은 결론에 이르는 경우도 많으니 말이오."

에우리필로스의 막사를 나온 파트로클로스는 아킬레우스의 막사를 향해 전력 질주했다.

전투는 혼전 양상을 띠었다. 그리스군은 트로이군의 공격을 굳건히 막아내고 있었다. 그리스군은 숫적으로 우세했으나 트로이군을 물리칠 수 없었다. 반면 트로이군도 함선 사이의 좁은 공간에서 제대로 싸우기 어려웠다. 이런 혼전의 상황에서 헥토르는 큰 아이아스의 함대 맞은편 쪽에 있었다. 두 장수 모두 치열한 싸움을 벌였지만 어느 쪽도 승세를 굳히지 못했다. 이때 헥토르의 사촌인 칼레토르가 배에 불을 지르려고 횃불을 들고 왔다. 그 모습을 본 아이아스는 다급하게 창을 던져 칼레토르를 쓰러뜨렸다. 자신의 사촌이 쓰러지는 모습을 본 헥토르는 트로이군을 향해 소리쳤다.

"트로이와 리키아의 군사들이여! 용맹스러운 다르다니아 전사들이여. 아무리 힘들어도 절대 물러서지 마라! 배 사이에 쓰러져있는 칼레토르를 구하여라. 적군이 그의 무구들을 벗기지 못하게 하라!"

헥토르는 이렇게 말하고 아이아스를 향해 창을 던졌다. 하지만 창은 아이아스를 맞추지 못했고 대신 그의 시종인 리코프론Lycophron의 머리를 관통했다. 리코프론은 텔라몬의 아들들인 아이아스와 테우크로스 형제와는 부하이기전에 친구로 매우 가깝게 지냈다. 아이아스는 친구의 죽음에 분노하여 몸을 부들부들 떨었다.

"내 형제 테우크로스여. 우리가 형제처럼 사랑하는 친구 리코프론이 죽었다. 헥토르가 그를 죽였단 말이다. 네 죽음의 화살은 어디에 있느냐? 아폴론이 너에게 준 활은 대체 어디로 갔느냐?"

테우크로스는 그 말을 듣자마자 활과 화살통을 들고 갑판 위로 뛰어올라가 트로이군을 향해 쉬지않고 화살을 퍼부었다. 폴리다마스의 전차를 모는 클리티투스가 첫 희생자가 되었고, 뒤이어 헥토르가 표적이 되었다. 하지만 제우스가 활 시위를 끊어버리는 바람에 화살은 엉뚱하게 날아가 바닥에 떨어졌다. 테우크로스는 두려움에 떨며 형을 보고 말했다.

"형님, 어떤 신이 우리의 승리를 방해하고 있군요. 그분이 내 손에서 활을 내던지고 시위를 끊어 버렸습니다. 아무리 많은 화살을 날려도 끄떡없도록 오늘 아침에 새로 꼬아 맨 시위가 이렇게 쉽게 끊어질 수 있나요?"

아이아스가 대답했다.

"지체할 틈이 없다. 신께서 심술을 부려 활 시위를 끊어버렸으니, 그건 놔두고 창과 방패로 싸워라. 그리고 군사들을 독려하여 전투를 이끌어라. 저들에게 배를 빼앗겨도 쉽게 내어줄 수는 없다. 적들이 그에 상응하는 대가를 치르도록 해야 하지 않겠느냐?"

테우크로스는 쓸모가 없어진 활을 바닥에 내던졌다. 그리고 창과 방패로 무장한 뒤 아이아스의 곁으로 재빨리 달려갔다.

테우크로스가 활을 바닥에 내던지는 모습을 본 헥토르는 신들이 자신을 도와주고 있다는 사실을 깨달았다. 헥토르는 자신감에 가득 찬 목소리로 군사들을 향해 외쳤다.

"트로이와 리키아의 전사들이여! 용맹스러운 다르다니아 전우들이여! 우리는 지금 적들의 함대까지 쳐들어왔다. 자신감을 가지고 싸워라. 저기 한 장수의 화살이 무용지물이 된 것을 보았는가? 제우스 신께서 어느 편에 서셨는지, 누구에게 승리를 안겨주실지 쉽게 판단할 수 있을 것이다. 신께서는 적들의 용기를 앗아가시고 우리에게 힘을 주신다. 모두 함대를 공격하라! 누군가 활이나 창에 맞아 죽음을 당한다면 그냥 두어라. 사내 대장부가 조국을 지키다가 죽는 것은 영광스러운 일이다. 그의 죽음으로 그리스군이 우리 땅에서 물러난다면 적어도 그의 아내와 자식과 집과 재산은 안전할 것이다."

한편 아이아스도 자신의 동지들에게 사기를 북돋워주었다.

"부끄럽도다. 그리스의 전사들이여! 적들을 함대에서 물리치지 못한다면 우리는 다 함께 목숨을 잃게 된다. 헥토르에게 배를 빼앗겨도 걸어서 고향에 돌아갈 수 있다고 생각하는가? 그가 군사들에게 우리의 배를 모조리 불태우라고 명령하는 것을 듣지 못했는가? 여기는 전쟁터지 춤추는 곳이 아니다. 그러니 우리에게는 적들과 맞붙어 육박전을 치르는 외에 더 나은 전략은 없다. 꾸물거리다가 적에게 죽임을 당하느니 차라리 여기서 목숨을 걸고 끝장을 보도록하자."

이때 헥토르는 스포키아족 장수이자 페리메데스의 아들인 스케디오스Schedius를 죽였고, 큰 아이아스는 안테노르의 뛰어난 아들 라오다마스Laodamas를 죽였다.

트로이의 폴리다마스는 오토스의 목숨을 빼앗았고, 오토스의 친구인 메게스Meges가 달려와 폴리다마스를 공격했으나 실패하고 말았다. 그러자 메게스는 공격대상을 바꾸어 크로이스모스를 공격했다. 크로이모스가 쓰러지자 메게스는 그의 갑옷을 벗기기 시작했고, 창의 명수인 트로이의 전사 돌롭스가 그를 덮쳤다. 돌롭스의 창은 메게스의 방패를 뚫었으나 그의 단단한 갑옷을 뚫는 데는 실패했다. 반격에 나선 메게스는 돌롭스의 투구를 찔렀으나 장식을 떨어뜨리는 데 그쳤다. 두 사람이 엎치락 뒤치락하며 승부를 겨룰 때 메넬라오스가 돌롭스의 뒤로 몰래 다가가서 그의 어깨를 창으로 찔렀다. 그가 창을 잡은 손에 더욱 힘을 가하자 창끝은 가슴을 뚫고 나왔다.

돌롭스가 얼굴을 땅에 박고 쓰러지자 메게스와 메넬라오스가 달려들어 그의 갑옷과 투구를 벗겨냈다. 헥토르와 멜라니포스가 돌롭스를 지키려고 달려갔으나, 아이아스의 명을 받은 그리스 군사들은 창과 방패로 방어벽을 만들어 그들의 접근을 막았다. 그리고 난 후 메넬라오스가 안틸로코스를 불러 말했다.

"안틸로코스여! 자네는 우리 중 가장 젊지 않은가? 또한 발이 빠르기로는 우리 편이나 적군 중에서 자네를 따를 자가 없을 것이네. 바깥으로 뛰어나가 공격에 나서보지 않겠는가?"

그 말에 용기를 얻은 안틸로코스는 방패로 만든 방어벽 밖으로 뛰쳐나가 멜라니포스를 향해 창을 던졌다. 창은 바람을 가르고 날아가 멜라니포스의 가슴에 박혔다. 그가 쓰러지자 안틸로코스가 달려가 갑옷을 벗기려고 했다. 하지만 헥토르가 달려오는 모습을 보고 두려움을 느낀 그는 지체없이 그 자리에서 달아났다. 헥토르와 트로이군이 안틸로코스의 뒤를 쫓았지만 발이 빠른 그를 잡을 수는 없었다. 안틸로코스는 빠른 발 덕분에 무사히 자기 진영으로 돌아갈 수 있었다.

제우스는 마침내 자신의 뜻을 관철시키기로 마음먹었다. 그는 트로이 군사들에게 용기를 불어넣고, 그리스 군사들에게서 용기를 빼앗았다. 제우스는 헥토르에게 배를 불사르는 영광을 안겨주어 테티스에게 한 약속을 지키고자 했다. 그런 뒤에는 트로이군을 물리치고 그리스군에게 영광을 안겨줄 생각이었다. 그래서 헥토르에게 더욱 큰 힘과 용기를 불어넣어 주었다. 헥토르는 용기백배하여 혼자서 수많은 그리스군의 목숨을 빼앗았다.

그리스군은 트로이군의 공격을 결사적으로 버텨냈으나, 오래 견디지는 못했다. 방어벽은 무너지자 그리스군은 뿔뿔이 흩어져 달아나기 바빴다. 점차 그리스군은 함선에서 후퇴하여 막사까지 쫓겨갔다. 하지만 단 한 사람, 페리페테스만은 도망치지 못했다. 그는 에우리스테우스 왕의 명령을 그리스 최고의 영웅 헤라클레스에게 전해주던 코프레우스의 아들이었다.

페리페테스는 모든 면에서 아버지를 능가했으며, 미케네인들 사이에서 가장 지혜롭다고 소문이 자자했다. 하지만 그 모든 것은 헥토르의 명성을 더욱 높여주는 역할에 불과했다. 페리페테스는 발까지 닿는 기다란 자신의 방패에 걸려 쓰러졌고, 그때를 놓치지 않고 헥토르가 그의 가슴에 창을 박아 넣었다. 그의 전우들이 곁에 있었음에도 불구하고, 헥토르가 두려워 어느 누구도 감히 나서서 돕지 못했다.

아폴론의 도움을 받는 트로이군은 함선을 불사르고 그리스군을 전멸시키기 위해 맹렬한 공격을 퍼부었다. 더 이상 도망칠 곳을 찾지 못한 그리스군은 필사적으로 트로이군에 맞서 싸웠다. 하지만 맨 앞줄의 배는 포기해야 할 상황에까지 이르렀다. 이때, 네스토르가 나서서 그리스군에게 용기를 북돋워주었다.

"그리스의 전사들이여, 사내 대장부답게 행동하라. 체면이 있지 않은가? 아내와 자식, 재산, 그리고 사망했거나 생존해 계시는 부모를 잊지 말아라. 고향에 있는 그들을 생각하면서 굳건하게 버텨라!"

네스토르가 그리스군을 다독이며 결사항전의 의지를 다지는 동안 아테나는 그들의 시야를 가리고 있던 암흑의 구름을 걷어냈다. 그러자 전쟁 상황이 한 눈에 들어왔다. 함선 근처에서 치열한 전투를 벌이고 있는 트로이군의 뒤로 아직 전투에 참여하지 않은 대규모 적의 병력이 정렬해있는 모습이 보였다. 그리스군의 가슴이 섬뜩해졌다. 하지만 큰 아이아스는 굴하지 않고 해전에서 사용하는 긴 창을 들고 갑판 위를 부지런히 오가며 싸우고 있었다. 그는 겁 먹은 부하들을 독려했다.

"모두 겁먹지 말고 각자의 함대와 진영을 지켜라!"

헥토르가 사나운 맹수처럼 함선들을 덮치자 제우스는 권능의 손으로 그를 도왔다. 트로이군은 승리를 확신하며 노래했고, 그리스군은 자신들에게 드리워진 죽음의 그림자를 보면서도 명예를 지키기 위해 사력을 다해 싸웠다.

헥토르가 마침내 배의 고물에 올랐다. 그 배는 프로테실라오스가 타고 온 함선이었다. 그는 필라케의 왕 이피클로스의 아들로 트로이 전쟁에 40여 척의 배를 이끌고 참전했다. 신탁이 맨 처음 트로이 땅을 밟는 자는 전사할 것이라고 경고했지만 프로테실라오스는 이를 무시했고, 결국 첫 번째 전사자가 되고 말았던 것이다. 그리스군과 트로이군은 그 배를 서로 차지하기 위해 치열한 전투를 벌였다. 싸움은 백병전으로 변했고 양측은 창이나 활 대신 검이나 도끼로 싸웠다. 그 과정에서 전사자나 부상자가 속출했고, 바닥엔 핏물이 강을 이루어 흘렀다. 헥토르가 부하들을 향해 외쳤다.

"불을 질러라! 모두 함께 함성을 울려라. 제우스께서 가장 값진 승리의 날을 우리에게 주셨다. 신께서 이 함선들을 빼앗게 해주신 것은 그동안 우리가 당한 고난에 대하여 보상해 주신 것이다. 이 함선들은 신들의 뜻을 거스리고 우리 땅을 침략하여 그동안 우리에게 너무 많은 고통을 안겨주었다. 그것은 우리의 원로들이 겁이 나서, 내가 나가서 싸우려할 때 나를 만류하고, 우리 백성들을 저들의 방벽 뒤에 붙들어두었기 때문이다. 그때는 비록 제우스께서 우리의 지혜를 흐리게 하셨으나, 지금은 친히 우리를 격려하며 명령하고 계신다."

이 말을 듣고 트로이군은 더욱 맹렬한 기세로 그리스군을 공격했고, 아이아스도 더는 배겨 낼 도리가 없었다. 그는 죽음을 각오하고 뒤로 물러나면서도 횃불을 들고 함선을 오르려는 트로이 군사들을 필사적으로 막아섰다. 그러면서 쉬지않고 부하들을 독려했다.

"전사들이여! 다나오스의 영웅들이여. 아레스의 시종들이여! 그대들의 용기를 증명해보여라! 임무를 망각하지 말라! 지금 우리를 도와줄 수 있는 것은 아무것도 없다. 우리의 죽음을 견고하게 막아줄 성벽이라도 있다고 믿는가? 천만에, 우리의 앞에는 트로이군이 창검으로 우리를 노리고 우리의 뒤에는 바다가 가로 막고 있다. 우리가 선택할 수 있는 것은 오직 공격뿐이다. 그러니 모두 죽을 각오로 싸워라!"

아이아스는 사나운 황소처럼 날뛰며 트로이 군사들을 긴 창으로 찔렀다. 그의 창에 찔려 부상을 입은 트로이 군사만 12명에 이르렀다.

제3부

아킬레우스와
헥토르의 대결

아킬레우스는 군사들을 무장시켜 전열을 갖추어 놓았다.

그들은 사냥에 나선 굶주린 늑대무리 같았다.

아킬레우스가 트로이로 끌고 온 함선은 모두 50척이었고,

배마다 각각 50명의 군사들이 배정되었으며

아킬레우스의 휘하 장수 다섯 명이 그들을 지휘했다.

제16장

파트로클로스의 죽음

함선들을 둘러싼 전투가 계속되고 있을 때 파트로클로스는 아킬레우스의 막사에 도착했다. 그는 뜨거운 눈물을 흘리고 있었다. 아킬레우스는 그 모습에 마음이 불편해졌다.

"나의 벗 파트로클로스여, 어째서 계집아이처럼 울고 있는가? 고향에서 나쁜 소식이라도 받았는가? 자네나 나의 부친은 모두 잘 계시는 것으로 알고 있네만, 그분들이 돌아가셨다면 몹시 비통한 일이겠지만 말일세. 혹시 전장에서 죽어 나가는 군사들이 안타까워서 그러는가? 하지만 그 일은 내 명예를 짓밟은 아가멤논의 잘못 때문이네."

파트로클로스는 괴로운 마음을 감추지 못하고, 그리스군이 죽어 나가는 끔찍한 전쟁의 상황을 들려주었다.

"지금 우리 군대는 엄청난 위기에 처해있습니다. 그리스 최고의 전사들인 디오메데스, 오디세우스, 에우리필로스, 아가멤논 왕이 모두 부상을 입고 상처를 치료하고 있습니다. 지금 우리 군사들을 파멸에서 구하지 않는다면 당신의 용기가 타인에게 무슨 이익이 되겠습니까?"

그는 아군의 심각한 피해를 알고도 나서지 않는 친구가 야속하게 느껴졌다. 그래서 미르미돈 부대의 일부라도 전투에 나서게 해달라고 부탁했다. 트로이군이 아킬레우스가 전투에 나섰다고 믿도록 그의 갑옷을 빌려달라고 간청했다. 그는 이 부탁이 자신의 운명에 어떤 화를 미칠지 전혀 모르고 있었다.

아킬레우스의 심정도 복잡했다. 비록 이 모든 것이 아가멤논의 탓이라고 다시 한 번 강조했지만, 트로이군이 함선까지 쳐들어오면 그리스군을 돕겠다고 했던 약속을 무시할 수도 없었다.

결국, 아킬레우스는 파트로클로스의 부탁을 들어주었다. 그는 트로이군이 자신의 번쩍이는 투구를 보았다면 감히 함선까지 쳐들어오는 일은 없었다는 것을 잘 알고 있었다.

아킬레우스는 파트로클로스에게 전투에서 승리하여 자신의 명예를 되찾아주고, 그리스인들로 하여금 자신이 사랑하는 아름다운 브리세이스를 돌려주게 해달라고 당부했다. 그리고 나서 주의를 주었다.

"내 말을 명심하게. 자네는 함선에서 트로이군을 몰아내는 즉시 돌아와야 하네. 설령 제우스 신께서 승리의 기회를 주더라도 나 없이 자네 힘만 믿고 전투를 계속할 생각은 말게. 승리의 기분에 취하여 군사들을 트로이 성벽으로 이끌어서는 절대 안 되네. 그것은 내 명예를 도둑질하는 일이며, 필시 신의 간섭을 부르게 될 것이네. 아폴론 신께서 트로이를 특별히 아끼시는 것을 자네도 잘 알고 있겠지? 자네의 역할은 거기까지이니 내 말을 가슴에 새기게."

한편, 큰 아이아스는 절체절명의 위기를 맞고 있었다. 그를 짓누르는 힘은 두 가지였다. 하나는 제우스의 계획이었고, 다른 하나는 트로이 군사들이 던져대는 창과 화살들이었다. 그것들이 투구와 방패를 때릴 때마다 요란한 소리를 냈고, 무거운 방패를 오래 들고 있었던 탓에 팔과 어깨가 욱신거렸다. 숨이 턱턱 막히고 온몸에서 땀을 비 오듯이 흘러내렸다. 다리의 힘도 풀려 금방 주저앉을 것 같은 상태였지만 그는 물러서지 않았다.

이때 헥토르가 다가와서 아이아스의 창을 후려쳤다. 창날 부분이 잘려나가자 아이아스는 창 자루만 휘두르는 꼴이 되었다. 그제야 제우스의 뜻을 알아차린 아이아스는 헥토르를 피해 멀찍이 물러났다. 그 틈에 트로이 군사들이 배 위로 불덩이를 던졌고, 고물에 붙은 불은 순식간에 배 전체로 옮겨 붙었다.

그 모습을 본 아킬레우스가 파트로클로스에게 외쳤다.

"파트로클로스 서두르게. 불길이 배들을 휩쓸고 있네. 적들에게 배를 빼앗긴다면 어떻게 고향으로 돌아가겠나. 자네는 일단 무장부터 하게. 군사들을 내가 불러 모으겠네."

파트로클로스는 아킬레우스의 투구와 갑옷으로 무장을 했다. 어깨에는 손잡이가 있는 청동 검과 방패를 메었다. 손에는 투창을 2자루 들

아킬레우스의 말과 함께하는 아우토메돈
앙리 르노, 1868년.

었는데 그것만은 아킬레우스의 것이 아니었다. 아킬레우스의 크고 무
거운 창을 들고 싸울 수 있는 사람은 그리스에서 창의 주인인 아킬레
우스가 유일했다.

　파트로클로스는 전차의 말고삐를 아우토메돈에게 맡겼다. 아킬레

우스를 제외하면 그가 어느 누구보다도 뛰어나다고 판단했기 때문이다. 아우토메돈은 바람처럼 빠른 말 크산토스와 얼룩무늬를 가진 말 발리오스에게 마구를 씌웠다. 질풍과 서풍을 부모로 둔 이 불사의 말들 외에 인간의 명마 중 명마인 페다소스를 예비로 준비했다. 이 말은 아킬레우스가 테베를 함락시켰을 때 전리품으로 챙긴 말이었다.

아킬레우스는 군사들을 무장시켜 전열을 갖추어 놓았다. 그들은 사냥에 나선 굶주린 늑대무리 같았다. 아킬레우스가 트로이로 끌고 온 함선은 모두 50척이었고, 배마다 각각 50명의 군사들이 배정되었으며 아킬레우스의 휘하 장수 다섯 명이 그들을 지휘했다.

제 1부대를 이끄는 메네스티오스Menesthius는 강의 신 스페르케이오스Spercheios의 아들이며 아킬레우스의 조카이기도 했다. 제 2부대를 이끄는 에우도로스Eudorus는 인간인 여인 폴리멜레Polymele와 전령의 신 헤르메스 사이에서 태어났다. 제 3부대는 미르미돈 족 중에서 파트로클로스 다음으로 창 솜씨가 뛰어난 페이산드로스Peisandros가 맡았다. 제 4부대는 포이닉스Phoe nix, 제 5부대는 알키메돈Alkimedon이 지휘했다. 아킬레우스는 도열한 군사들에게 준엄한 목소리로 명령을 내렸다.

"군사들이여, 내가 분노에 차 있는 동안 그대들이 적군에게 품었던 위협과 불평을 생각하라. 이제 그대들이 열망하던 전투를 시작하려고 한다. 굳은 각오로 나아가라!"

격려의 말이 끝나자, 파트로클로스와 아우토메돈이 군대를 이끌고 전장을 향해 달려 나아갔다.

아킬레우스는 자신의 막사로 돌아와 화려한 조각으로 장식된 상자를 열었다. 어머니인 테티스가 자식인 아킬레우스를 위해 가져다준 상자였다. 그 속에는 속옷과 함께 양모로 된 깔개나 바람막이 외투들이 가득했다. 그리고 정교한 솜씨로 만든 술잔이 하나 있었다. 그것은 아킬레우스의 전용 술잔이었다. 신들이라고 해도 제우스 외에 그 술잔으로 술을 받는 영예를 누릴 수 없었다. 잔을 꺼낸 아킬레우스는 먼저 유황으로 닦은 다음 깨끗한 물에 씻고, 자신의 손도 정결하게 씻었다. 아킬레우스는 술잔에 포도주를 따른 뒤 하늘을 우러러 술을 올리고 간절하게 기도했다.

"신과 인간의 왕이신 제우스시여! 신께서는 제 기도를 들어주셔서 그리스인들을 응징하셨습니다. 그러니 이번에도 은혜를 베풀어주소서. 저를 대신하여 군사들을 이끌고 전장에 나간 파트로클로스에게 승리를 안겨 주소서. 그에게 힘과 용기를 주셔서 헥토르로 하여금 아킬레우스의 부하가 혼자서도 얼마나 강한지를 깨닫게 하옵소서. 그가 함대에서 트로이군을 몰아내는 대로 몸이든 갑옷이든 다치지 않고 군사들과 함께 무사히 귀환할 수 있도록 지켜주시옵소서."

제우스는 그의 기도를 모두 들었으나 그중 반은 들어주고 반은 들어주지 않았다. 아킬레우스는 기도를 마친 뒤 술잔을 다시 있던 곳에 넣어두고 밖으로 나왔다. 전투 상황을 지켜보고 싶었기 때문이다.

파트로클로스가 이끄는 미르미돈 부대는 마침내 트로이군과 마주쳤다. 파트로클로스가 군사들을 향해 목청껏 소리쳤다.

"미르미돈 족이여! 아킬레우스를 따르는 용맹스러운 전사들이여! 용기를 내라. 너희 안의 용맹을 깨워 우리의 영웅 아킬레우스에게 영광을 바치자. 그는 최고의 전사이시며 그의 부대에게 패배는 없고 오직 승리만이 존재할 뿐이다. 최고의 영웅을 모독한 아가멤논 왕에게 자신의 눈먼 광기를 일깨워주자!"

사기충천한 군사들은 떼를 지어 트로이군에게 달려들었다. 그들의 우렁찬 함성이 울려 퍼지자 트로이군은 깜짝 놀랐다. 빛나는 갑옷과 투구로 무장한 파트로클로스를 보고 그들은 아킬레우스로 착각하여 혼비백산했다. 트로이군의 전열은 급격하게 무너져 내렸고, 공포가 그들을 사로 잡았다.

파트로클로스가 처음 마주친 트로이의 장수는 파이오니아 족의 지휘관인 피라이크메스Pyraech mes였다. 그의 이름은 '불의 창'이라는 뜻을 가지고 있다. 파트로클로스는 창을 던져 피라이크메스의 어깨를 뚫어 쓰러뜨렸다. 장수를 잃은 군사들은 사방으로 흩어져 도망쳤다. 적들을 쫓아낸 파트로클로스는 배에 붙은 불길을 진화했다. 그러자 밀려났던 그리스군이 다시 배로 몰려들었다.

불이 꺼져 자욱했던 연기가 잦아들자 하늘에서 빛이 쏟아져 내렸다. 그리스 군사들은 잠시 한숨을 돌렸지만, 아직 전투는 끝나지 않았다. 트로이군의 일부가 함대에서 밀려나기는 했지만 여기저기서 여전히 산발적인 전투가 벌어지고 있었다.

파트로클로스는 도망치는 트로이의 전사 아레일리코스Areilykos를 추격하여 그의 허벅다리를 창으로 찔렀다. 창날에 뼈가 부러진 그는 땅에 얼굴을 박고 쓰러졌다.

메넬라오스는 토아스Thoas의 가슴을 공격하여 쓰러뜨렸다. 트로이의 전사 암피클로스Amphiklos는 메게스Meges를 공격했지만 오히려 메게스가 던진 창에 목숨을 잃고 말았다.

네스토르의 두 아들 안틸로코스Antilochus와 트라시메데스Thrasymedes도 적수들을 쓰러뜨렸다. 안틸로코스가 먼저 아팀니오스Atymnios의 옆구리를 창으로 찔러 쓰러뜨리자 동생의 죽음을 본 마리스morris가 달려 나와 안틸로코스를 공격했다. 이때 트라시메데스가 재빨리 끼어들어 마리스의 팔을 자른 뒤 죽였다.

네스토르의 두 아들에게 죽음을 당한 아팀니오스와 마리스의 아버지는 카리스의 왕 아미소다로스Amisodaros이며, 그는 괴물 키마이라를 키운 인물로 유명하다.

작은 아이아스는 클레오볼로스Kleoboulos를 산 채로 잡았으나 곧 그의 목을 칼로 쳐서 죽였다. 보이오티아 군사들을 이끌고 참전했던 그리스의 페넬레오스Peneleos는 트로이의 전사 리콘Lykon과 맞섰다. 두 사람은 서로에게 창을 던졌는데 둘 다 빗나가고 말았다. 그러자 칼을 뽑아 들고 전투를 이어갔다. 리콘이 먼저 상대방의 투구에 달린 뿔을 베었지만 그만 칼이 부러졌고, 그 틈을 이용하여 페넬레오스가 칼로 리콘의 목을 베었다.

이도메네우스의 부관인 메리오네스는 전차에 오르려는 트로이의 장수 아카마스Acamas에게 달려가 그를 붙잡고 그의 우측 어깨를 창으로 뚫어 죽였다. 이도메네우스는 에리마스Erymas의 입속에 창을 찔러

넣었다.

그리스 장수들의 창에 트로이 전사들이 하나둘 쓰러졌고, 장수를 잃은 군사들은 겁을 집어먹고 싸우기보다 도망칠 궁리만 했다.

큰 아이아스는 헥토르를 표적으로 삼았다. 그는 반드시 헥토르를 해치우겠다고 마음먹고 그에게 치명적인 일격을 가할 기회를 노렸다. 하지만 전투 경험이 많은 헥토르는 경계를 잠시도 게을리 하지 않았다. 그는 전세가 기울어져 가고 있다는 사실을 느끼고 있었지만 동요하지 않고 전우들을 구해냈다.

그러나 헥토르와 달리 군사들은 이미 전의를 상실해가고 있었다. 전세는 급격하게 기울어졌고, 마침내 헥토르도 말머리를 돌려 후퇴할 수밖에 없었다. 아킬레우스가 전투에 뛰어든 것으로 착각한 트로이군이 사기가 떨어진 반면 그리스군의 사기는 하늘을 찔렀다.

헥토르의 전차는 참호를 넘어 도망치려고 발버둥치는 군사들을 뒤로하고 내달렸다. 하지만 그의 뒤를 따르던 여러 전차들이 참호를 넘지 못하고 부서져, 주인 잃은 말만 달려 나갔다.

파트로클로스가 고함을 지르며 추격해오자 대열에서 이탈한 트로이군은 혼비백산했다. 파트로클로스는 헥토르를 추격하며 도망치는 트로이군을 닥치는 대로 죽였다. 그러나 그의 유일한 목표는 헥토르를 쓰러뜨리는 일이었다. 하지만 헥토르는 이미 그의 시야를 벗어나 멀어지고 있었다.

파트로클로스는 추격을 포기하고 달아나는 트로이 군사들을 가로질러 그들을 다시 함대 쪽으로 몰아세웠다. 그는 전장에서 목숨을 잃은 그리스군의 복수를 하기 위하여 그들을 몰살시킬 작정이었다. 파트로클로스의 창은 프로노오스, 테스토르, 에릴라오스의 목숨을 빼앗았고, 그 뒤로도 에리마스, 암포테로스, 에팔테스, 틀레폴레모스, 에키오스 등 트로이 전사들을 마구 죽였다. 전우들의 죽음에 분노한 사르페돈이 호통을 쳤다.

"용감한 리키아 전사들이여! 어디로 도망가려는 것이냐? 부끄럽지도 않은가? 명성에 걸맞게 행동하여라. 전우들의 피를 부르는 저자는 내가 상대하겠다!"

무장을 한 사르페돈은 전차에서 뛰어내렸다. 그러자 파트로클로스도 전차에서 뛰어내렸다. 두 사람은 창을 치켜들고 상대를 향해 돌진했다. 그 모습을 본 제우스가 헤라에게 말했다.

"내 아들 사르페돈이 파트로클로스의 창에 죽게 되었군. 자식의 죽음을 지켜보는 것은 부모로서 참으로 슬픈 일이오. 내가 어떻게 하면 좋겠소. 지금이라도 사르페돈을 전장에서 빼내 리키아에 있는 집으로 돌려보내야겠소? 아니면 파트로클로스의 손에 죽도록 내가 손을 놓아야겠소."

헤라가 대답했다.

"당치 않아요. 죽을 운명을 지닌 인간을 살리고 싶다니요. 마음먹은 대로 해도 막을 자는 없겠지만, 다른 신들이 찬성하리라고 기대하지는 마세요. 당신이 사르페돈을 살린다면 다른 신들도 자기 아들을 전장에서 빼내고 싶어 할 거예요. 그들도 아들을 사랑하기는 마찬가지니까요. 결국, 신들의 원성을 사게 되겠지요.

그를 진정으로 아끼신다면 그냥 자신의 운명을 받아들이도록 놔두세요. 목숨이 끊어진 뒤에 죽음의 신과 잠의 신을 시켜 그를 고향으로 돌려보내세요. 그러면 나중에 그의 가족과 친구들이 그의 영예에 걸맞은 장사를 지내줄 거예요. 그렇게 해서 그의 명예를 지켜주도록 해요."

헤라의 말에 제우스도 동의했다. 다만 목숨을 잃게 될 아들의 명예를 높여주고자 핏물 방울을 내리게 했다.

파트로클로스는 먼저 가까운 곳에 있는 사르페돈의 부하 트라시멜로스의 하복부를 찔러 쓰러뜨렸다. 그러자 사르페돈은 파트로클로스를 향해 창을 던졌다. 하지만 창은 빗나가서 파트로클로스의 예비 말인 페다소스의 우측 어깨를 맞추었다. 말은 땅을 구르며 울부짖다가 죽었다. 그 바람에 나머지 두 마리의 말들도 놀라 고삐가 서로 얽히고 말았다. 아우메돈이 재빨리 칼을 뽑아 페다소스의 줄을 잘라버렸다. 그제야 비로소 두 마리 말들은 진정이 되었다.

사르페돈이 먼저 파트로클로스에게 창을 던졌다. 하지만 창은 빗나가고 말았다. 이번에는 파트로클로스가 창을 던졌다. 창은 사르페돈의 심장을 싸고 있는 횡경막을 정확히 꿰뚫었다. 사르페돈은 썩은 고목처럼 힘없이 바닥에 쓰러져 피에 젖은 흙을 움켜쥐고 고통스럽게 신음하다가 동지를 불렀다.

"글라우코스여, 꾸물대지 말고 자네의 용맹을 보여주게. 이 무시무시한 전장을 너의 뜻대로 휘저어라! 먼저 최고의 전사들로 나를 위해 싸우게 하고 너 스스로도 창을 들고 싸워라. 그리스군이 내 갑옷을 벗겨간다면 그것은 우리에게 평생의 수치요 불명예로 남을 것이다. 너는 용맹스러운 전사다. 굳건히 맞서 싸워라!"

그가 말을 마쳤을 때 죽음이 다가와 그를 덮었다. 파트로클로스가 그의 가슴을 밟고 창을 뽑아내자 횡경막까지 끌려 나왔다. 그 모습을 본 글라우코스는 당장 파트로클로스를 쓰러뜨려 전우의 복수를 하고 싶었지만 그럴 수가 없었다.

화살을 맞은 팔에서는 여전히 피가 흘렀고, 심한 통증으로 고통을 받고 있었다. 더구나 자주 눈앞이 캄캄해지며 의식이 아득해지는 증상도 나타나 전차 위에서 말고삐를 잡고 서 있기조차 힘들었다. 그는 아폴론에게 소리 높여 기도했다.

"아폴론이시여, 제 기도를 들어주소서! 심한 상처를 입은 제 팔은 아프지 않은 곳이 없고, 피는 마르지 않고 여전히 흐르고 있습니다. 제 어깨는 힘이 빠져 창을 들고 적과 싸울 힘조차 없습니다. 제우스 신의 아들인 명장 사르페돈이 적의 창에 목숨을 잃었습니다. 하지만 제우스께서는 아들의 죽음을 막지 않으셨습니다. 부디 제 상처를 낫게 해주셔서 힘을 회복시켜 주소서. 동지들과 함께 전우의 시신을 찾아 신의 아들이신 그분의 명예를 지키도록 도와주소서!"

글라우코스는 기도를 마친 뒤 리키아 전사들을 모으기 위해 일단 그 자리를 후퇴했다. 아폴론은 그의 기도를 들어주었다. 순식간에 통증이 가시고 흐르던 피도 멎었다. 그의 몸에서 다시 기운이 솟았다. 글라우코스는 아폴론이 자신의 기도를 신속하게 들어준 것에 감사하였다.

글라우코스는 리키아 부대의 지휘관들을 모아 전투를 독려한 뒤 자신은 트로이 진영으로 가서 헥토르와 장수들에게 사르페돈의 죽음을 알렸다. 그리고 그리스군이 사르페돈의 갑옷을 벗기고 시신을 학대하지 못하도록 지켜달라고 요청했다. 헥토르를 비롯한 트로이 장수들은 사르페돈의 죽음에 큰 충격을 받고 슬픔에 빠졌다. 그는 동맹군 중에 최고의 명장으로 트로이를 지켜내는 데 혁혁한 전공과 눈부신 무훈을 세웠다. 헥토르는 복수심에 불타오르는 마음을 억누르지 못한 채 군사들을 이끌고 적진을 향해 진격하였다.

파트로클로스의 활약에 힘을 얻은 그리스군은 다시 전열을 가다듬고 전투준비를 하였다. 파트로클로스는 두 아이아스에게 말했다.

"텔레몬의 아들이여, 그리고 빠른 다리를 자랑하는 이여. 아군의 방벽을 가장 먼저 뛰어넘었던 사르페돈을 쓰러뜨렸소. 자, 우리 함께 그의 시체에다 분풀이하고 그의 갑옷을 벗겨냅시다.

트로이군이 그의 시체를 지키려고 나서거든 창을 던져 공격하시오."

두 아이아스도 바라던 바였다. 트로이와 리키아 군사들이 그리스군 사이에 사르페돈의 시체를 놓고 격렬한 전투가 벌어졌다. 창과 창이 부딪치고 서로가 서로를 죽이는 끔찍한 광경을 내려다보던 제우스는 전장에 불길한 어둠을 드리웠다.

처음에는 트로이군이 기세를 잡았다. 미르미돈 부대에서 가장 뛰어난 전사 중 한 명인 에페이게우스Epeigeus가 사르페돈의 시체를 잡고 있었는데, 헥토르가 그의 머리를 커다란 돌로 내리쳐 죽였다. 그 모습을 본 파트로클로스는 전우의 복수를 위해 트로이의 전사 스테넬라오스의 목을 돌로 쳐 힘줄을 찧어 놓았다. 그러자 이번에는 트로이 군사들이 뒤로 물러났다. 하지만 글라우코스는 다시 몸을 돌려 미르미돈의 전사 바티클레스에게 반격을 가했다. 추격하던 바티클레스는 갑작스런 공격을 미처 피하지 못했고, 창은 그의 가슴 깊숙이 뚫고 들어왔다. 그리스군이 장수를 잃고 분노하는 사이 트로이 군사들은 환호하며 그 시체 주위로 모여들었다. 하지만 그리스군도 지지 않고 공세를 취했다.

메리오네스는 트로이 전사인 라오고노스의 귀밑 턱을 칼로 쳐서 죽였다. 그의 아버지 오네토르는 제우스 신전의 사제로 트로이인들의 추앙을 받는 인물이었다. 그러자 아이네이아스가 메리오네스를 향해 창을 던졌다. 하지만 메리오네스가 몸을 구부려 피하자 창은 그의 뒤쪽 땅바닥에 떨어져 꽂혔다.

그리스군과 트로이군이 일진일퇴를 거듭하며 전투를 벌이고 있을 때, 제우스는 파트로클로스의 운명을 어떻게 처리할지 궁리했다. 이윽고 그는 파트로클로스가 잠시 동안 트로이군을 도성 쪽으로 몰아붙이도록 허락해주었다. 반면에 헥토르에게는 두려움을 심어주었다. 헥토르는 전차에 뛰어들어 트로이군에 후퇴명령을 내렸다. 그러자 리키아의 전사들조차 자신들의 왕을 버려두고 달아났다. 그리스군은 사르페돈의 시신에서 청동 갑옷을 벗겼다. 이때 제우스가 아폴론을 전장으로 내려보내 사랑하는 자신의 아들을 고향인 리키아로 데려가게 했다. 아폴론은 즉시 사르페돈을 전장 밖으로 옮겼다. 그리고는 흐르는 강물에 깨끗이 몸을 씻겨 신유를 발라준 뒤 불멸의 옷을 입혀 주었다. 그런 다음 잠과 죽음 쌍둥이 형제에게 명하여 그를 고향인 리키아로 호송하게 했다.

사르페돈
앙리 레비, 1874년.

한편, 파트로클로스는 마부인 아우토메돈과 말들을 격려하며 트로이군과 리키아 전사들을 추격하였다. 그는 아킬레우스가 당부했던 말을 까맣게 잊고 있었다. 혼자서도 트로이 성을 함락시킬 것 같은 자신감으로 충만했다.

세 번 도성의 성벽을 기어올랐고 그때마다 아폴론이 불사의 손을 들어 그를 밀쳐냈다. 파트로클로스는 마치 거대한 힘이 자신을 짓누르는 압력에 중심을 잃고 비틀거렸다.

그러나 파트로클로스는 포기하지 않았고 네 번째로 덤벼들었을 때 마침내 아폴론이 진노하여 소리쳤다.

"어리석은 자여! 트로이 성은 너의 창에 함락될 운명이 아니다. 너보다 훨씬 용맹스러운 아킬레우스조차 트로이 성안에 발을 들여놓지 못할 것이다. 트로이 군사들을 추격하지 말라고 했던 아킬레우스의 경고를 설마 잊었던 게냐?"

그제야 파트로클로스는 아킬레우스의 당부를 생각하고 두려움에 떨며 물러났다. 이때 헥토르는 자신의 말들을 성문 앞에 세워놓고 두 가지 선택을 놓고 고심했다.

'이제 어떻게 할까. 다시 말을 돌려 그리스군과 싸워야하나, 아니면 군사들을 성안으로 대피시켜야 할까?'

헥토르가 결정을 내리지 못하고 고민할 때, 아시오스Asios(헥토르의 외삼촌)의 모습으로 변신한 아폴론이 다가왔다.

"헥토르, 왜 싸움을 멈춘 것인가? 어서 말을 몰아 그리스군을 공격하게. 아폴론 신께서 자네를 도와 승리를 안겨 줄 것이네."

아시오스의 말에 힘을 얻은 헥토르는 이복동생인 케브리오네스 Cebriones에게 말을 몰게 하여 파트로클로스에게 달려갔다. 아폴론은 그리스군에게 무시무시한 공포를 안겼고, 트로이군에게는 영광을 안겨 주었다.

파트로클로스는 헥토르의 전차가 자신을 향해 달려오자 전차에서 내려 뾰족한 돌덩이를 집어 들고는 헥토르를 향해 던졌다. 그러나 돌덩이는 빗나가 헥토르의 옆에서 전차를 몰던 케브리오네스의 미간을 강타했다. 그 충격으로 케브리오네스는 전차에서 떨어져 목숨을 잃었다. 그러자 파트로클로스가 케브리오네스의 시신을 보며 조롱했다.

"참으로 민첩한 사내로군. 그리도 잠수를 잘하는가? 진주가 많은 바다였다면 물살이 아무리 거칠어도 날쌔게 뛰어들어 크고 실한 굴을 따왔을 것을, 그만큼 경쾌하게 그가 방금 전차에서 땅바닥으로 잠수하더구나. 트로이에는 그만한 솜씨를 뽐내는 자들이 더러 있는 모양이야."

파트로클로스는 말을 마치자마자 시신을 향해 달려들었다. 그러자 헥토르도 전차에서 뛰어 내렸다. 두 사람은 케브리오네스의 시신을 놓고 서로 싸웠다.

파트로클로스가 시신의 다리를 붙잡고 잡아끌자 헥토르는 시신의 머리를 잡고 놓아주지 않았다. 그러자 트로이와 그리스 양측의 군사들도 가세하여 치열한 전투를 벌였다. 시간이 흐르자 그리스군이 승기를 잡기 시작했고, 결국 케브리오네스의 시신은 그들의 수중에 떨어졌다. 그리스군은 시신에서 무구를 벗겨냈다. 그리고 파트로클로스는 트로이 진영에 세 번 뛰어들어 모두 스물일곱을 죽였다. 그가 네 번째 트로이 진영으로 뛰어들었을 때 싸움터의 한 가운데서 안개로 몸을 숨기고 있던 아폴론과 정면으로 마주쳤다.

아폴론은 파트로클로스의 등 뒤로 다가가서 그의 등을 강하게 쳤다. 충격을 받은 파트로클로스는 몸의 중심을 잃고 비틀거렸다. 그의 머리에서 투구가 벗겨져 땅에 나뒹굴었다. 그 순간 헥토르가 달려들어 창으로 파트로클로스의 배를 찔렀고, 창은 깊숙이 그의 등을 뚫고 나왔다. 파트로클로스가 '쿵'하고 땅위에 쓰러지자, 주위에 있던 그리스군은 공포에 사로잡혔다.

헥토르는 쓰러진 그를 창으로 마구 찌르며, 트로이 여인들의 노예로 삼지 못한 것을 아쉬워하며 조롱했다. 그리고 아킬레우스가 세상에서 가장 뛰어난 전사일지는 몰라도 지금은 그에게 아무런 도움도 주지 못한다며 비웃었다.

"어리석은 자여, 네가 나를 쓰러뜨리고 트로이를 점령할 수 있으리라고 생각했더냐."

파트로클로스는 괴로운 신음을 토하며 자신의 죽음을 초래한 것은 아폴론 신이라고 했다.

"분하다. 나를 죽인 것은 아폴론 신이다. 그분이 너에게 승리를 안겨주는구나. 하지만 너무 좋아하지 말거라. 너도 오래 살지는 못하리니, 내 눈에는 지금도 죽음이 네 곁에 서 있는 것이 보인다. 아이아코스의 나무랄 데 없는 손자 아킬레우스께서 반드시 너를 쓰러뜨리리라."

이 말을 마친 파트로클로스는 곧 숨을 거두었다. 헥토르는 아킬레우스도 자신의 손에 죽음을 당하게 될 것이라며 큰소리쳤다.

"파트로클로스여, 너는 어찌 나의 죽음을 예언하는가? 그가 여신 테티스의 아들일지라도 나보다 오래 산다고 누가 장담할 수 있단 말이냐?"

말을 마친 헥토르는 파트로클로스의 가슴에 한 발을 얹고 창을 뽑아냈다. 그런 후 아킬레우스의 뛰어난 말들을 추격하러 나섰으나, 포세이돈이 펠레우스에게 주었던 이 불사의 말들은 마부 아우토메돈을 태우고 멀리 달아났다.

제17장

시신 쟁탈전

메넬라오스는 파트로클로스가 전사하자 그의 시신을 지키려고 달려왔다. 그는 창과 방패를 들고 트로이군의 접근을 막아섰다.

트로이의 전사 에우포르보스Euphorbos(트로이의 원로 판타오스의 아들)는 파트로클로스의 투구와 갑옷을 차지하려다가 메넬라오스와 맞서게 되었다.

"메넬라오스여, 피 묻은 전리품을 내게 맡기고 당장 시신 곁을 떠나라! 트로이의 동맹군 중에서 나보다 먼저 파트로클로스를 창으로 맞힌 자는 아무도 없었다. 그러니 내가 명성을 얻도록 내버려 두라. 정녕 나를 방해한다면 그대도 하데스로 떠난 파트로클로스의 뒤를 따르게 될 것이다!"

그러자 메넬라오스가 역정을 내며 말했다.

"판타오스의 아들이여, 일전에 그대의 형 히페노르도 나를 얕잡아 보고 덤벼들었다가 목숨을 잃었다. 그대도 나에게 목숨을 잃고 싶지 않다면 당장 물러나라! 죽고 난 뒤에는 후회해도 소용없는 법이다."

메넬라오스가 형 히페레노르Hyperenor를 죽였다는 소리에 에우포르보스는 복수심이 불타올랐다.

"메넬라오스! 그대는 내 형수님을 과부로 만들고 부모님께 이루 말할 수 없는 슬픔과 고통을 안겨주었다. 오늘 내 그대를 죽여 형님의 피 값을 받아내겠다."

에우포르보스는 끓어오르는 분노를 창에 실어 메넬라오스의 방패를 찔렀으나, 두꺼운 가죽에 맞아 창끝은 그만 구부러지고 말았다. 그와 동시에 메넬라오스가 던진 창은 에우포르보스의 목구멍 바로 아랫부분에 박혔고, 그는 곧 숨이 끊어졌다. 에우포르보스가 금발에 피를 적시며 땅에 쿵하고 쓰러지자 무구들이 요란한 소리를 냈다. 메넬라오스는 에우포르보스의 갑옷을 벗기며 트로이 군사들을 향해 큰소리로 위협했다.

"누구든지 덤벼라! 모조리 죽여주마."

기세등등한 메넬라오스의 모습에 트로이 군사들은 멈칫했다. 그들은 서로의 눈치만 살필 뿐 누구 하나 먼저 나서서 공격하지 못했다. 아폴론이 그 모습을 보고 키코니아족의 전사 멘테스Mentes로 변신하여 헥토르를 찾아갔다. 이때 헥토르는 아킬레우스의 말들을 계속 추격하고 있었다. 멘테스가 말했다.

파트로클로스의 시신을 지키는 메넬라오스
로버트 페이건, 1793~1795년 사이.

　"헥토르, 아킬레우스의 불멸의 말들은 쫓아봤자 어차피 잡기가 어렵소. 더구나 그 말들은 인간이 다룰 수 있는 말이 아니오. 그 말들은 여신에게서 태어난 아킬레우스만을 위한 말들이오. 당신이 헛되이 그 말들을 쫓는 동안에 트로이 최고의 전사 에우포르보스가 메넬라오스의 창에 목숨을 잃었소. 어서 가서 그의 시신을 지키도록 하시오."
　비보를 접한 헥토르는 말머리를 돌려 에우포르보스의 시신을 향해 달려갔다. 그는 메넬라오스를 발견하자 가슴에서 뜨거운 분노가 솟구쳤다. 메넬라오스는 아직 상처에서 피가 흐르는 시체에서 갑옷을 벗기고 있었다. 헥토르는 고함을 지르며 메넬라오스를 향해 바람처럼 내달렸다. 그 모습은 마치 맹수가 눈앞의 먹잇감을 덮치는 것 같았다.

"메넬라오스, 에우포르보스를 죽이다니, 내 너를 죽여 그의 원한을 풀어줄 것이다."

메넬라오스는 맹렬한 기세로 달려오는 헥토르를 보자 당황했다. 그는 속으로 생각했다. '파트로클로스의 시신을 버려두고 도망친다면 그것은 내 명예를 실추시키는 일이다. 그렇다고 신의 도움을 받고 있는 헥토르를 혼자서 상대하다가는 목숨을 부지하기 어렵다.' 메넬라오스가 이런저런 궁리를 하고 있을 때 헥토르와 트로이군은 점점 가까워지고 있었다. 그는 결정을 내리지 못하고 망설이다가 결국 큰 아이아스를 찾아가 도움을 요청하기로 했다.

큰 아이아스는 전장의 왼쪽 구역에서 겁을 집어먹고 사기가 떨어진 군사들을 격려하고 있었다. 메넬라오스는 그에게 뛰어가며 다급하게 외쳤다.

"아이아스, 도와주시오! 우리의 영웅 파트로클로스가 전사했소."

큰 아이아스는 비보를 접하고 슬픔에 빠졌다.

"아, 파트로클로스가 전사하다니……!"

놀란 아이아스는 메넬라오스를 따라 파트로클로스의 시신을 지키러 달려갔다. 이때, 헥토르는 파트로클로스의 투구와 갑옷을 벗기고 나서 시신을 들개의 먹이로 주기 위해 끌고 가고 있었다. 그는 큰 아이아스와 메넬라오스가 맹렬한 기세로 달려오는 것을 보고 부하들에게 파트로클로스의 투구와 갑옷을 도성으로 가져가라고 명했다. 그리고 자신은 전차에 올라 군사들 속으로 몸을 피했다. 그 모습을 본 리키아의 용맹한 전사 글라우코스가 헥토르를 나무랐다.

"트로이의 영웅 헥토르여, 그대가 용맹스럽다는 것은 누구나 아는 사실이오. 하지만 그대는 전사로서 자격 미달이오. 사르페돈은 그대와 그대의 왕국을 위해 목숨을 걸고 싸우다가 죽었소. 그런데 당신은 그의 시신을 그리스군의 놀림감이 되도록 버려두었소. 당신이 그의 시신과 파트로클로스의 시신을 교환했다면 우린 그의 시신을 고향으로 데려갈 수 있었을 거요. 사르페돈은 당신과 트로이를 위해 싸웠지만, 당신은 그를 배신한 것이오."

그러자 헥토르가 대답했다.

"글라우코스! 함부로 말하지 마시오. 내가 물러난 것은 제우스 신의 뜻을 따른 것뿐이오. 나를 겁쟁이 취급하지 말고 지금부터 내가 싸우는 모습을 옆에서 똑똑히 지켜보시오."

말을 마친 헥토르는 트로이 군사들을 향해 큰소리로 외쳤다.

"용감한 트로이 군사들이여! 전사답게 물러서지 말고 싸워라! 나는 곧 아킬레우스의 갑옷으로 무장하고 돌아오겠다."

헥토르는 자신의 명을 받고 파트로클로스의 갑옷을 가져간 군사들을 뒤쫓아 달려갔다. 그는 머지않아 그들을 따라잡았고, 자신이 입고 있던 갑옷을 벗고 아킬레우스의 갑옷으로 갈아입었다. 제우스는 구름 위에서 그런 헥토르의 모습을 내려다보며 안타까워했다.

"아, 죽음이 눈앞에 있는데도 전혀 모르는 가엾은 인간. 신이 허락한 투사만이 입어야 할 신성한 갑옷을 함부로 입다니, 그 대가로 너는 전쟁터에서 살아남지 못하게 될 것이다. 하지만 지금은 내 너에게 큰 힘을 주겠다."

제우스가 검은 눈썹을 끄덕이자 전쟁의 신 아레스가 헥토르의 몸 안으로 들어갔다. 그러자 헥토르의 온몸에 투지가 불타올랐다. 그는 크게 함성을 지르며 전장으로 달려갔다.

아킬레우스의 갑옷과 투구로 무장하고 격전지로 돌아온 헥토르는 장수들을 불러 모아 격려했다.

"모두 들으시오! 아이아스를 몰아내고 파트로클로스의 시신을 가져오는 사람에게는 전리품의 절반을 상으로 내리겠소."

헥토르의 제안에 트로이 장수들은 힘을 얻어 맹렬한 기세로 그리스군을 공격하기 시작했다. 큰 아이아스는 트로이군의 맹렬한 공격을 받고 자신들의 안위가 위태롭다는 것을 깨달았다.

"메넬라오스! 우리 둘이서 저들을 상대하다가는 살아남지 못할 것이오. 어서 다른 전우들에게 도움을 요청합시다."

메넬라오스는 그리스 장수들을 향해 급히 지원을 요청했다. 그의 요청을 듣고 작은 아이아스와 이도메네우스가 군사들을 이끌고 달려왔다.

제우스는 파트로클로스의 시신이 훼손되는 것을 원하지 않았다. 그래서 전투지역을 짙은 구름으로 덮었다. 이렇게 되자 트로이군은 쉽게 그리스군을 공격할 수 없게 되었다.

이 광경을 지켜본 아폴론은 트로이군을 돕기로 결심했다. 그는 아이네이아스의 부하인 페리파스Periphas로 모습을 바꾸어 아이네이아스를 찾아갔다.

"아이네이아스 장군이시여! 적들은 제우스 신의 뜻을 거스르면서까지 싸우려고 합니다. 그런데 장군은 제우스 신께서 승리를 주시려는데 왜 싸우지 않으십니까?"

아이네이아스는 그가 페리파스의 모습으로 변신한 아폴론 신임을 한눈에 알아보았다. 아이네이아스는 크게 기뻐하며 헥토르에게 외쳤다.

"우리의 총사령관 헥토르여! 그리고 트로이의 전사들이여! 제우스 신의 뜻은 우리에게 승리를 주시는 것입니다. 그러니 다시 공격하여 파트로클로스의 시신을 가져오도록 합시다!"

말을 마친 아이네이아스가 적진으로 뛰어들자 트로이 장수들이 그 뒤를 따랐다.

그리스인들도 이에 맞서 분전했다.

큰 아이아스와 메넬라오스는 파트로클로스의 시체를 보호하고, 헥토르와 아이네이아스는 용감한 군사들을 이끌고 시체를 쟁취하기 위해 격렬한 전투를 벌였다. 파트로클로스의 시체를 놓고 벌어진 치열한 전투는 종일 계속되었고, 시간이 지날수록 더욱 격렬해졌다. 그러나 시간이 지나가면서 승리는 트로이 쪽으로 기울기 시작했다. 이에 위기를 느낀 큰 아이아스는 메넬라오스를 불렀다.

"메넬라오스! 올림포스 신들이 트로이를 돕는 이상 우리에게 승산은 없소. 그대는 안틸로코스를 찾아 아킬레우스에게 전장의 상황을 전하게 하시오."

메넬라오스가 어둠을 헤치며 떠나자 아이아스는 하늘을 향해 손을 들어 기도했다.

"하늘과 땅의 아버지 제우스시여! 온 들판을 뒤덮은 짙은 안개 속에서는 무엇이든 분간할 수도, 볼 수도 없나이다. 제발 이 어둠의 장막 속에서 우리 군사들을 구해 주십시오. 하늘을 맑게 해주십시오. 우리가 멸망할 운명이라면 기꺼이 당신의 뜻을 따르겠습니다. 그러나 이왕이면 대낮의 햇빛 속에서 죽게 하소서!"

그의 기도를 들은 제우스는 마침내 안개를 흩어버리고 어둠을 몰아냈다. 태양이 다시 밝은 빛으로 대지를 밝히자 눈이 밝아진 메넬라오스는 곧 안틸로코스를 찾을 수 있었다. 그는 파트로클로스의 전사 소식을 전했다.

"뭐, 뭐라구요? 파트로클로스가 전사를……!"

네스트로의 맏아들인 안틸로코스는 파트로클로스의 전사 소식에 큰 충격을 받았다. 그는 말없이 눈물을 흘렸다. 하지만 슬퍼하고 있을 시간이 없었다. 아킬레우스에게 친구의 전사 소식을 최대한 빨리 알려주어야 했다. 안틸로코스는 즉시 말에 올라 아킬레우스의 함선을 향해 전속력으로 달려갔다. 안틸로코스가 떠나자 격전지로 돌아온 메넬라오스는 큰 아이아스에게 말했다.

"방금 안틸로코스가 아킬레우스에게 소식을 전하기 위해 달려갔소. 그러나 아킬레우스가 무장을 하고 이곳까지 오려면 시간이 걸릴 것이

파트로클로스의 시체를 놓고 싸우는 그리스인과 트로이인
앙투안 비에르츠, 19세기.

오. 그때까지는 우리가 파트로클로스를 지켜야하오.”

큰 아이아스가 대답했다.

“옳은 말씀이오. 당신과 메리오네스가 파트로클로스의 시신을 우리 진영으로 안전하게 옮겨 주시오. 그동안 우리가 저들을 막아 보겠소.”

작은 아이아스도 호기롭게 말했다.

“큰 아이아스와 나는 이름도 하나이듯이 마음도 하나요. 우리는 함께 싸워 본 경험이 여러 번 있소. 우리가 힘껏 트로이군을 막아 보겠소.”

메넬라오스와 메리오네스는 두 아이아스의 제안에 따라 파트로클로스의 시신을 옮기기 시작했다. 그 모습을 본 트로이군이 함성을 지르며 달려들었다. 하지만 두 아이아스가 굳건히 버티고 서서 그들을 가로막았다.

"오너라! 이곳이 너희들의 무덤이 될 것이다."

트로이군은 두 아이아스의 용맹스러움을 잘 알고 있어서 함부로 공격하지 못했다. 그동안 파트로클로스의 시신은 그리스 진영으로 옮겨졌다. 하지만 두 아이아스의 투지도 오래가지는 못했다. 헥토르와 아이네이아스가 지휘하는 트로이군은 파트로클로스의 시체를 빼앗기 위해 그리스군을 맹렬하게 몰아붙였다.

제18장

아킬레우스의 분노

파트로클로스의 시신을 두고 치열한 전투가 벌어지고 있을 때 아킬레우스는 그 사실을 모른 채 불안한 마음으로 전쟁터를 바라보고 있었다. 저 멀리서 들려오는 함성이 그의 심란한 마음을 더욱 부채질했다.

"파트로클로스가 돌아와야 할 시간이 지났거늘 어째서 아직 돌아오지 않는 것일까? 어머니께서 일전에 내게 말씀하시기를 미르미돈 족 중에서 최고의 용사가 전사할 거라고 하셨지. 설마 그에게 무슨 변고라도 생긴 것은 아니겠지?"

때마침 안틸로코스가 말을 탄 채 달려오고 있었다. 그는 아킬레우스 앞에 도착하자 말에서 뛰어내렸다.

"아킬레우스!"

"전투 중에 그대가 여긴 어쩐 일이시오?"

안틸로코스는 아킬레우스 앞에서 무릎을 털썩 꿇었다. 그의 두 눈에서 뜨거운 눈물이 흘러내리고 있었다.

"슬픈 소식입니다. 좋지 않은 소식을 가져오게 되어 마음이 아픕니다. 파트로클로스가 전사했습니다. 헥토르가 그의 투구와 갑옷을 차지했고, 그의 시신을 찾아오기 위해 우리 군사들이 트로이군에 맞서 치열한 전투를 벌이고 있습니다."

아킬레우스는 큰 충격을 받고 얼굴이 하얗게 질렸다.

"뭐, 뭐라고? 파트로클로스가 죽었단 말이오?"

아킬레우스는 두 손으로 자신의 머리를 쥐어뜯으며 큰 소리로 친구의 이름을 불렀다.

"파트로클로스!"

아킬레우스는 비통한 마음을 누르지 못하고 머리를 감싸 쥔 채 바닥에 털썩 주저앉았다. 그는 마치 실성한 사람처럼 통곡했다. 안틸로코스는 아킬레우스가 절망한 나머지 극단적인 선택을 할 것이 두려워서 그의 손을 꼭 부여잡았다.

"진정하십시오."

아킬레우스의 통곡 소리는 바닷속 깊은 곳에 있던 어머니 테티스에게 전해졌다. 그녀는 아들의 통곡을 듣고 비명을 질렀다. 그러자 여신의 자매인 네레우스의 딸들이 그녀의 주위로 모여들었다.

"네레우스의 딸들이여, 나의 자매들이여. 내 말을 들어봐요. 그러면 내가 무엇 때문에 슬퍼하는지 알게 될 거예요. 나는 고귀한 아들을 둔 불행한 어미예요. 나는 영웅 중에서도 가장 뛰어난 영웅을 아들로 낳았고, 그 애는 무럭무럭 성장하여 트로이를 정복하기 위해 전쟁에 나갔어요. 하지만 그 애는 아버지 펠레우스의 집에 영영 돌아오지 못할 거예요. 그 애는 살아서 햇빛을 보는 동안에도 고통당하고 있지만 그런 아들을 위해 내가 할 수 있는 일이라고는 아무것도 없네요. 하지만 그래도 사랑하는 아들을 만나러 가야겠어요. 가서 그 아이에게 어떤 슬픔이 닥쳤는지 얘기라도 들어보아야겠어요."

말을 마친 테티스가 물길을 나서자 자매들도 눈물을 흘리며 그녀와 동행했다. 그들이 지나가는 곳마다 물결이 갈라졌다. 트로이 땅에 이르자 여신들은 미르미돈 족의 함선들이 정박한 해변으로 향했다. 이윽고 괴로움에 몸부림치고 있는 아킬레우스를 발견한 여신은 그의 머리를 가슴에 안고 비통해하며 물었다.

"아킬레우스, 무슨 일로 이렇게 슬피 우느냐? 이 어미에게 숨김없이 말해보겠느냐? 제우스께서 지금까지 너의 기도대로 전황을 이끌고 계시지 않느냐?"

아킬레우스는 슬피 탄식하며 대답했다.

"어머니 말씀대로 제우스께서 제 기도를 들어주셨지요. 하지만 제 목숨과도 같은 친구 파트로클로스가 죽었습니다. 사랑하는 벗이 죽었는데 저에게 그런 게 무슨 의미가 있겠습니까? 내 갑옷과 투구도 헥토르의 수중에 들어가고 말았습니다. 아버지와 어머니의 결혼을 축하하기 위해 신께서 선물로 주신 그 아름답고 경이로운 것들을 말입니다.

어머니는 그냥 불멸의 여신들인 자매들과 지내시고, 아버지가 인간 여인을 아내로 맞아 제가 태어나지 않았다면 얼마나 좋았을까요? 이제 자식의 죽음으로 인해 어머니께 큰 슬픔을 안겨드리게 되었습니다. 어머니께서는 절 다시 살리지 못하실 겁니다. 이제 저도 세상에 대한 미련이 없습니다. 하지만 헥토르만은 제 손으로 죽여서 반드시 친구의 복수를 하겠습니다."

아킬레우스의 운명을 잘 알고 있는 테티스는 가슴이 몹시 아팠다.

"아들아, 꼭 그래야 하겠느냐? 헥토르가 죽고 나면 그다음엔 너에게 죽음의 운명이 닥칠 텐데……."

아킬레우스는 감정에 복받쳐 눈물을 흘리며 대답했다.

"친구가 죽어갈 때 아무런 도움도 주지 못했던 저는 죽어 마땅합니다. 신들께서 저의 죽음을 원하신다면 기꺼이 제 목숨을 드리겠습니다. 제우스께서 가장 귀하게 여기셨던 헤라클레스조차도 죽음의 운명을 피하지 않았습니다. 저도 그렇게 하겠습니다. 하지만 그전에 명성을 얻고자 합니다. 저는 이미 전쟁에서 충분히 쉬었습니다. 이제 트로이와 다르다니아 여자들의 보드라운 뺨에 눈물이 흐르고 한탄하게 만들겠습니다. 헥토르에게 피의 대가를 받아야겠습니다. 그러니 어머니, 더는 제 마음을 돌릴 생각은 말아주십시오."

테티스는 아들의 결심을 되돌릴 수 없다는 것을 알았다. 여신은 찢어질 듯 아픈 마음을 추스르며 아들에게 당부했다.

"내 아들아, 네 말이 옳다. 친구의 복수를 하고 위기에 빠진 동지들을 구하겠다는데 막을 도리가 없구나. 그런데 헥토르가 너의 갑옷과 무기를 가졌으니 새 무구가 필요하겠구나. 하루만 기다려주렴. 내가 헤파이스토스께 부탁하여 너를 위한 새 무구를 만들어 오겠다. 해가 뜰 때까지 돌아올 터이니 그 전에 출전해서는 절대 안 된다.”

아들에게 당부를 마친 테티스는 자매들에게 말했다.

“자, 자매들은 집으로 돌아가서 이 모든 일을 아버지에게 전해주세요. 나는 올림포스로 가서 헤파이스토스에게 내 아들을 위해 새 갑옷을 만들어달라고 부탁해봐야겠어요.”

테티스가 올림포스로 떠나자 그녀의 자매들도 바닷속에 있는 자신들의 집으로 돌아갔다.

한편, 그리스군은 무시무시한 기세로 추격해오는 헥토르에게 쫓겨 함대가 정박한 해변까지 쫓기게 되었다. 하지만 파트로클로스의 시체를 빼앗으려던 헥토르의 공격은 번번이 메넬라오스와 메리오네스에게 막혀 실패했다. 그래도 헥토르는 포기하지 않고 부하들을 독려하며 한 발짝도 물러서지 않았다. 메넬라오스와 메리오네스의 지휘 아래 그리스군 역시 물러서지 않고 싸웠다. 이처럼 파트로클로스의 시체를 서로 차지하려는 그리스군과 트로이군의 치열한 쟁탈전은 계속되었다. 이때 무지개의 여신 이리스가 헤라 여신의 명을 받고 아킬레우스를 찾아왔다.

“아킬레우스여! 어서 일어나서 파트로클로스를 구하라. 헥토르가 그의 목을 베어 성벽의 장대에 꽂으려고 한다. 트로이의 개들이 친구의 시신을 뜯어먹도록 버려둘 셈인가? 파트로클로스의 시신을 되찾고 싶다면 어서 서둘러라.”

아킬레우스가 슬픈 표정으로 대답했다.

"여신이시여, 제겐 무구도 없는데 어떻게 싸우란 말씀입니까? 제 모친께서 내일 새로운 무구를 가져오기 전에는 전투에 나갈 수 없습니다."

이리스가 말했다.

"염려하지 마라. 방벽으로 가서 그대의 모습만 보여줘도 트로이군은 겁에 질려 후퇴할 것이다."

이리스가 떠나자마자 아킬레우스는 급히 말을 몰아 방벽으로 향했다. 그는 방벽에 도착하자마자 말에서 내려 방벽위로 뛰어 올라갔다. 아킬레우스는 방벽위에서 전쟁터를 내려다보며 상황을 살폈다. 파트로클로스의 시신을 놓고 그리스군과 트로이군이 치열한 전투를 벌이고 있는 모습이 눈에 들어왔다.

아킬레우스는 천지가 뒤흔들릴 정도로 크게 고함을 질렀다. 트로이 군사들은 깜짝 놀라서 소리가 들려온 방향을 쳐다보았다. 방벽위에서 아킬레우스가 포효하고 있었는데 그의 몸에서는 불꽃이 타오르고 있었다. 그 불꽃은 아테나 여신이 내려준 것이었다.

아킬레우스는 세 차례 고함을 질렀고, 이에 트로이군은 공포에 사로잡혀 어쩔 줄을 몰라 했다. 그 혼란한 틈을 타서 그리스군은 파트로클로스의 시신을 안전한 곳으로 옮길 수 있었다. 그제야 그의 동지들이 시신 주위에 둘러서서 그의 죽음을 애도했다. 아킬레우스는 찢기고 상한 친구의 시신을 보자 뜨거운 눈물을 흘렸다.

"친구여, 그대의 뒤를 따라 나 또한 이곳에서 죽을 운명이지만 그대 앞에서 맹세하겠네. 헥토르의 머리와 빼앗긴 내 무구를 찾아오기 전에

파트로클로스의 죽음을 애도하는 아킬레우스
개빈 해밀턴, 1760~1763년 사이.

는 자네의 장례식을 치르지 않겠네. 그리고 자네를 화장하기 전에 트로이의 고귀한 젊은이 12명의 목을 칠 것이네. 내가 이 맹세를 지킬 때까지 그대는 나의 침상에 누워 있게나. 자네와 내가 부유한 도시들을 정복했을 때 전리품으로 데려온 트로이와 다르다니아 여인들이 자네를 둘러싸고 밤낮으로 슬피 울어줄 것이네."

아킬레우스는 부하들에게 파트로클로스의 몸을 깨끗이 씻기고, 온몸에 기름을 바른 후 깨끗한 수의를 입히라고 명령했다. 그리고 약속대로 자신의 침상에 파트로클로스의 시신을 눕혔다.

그리스군이 파트로클로스의 죽음을 슬퍼하고 있을 때, 트로이군은 전장에서 물러나 저녁 식사도 거른 채 지휘관 회의를 열었다. 폴리다마스가 맨 처음 입을 열었다. 그는 헥토르의 절친한 친구이자 훌륭한 참모였다. 헥토르가 전쟁터에서 활약했다면 폴리다마스는 토론장에서 활약했다. 그는 예리한 통찰력으로 상황을 정확하게 파악하는데 뛰어났다.

"동지들, 지금 우리 주위를 잘 살펴보시오. 우리는 성에서 너무 멀리 떨어져 있소. 적진을 마주한 평원에서 밤을 지새우는 것은 불안하오. 그동안 아킬레우스와 아가멤논 왕이 서로 반목하여 우리가 적진에서도 안심하고 밤을 지새웠소. 하지만 아킬레우스가 전투에 나선다면 이야기가 다르오.

나는 그가 두렵소. 그의 난폭한 성질로 볼 때 이 평원에 나오는 것으로는 만족하지 않을 것이오. 그의 관심사는 우리의 도시와 여자들이오. 그러니 성으로 퇴각하도록 합시다.

다행히 이제 곧 어둠이 모든 것을 가려 줄 터이니 이보다 더 좋은 기회는 없소. 그러나 내일 그가 무장을 갖추고 이 자리에 있는 우리를 발견한다면, 그 결과는 끔찍할 것이오. 우리 중 다수는 개나 독수리의 밥이 될 것이고, 도망치는 자는 트로이 성안에서나 겨우 숨을 돌릴 수 있을 거요. 이런 비극이 실제 일어나지 않기만을 빌 따름이오.

하지만 동지들이 내 제안을 따라 병력을 재정비하여 성문 수비를 단단히 구축한다면 도시는 안전할 거라고 믿소. 내일 새벽부터 무장을 단단히 하고 성벽 경계를 철저하게 해야 하오. 성안에서 성 밖의 적에 맞서 싸운다면 우리가 훨씬 유리하오. 아킬레우스는 성 주변만 돌아다니다가 끝내 공격을 못하고 자신의 진영으로 돌아가게 될 거요. 그의 성미로 보건대 무리한 공격은 절대 하지 않을 것입니다. 결국엔 개들이 그의 시체를 게걸스럽게 먹어 치우겠지요."

핵토르가 인상을 찌푸렸다.

"자네의 그 의견은 맘에 들지 않는군. 결론은 성안에 웅크리고 있자는 이야기가 아닌가? 우리는 이미 충분히 성벽 안에 갇혀서 지냈네. 한때는 프리아모스 왕의 도시를 두고 황금과 청동이 넘쳐나는 곳이라고 일컫던 때가 있었네. 그러나 제우스 신의 진노가 있은 후 모든 게 변했네. 이후 많은 보물들을 팔아먹거나 프리기아 혹은 메이오니아 등 다른 나라로 빠져나가 버렸네.

어리석은 자여! 그따위 의견은 더는 내놓지 말게. 지금은 신들의 제왕께서 나에게 승리를 허락하셔서 그리스군을 바다로 몰아넣을 수 있는 타이밍이 아닌가? 우리 군사 중에 자네 의견에 동조할 군사는 아무도 없네.

자, 모두들 내 의견에 따르시오. 먼저 각자의 진영으로 돌아가서 든든하게 식사부터 하시오. 그리고 경계를 게을리하지 마시오. 모두 깨어 있어야 하오. 군사 중 제물에 집착하는 자가 있거든 그에게 물건들을 거두어 동료들과 나누라고 하시오. 적에게 주느니 그들끼리 즐기는 게 나으니 말이오.

내일 새벽이면 우리는 무장을 갖추고 함대에 대대적인 공격을 감행할 것이오. 아킬레우스가 정말로 참전한다면 우리는 위기를 자초하게 될 거요. 그런 일이 벌어진다고 해도 나는 전쟁터에서 등을 보이지 않겠소. 승패와 상관없이 그에게 맞설 것이오. 때로는 죽이려고 마음먹은

292

자가 먼저 죽음을 당하기도 하는 법이오."

어리석은 트로이군은 헥토르의 발언에 환호하였다. 아테나가 그들의 판단력을 흐려 놓았기 때문이다. 헥토르의 의견은 불길한 것이었지만 모두 그를 칭송했고, 폴리다마스의 올바른 조언에 대해서는 아무도 칭찬하지 않았다.

이즈음 테티스는 대장장이의 신 헤파이스토스의 집에 도착했다. 별처럼 빛나며 영원히 부식하지 않는 청동의 저택은 신들의 저택 중에서 가장 훌륭했다.

헤파이스토스의 아내 카리스Charis(아름다움을 상징하는 세 여신 중 한 명)가 그녀를 발견하고 달려와서 반갑게 맞이했다.

"테티스 님, 아름다운 여신께서 누추한 저희 집에 어인 일로 오셨나요? 오랜만에 뵈니 너무 반가워요. 어서 안으로 들어오시지요."

카리스는 테티스를 집안으로 맞아들여 의자에 앉게 한 뒤 대장간에서 작업하고 있는 남편을 불렀다.

"여보! 이리로 좀 와보세요. 테티스 님께서 오셨어요."

그러자 헤파이스토스가 다리를 절며 달려왔다.

"내가 존경하고 사랑하는 테티스 여신께서 내 집에 오셨군요. 어머니께서 갓 태어난 내 모습에 실망하여 올림포스에서 지상으로 날 던졌을 때 에우리노메Eurynome 님과 테티스 님께서 날 구해서 돌봐주셨지요. 그렇지 않았다면 난 정말 큰 고통을 겪었겠지요.

그런데 지금 내 생명의 은인이신 테티스 님께서 날 찾아오시다니,

내 여신께 무엇으로 보답해야 할지 모르겠구려. 테티스 님, 오랜만에 절 찾아오신 이유가 있으시겠지요? 원하는 게 있으시면 무엇이든지 말씀만 하세요. 제가 할 수 있는 일이라면 무엇이든지 기쁘게 해드리겠습니다."

그러자 테티스가 눈물을 흘리며 슬픈 표정으로 대답했다.

"헤파이스토스, 올림포스에 나처럼 괴로운 여신이 있을까요? 제우스께서는 많은 여신 중에서 하필이면 나를 골라 비참한 일을 겪게 하셨지요. 그분은 내 뜻과 관계없이 인간인 펠레우스와 결혼하게 하셨어요. 그이는 지금 노쇠하여 자신의 저택에 누워 있어요. 사실은 그보다 더 큰 걱정이 있답니다. 제가 그이와의 사이에서 낳은 아들이 지금은 장성하여 영웅이 되었지요. 하지만 그 아이는 트로이에서 죽게 될 운명을 안고 있어요."

테티스는 자신의 아들 아킬레우스가 트로이 전쟁에 참여하게 된 일과 아가멤논과 다툰 일, 친구이자 부관인 파트로클로스에게 무구를 빌려주었다가 친구는 죽고, 투구와 갑옷 그리고 방패를 헥토르에게 빼앗긴 일을 소상히 들려주었다.

"헤파이스토스, 당신에게 부탁이 있어요. 곧 죽을 운명에 처한 내 아들을 위해 지금 당장 무구를 만들어주실 수 있나요?"

헤파이스토스가 대답하였다.

"테티스 님, 걱정하지 마십시오. 내가 아킬레우스를 죽음에서 구할 능력은 없지만, 세상에서 가장 훌륭한 무구는 만들어 줄 수 있습니다."

헤파이스토스는 즉시 자리에서 일어나 대장간으로 갔다. 그는 20개의 풀무를 가동해서 아킬레우스를 위해 무구를 만들기 시작했다. 헤파이스토스는 용광로에 불멸의 주석과 값비싼 황금과 은을 집어넣었다. 시간이 흘러 그것들이 녹자 큰 모루에 얹고 망치로 때렸다.

맨 처음 크고 널따란 방패의 모양을 뜬 다음 그곳에 아름다운 무늬를 장식했다. 방패의 둘레에는 빛나는 3겹의 테를 둘렀고 은으로 만든 끈을 달았다. 방패 안쪽에는 다섯 겹의 쇠가죽을 덧대고 그곳에 훌륭한 솜씨로 여러 가지 교묘한 그림들을 그려 넣었다.

먼저 하늘과 대지와 바다와 해와 달을 그렸다. 그리고 하늘에는 오리온과 큰곰자리 등 온갖 별자리들을 그려 넣은 뒤 대지에는 변화하는 두 도시를 그려 넣었다. 한 도시는 즐거운 혼인 잔치를 벌이는 모습과 죽은 사내의 피 값을 두고 재판을 벌이는 장면을 그렸다. 또 다른 도시에는 성을 사이에 두고 성안의 군사들과 성 밖의 군사들이 피를 흘리며 서로 싸우는 모습이 그려졌다. 그리고 기름진 땅과 그것을 일구는 농부들이 그려졌는데, 거기에는 탐스럽게 영근 포도를 수확하는 소년 소녀들의 기뻐하는 모습이 그려졌다.

헤파이스토스는 또한 협곡에 자리 잡은 아름다운 목장에 오두막과 하얀 양떼를 그렸는데, 그곳에 소를 잡아먹은 사자와 그것을 쫓는 목동과 사냥개도 그려졌다. 그는 또 무도회장도 그려 넣었다. 멋지고 젊은 남녀들이 곱게 차려입고 원을 지어 경쾌하게 춤추는 모습에 하프를 뜯는 음유시인과 원 밖에서 흥을 돋우는 두 곡예사의 모습도 그려졌다. 마지막으로 방패의 맨 가장자리에는 거대한 오케아노스 강을 그려 넣었다.

헤파이스토스에게서 아킬레우스의 갑옷을 받는 테티스
페테르 파울 루벤스, 1630~1635년 사이.

황금으로 만든 이 그림들은 마치 살아있는 것처럼 모든 것에 생동감이 넘쳐났다. 방패를 완성하자 이번에는 불꽃보다 더 밝게 빛나는 방패를 만들고, 그다음에는 황금 장식이 달린 튼튼한 투구를 만들었으며, 유연한 주석으로 정강이받이를 만들었다. 헤파이스토스는 완성된 훌륭한 무구를 테티스에게 건네주었다.

"오! 정말 훌륭해요! 헤파이스토스, 정말 고마워요."

테티스는 감사의 인사를 전하고 나서 아킬레우스에게 무구를 전하기 위해 서둘러 헤파이스토스의 대장간을 떠났다.

제19장

아가멤논과 아킬레우스의 화해

새벽이 밝아올 무렵 테티스는 아킬레우스의 함선으로 돌아왔다. 아킬레우스는 그때까지도 파트로클로스의 시신을 끌어안고 슬피 울고 있었다. 또 많은 전우들이 그의 주위에서 함께 슬퍼하고 있었다. 테티스가 아들의 손을 꼭 잡으며 말했다.

"애야. 이제 눈물을 거두고 친구를 보내주어라. 그는 신들의 뜻에 따라 전사했다는 것을 잘 알지 않느냐. 자, 여기 헤파이스토스께서 만들어주신 갑옷과 투구, 방패를 가지고 왔다. 얼마나 정교한지 보렴. 인간 중에 이런 것을 입어본 자는 아무도 없을 거야."

아킬레우스는 어머니가 전해주는 무구를 받아들었다.

"어머니, 이것들은 참으로 훌륭하군요. 이제 저는 이 갑옷과 투구로

아킬레우스에게 갑옷을 가져다주는 테티스
벤자민 웨스트, 1806년.

무장을 하고 전쟁터로 나가겠습니다. 하지만 제가 없는 동안 파트로클
레스가 걱정됩니다. 파리 떼가 꼬이고 벌레들이 생겨 시신이 썩어갈 겁
니다."

테티스가 자애로운 눈빛으로 아들을 보며 말했다.

"내가 파트로클로스의 시신이 썩지 않도록 조치할 테니 그건 걱정
하지 말거라. 그보다 이제 네가 할 일은 아가멤논에 대한 분노를 거두

고 그와 화해하는 것이다. 그런 뒤에 속히 무장을 갖추고 너의 용맹을 되찾아라."

말을 마친 테티스는 파트로클로스의 콧구멍에 신들이 마시는 붉은 넥타와 암브로시아를 떨어뜨려 시신의 부패를 막았다.

어머니의 말에 용기를 얻은 아킬레우스는 전투에 나서기 전 아가멤논과 화해하기 위해 그리스의 전사들을 모두 회의장으로 불러 모았다. 부상당한 오디세우스와 디오메데스도 참석했다. 아가멤논도 부상을 당해 고통스러운 몸을 이끌고 회의장에 나왔다. 그들이 자리를 잡자 아킬레우스는 아가멤논 앞으로 나아갔다. 순간 회의장 안에 팽팽한 긴장감이 맴돌았다.

"아가멤논 왕이여, 당신과 내가 한 여인을 두고 불화하여 등을 돌리고 있는 동안 수많은 우리 군사들이 목숨을 잃었습니다. 더 이상 헥토르와 트로이군을 그냥 두고만 볼 수 없습니다.

우리 서로 부끄러웠던 지난 기억들은 모두 지워버립시다. 나는 지금 이 순간부터 당신에 대한 개인적인 감정은 모두 잊어버리겠습니다. 그러니 다시 한 번 힘을 합쳐서 적과 맞서 싸웁시다."

아킬레우스의 말을 들은 장수들은 비로소 안도하며 기쁨의 함성을 질렀다. 아가멤논의 얼굴에도 화색이 돌았다.

"오, 고맙소! 아킬레우스."

아가멤논은 아킬레우스를 향하여 감사의 인사를 건넨 후 좌중을 둘러보며 말했다.

"친애하는 아킬레우스, 그리고 여러 동지와 군사들이여. 내 말에 귀를 기울여 주시오. 그동안 내가 참으로 어리석고 부끄러운 행동을 했소.

제우스 신과 운명의 여신, 그리고 복수의 여신들이 내 마음에 광적인 분노를 불어넣었기 때문이오. 하지만 그렇다고 내 과오가 없어지는 것은 아니라는 것을 잘 알고 있소. 그동안 전우들이 헥토르와 트로이군의 창칼에 죽임을 당할 때마다 내 잘못에 대해 얼마나 후회했는지 모르오.

내 잘못을 용서받기 위해서라면 어떤 대가라도 기꺼이 치르겠소. 아킬레우스, 이제부터 그대가 우리 군대를 지휘해 주시오. 그리고 내가 전에 그대에게 약속했던 것들도 모두 보상하겠소."

아킬레우스는 고개를 가로저으며 단호하게 대답했다.

"아가멤논 왕이여, 보상은 필요 없습니다. 그것보다 중요한 것은 서둘러 전투를 준비하는 것입니다. 당장 출전하여 헥토르와 트로이군에게 그동안 동지들이 흘린 피의 대가를 치르게 합시다."

이때, 지략이 뛰어난 오디세우스가 나서며 말했다.

"아킬레우스여, 서두르지 마시오. 그대의 심정은 충분히 이해하지만 그렇다고 군사들을 굶겨서 싸우게 할 수는 없소. 일단 싸움이 시작되면 언제 끝날지 모르오. 장시간 굶고서 싸울 수 있는 군사는 없소. 그러니 군사들에게 식사를 하고 술을 마시게 합시다. 하지만 그 전에 먼저 아가멤논 왕께서는 아킬레우스에게 약속했던 선물을 가져와서 모두가 모인 이곳에서 전달해주십시오. 그렇게 하면 이곳에 모인 우리 모두가 두 분이 진정으로 화해했음을 믿게 될 것입니다. 또한, 아가멤논 왕께서는 모든 이들이 보는 앞에서 브리세이스와 잠자리를 한 일이 절대 없었다는 것을 맹세하여 주시고, 아킬레우스는 자비한 마음으로 왕을 용서해주시오. 마지막으로 왕께서 아킬레우스를 지위에 걸맞게 진수성찬을 차려 막사로 초대하면 그에 응하여 서로의 관계를 회복하는 것이 좋겠소. 왕이시여, 이번 일을 계기로 앞으로 보다 공정해지시기를 바랍니다. 왕이라고 해서 지난 잘못을 사죄하고 용서를 구하는 것은 절대 부끄러운 일이 아닙니다."

아가멤논이 즉시 대답했다.

"오디세우스, 옳은 말이오. 아킬레우스, 지금 즉시 군사들을 보내 내가 약속한 선물들과 브리세이스를 데려오도록 하겠소."

아킬레우스가 정색을 하며 말했다.

"오디세우스 그리고 아가멤논 왕이시여. 내게 당장 필요한 것은 선물이나 음식이 아니라 트로이군에게 처절한 복수를 하는 것이오. 그러니 식사는 전투가 끝난 뒤로 미루고 먼저 나가서 싸웁시다. 난 적과 싸워 승리하기 전에는 물 한 방울, 빵 한 조각도 먹지 않겠소."

아킬레우스가 단호한 태도로 말하자 오디세우스가 그를 설득했다.

"아킬레우스, 우리 군사들은 신이 아니오. 허기진 배를 채우고 쉬지 않는다면 계속 전투를 수행하기 어렵고, 승리도 없을 거요. 결국, 그대의 복수도 어려워지는 것이오. 그러니 아무리 싸우고 싶어도 지금은 내 말을 따라주시오."

오디세우스의 간곡한 요청에 아킬레우스도 더는 고집을 부리지 못했다. 그는 복수심에 불타는 마음을 가라앉히고 오디세우스의 충고를 받아들였다.

오디세우스는 장수들을 보내 아가멤논 왕의 막사에서 아킬레우스에게 주기로 약속했던 보물들을 챙겨왔다. 그리고 군사들이 보는 앞에서 그것들을 펼쳐놓자 아가멤논이 일어섰다. 그는 자신의 전령인 탈티비오스Talthybios가 돼지를 데려오자 단검으로 돼지의 털을 잘라내 제우스 신에게 기도를 올렸다.

"신들의 왕이신 제우스시여! 우리의 증인이 되어 주소서. 태양과 대지, 그리고 지하에서 거짓 맹세를 하는 모든 인간을 벌주시는 복수의 여신들이여, 저희의 증인이 되어 주소서. 저는 여기 브리세이스에게 맹세코 손을 댄 적이 없으며 침실로 들이려는 생각을 품어 본 적도 없습니다. 제가 만약 거짓으로 맹세했다면 당장 이 자리에서 저에게 벌을 내리소서."

기도를 마친 아가멤논은 돼지의 목을 자른 뒤 그 머리를 탈티비오스에게 시켜 바다에 물고기 밥으로 던져주게 했다.

아킬레우스는 모두가 보는 앞에서 아가멤논의 선물을 받아들였고, 선물들은 모두 그의 함선으로 옮겨졌다. 이렇게 하여 오랫동안 반목했던 두 영웅은 정식으로 화해했다.

한편 아킬레우스가 사랑했던 여인 브리세이스도 다른 여인들과 함께 다시 아킬레우스의 막사로 돌아왔다. 그녀는 자신에게 친절했던 파트로클로스가 죽어서 누워 있는 모습을 보고, 그의 시신 위로 몸을 던지며 애처롭게 울었다.

"파트로클로스 님. 가련한 제 삶에 유일하게 빛이 되어 주셨던 소중

파트로클로스를 애도하는 브리세이스
줄리앙 미셸 구에, 1815년.

한 분, 제가 이곳을 떠날 때만 해도 멀쩡하게 살아 계셨는데, 이렇게 허망하게 세상을 떠나시다니요. 오, 신이여. 어째서 제 인생은 이렇게 괴로움의 연속인가요?

항상 웃으며 제게 한없이 다정하셨던 분, 당신은 아킬레우스 왕자가 내 옛 남편과 오빠 셋을 죽이고 미네스의 도시를 함락했을 때, 내게 울지 말라고 위로하면서, 나를 신과 같은 아킬레우스와 혼인하게 될 거라고 약속하셨지요. 그리고 고향인 프티아로 돌아가면 미르미돈 족의 땅인 그곳에서 혼인 잔치를 열어주겠노라고 맹세하셨지요. 그토록 친절하셨던 당신의 죽음 앞에서 제가 어찌 울음을 그칠 수 있겠습니까?"

그녀가 통곡하자 다른 여자들도 박복한 자신들의 운명 때문에 눈물을 흘렸다.

그리스 군사들은 식사를 마치고 전투에 나서기 전 휴식을 취했다. 그러나 아킬레우스는 먹지도 쉬지도 않았다. 오디세우스, 네스트로, 이도메네우스, 포이닉스 등 원로들은 걱정이 되어 아킬레우스를 설득했다.

"아킬레우스여, 이렇게 먹지도 않고 쉬지도 않는다면 전투에서 힘을 내기 어렵습니다. 승리를 위해서라도 식사를 하고 조금이라도 쉬어야 합니다."

아킬레우스가 슬픔에 가득 찬 표정으로 말했다.

"동지들이여, 제발 더는 내게 음식을 권하지 마시오. 나는 지금 한없이 슬프고 고통스럽습니다. 파트로클로스는 트로이군과의 전투 중에도 손수 음식을 만들어 내게 주었소. 그랬던 그가 죽어서 누워 있는데 내가 어떻게 고기와 술을 입에 댈 수 있겠소?"

아킬레우스가 몹시 슬퍼하며 눈물을 흘리자 장수들도 슬픔에 잠겨 더는 아무 말도 하지 못했다. 한편 올림포스에서 그 모습을 내려다보던 제우스는 아킬레우스를 측은하게 여겼다. 그는 곧 아테나를 불렀다.

"아테나, 네가 아끼는 영웅이 먹지도 쉬지도 않고 친구의 죽음을 슬퍼하고 있구나. 어서 가서 그의 가슴에 넥타와 암브로시아를 부어 주고 오거라. 굶주리는 일이 없게 말이다."

그러지 않아도 아킬레우스를 도와주고 싶었던 아테나는 제우스의 명령에 몹시 기뻐하며 그리스 진영으로 내려갔다. 그리스군이 무장을 갖추며 전투 준비를 서두를 때 아테나는 아킬레우스의 가슴에 넥타와 암브로시아를 가득 넣어 주었다.

오디세우스의 권고에 따라 아침을 먹고 휴식을 취한 그리스군은 전투에 나서기 위해 무장을 갖추었다. 아킬레우스는 헤파이스토스가 만들어준 무구들로 무장을 하고 몸을 이리저리 움직여 보았다. 그의 몸은 마치 하늘을 날아오를 것처럼 가벼웠다. 그는 부친이 준 창을 거머쥔 손에 힘을 주었다. 그 창은 자신의 스승이자 켄타우로스 족의 현자인 케이론Chiron이 그의 부친 펠레우스에게 준 것이었다. 아킬레우스는 출전 명령을 내렸다.

"용감한 그리스군이여! 출전할 때가 왔도다! 전 부대는 모두 집결하라!"

출전을 위한 소집 명령이 떨어지자 함선에서 그리스 군사들이 함성을 지르며 물밀 듯이 쏟아져 나왔다. 군사들의 청동 창은 햇빛을 받아 번쩍였고, 무장한 군사들의 얼굴에는 투지가 넘쳐흘렀다. 군사들의 발소리에 온 땅이 울렸고, 그들의 함성은 올림포스까지 닿았다. 군사들은 장수들의 지휘를 받으며 아킬레우스 앞에 도열했다.

아킬레우스가 전차에 오르자 마부인 아우토메돈이 말고삐를 움켜잡았다. 아킬레우스는 불멸의 말들에게 말을 걸었다.

"서풍의 혈통을 지닌 신마 크산토스Xanthos와 발리오스Balios여, 너희는 발이 빠르기로 유명하다. 우리가 충분히 싸운 다음에는 무사히 돌아올 수 있도록 안전한 길을 찾아 내거라! 파트로클로스처럼 죽게 내버려 두면 안 된다."

헤라 여신은 크산토스가 아킬레우스의 명령에 대답할 수 있도록 사람의 목소리를 주었다. 그러자 크산도스가 갑자기 갈기 털이 땅에 닿을 정도로 그에게 고개를 숙이더니 인간의 말로 대답했다.

"이번에는 반드시 주인님을 구해내겠습니다. 하지만 주인님에게 죽음의 운명이 가까이 다가온 듯하여 매우 걱정됩니다. 저희는 아버지 제피로스Zephyros(서풍)처럼 빨리 달릴 수 있지만, 주인님을 죽음의 운명에서 구할 수는 없습니다.

운명은 위대하신 신들이 정하신 것으로 아무도 거역할 수 없기 때문이지요. 파트로클로스 님이 목숨을 잃은 것도 따지고 보면 저희의 잘못은 아닙니다. 제우스께서 그를 죽이고 헥토르에게 승리를 주셨기 때문입니다."

이때 복수의 여신들이 말의 음성을 막았고, 말의 이야기는 중단되었다. 아킬레우스는 노기 띤 음성으로 대답했다.

"네가 어째서 나의 운명을 들먹이는 것이냐? 너의 예언이 아니어도 나는 이미 내 운명을 잘 알고 있다. 먼 타향인 이곳 트로이에서 최후를 맞게 된다는 것을 말이다. 하지만 헥토르에게 복수하기 전에는 절대로 죽을 수 없다. 그러니 내가 복수할 수 있도록 힘껏 달려다오."

말을 마친 아킬레우스는 군사들에게 진격 명령을 내렸다.

"용감한 그리스의 전사들이여! 헥토르와 트로이군에게 동지들이 흘린 피의 대가를 치르게 하자. 전군 진격하라!"

아킬레우스의 전차가 달려 나가자 사기충천한 군사들이 함성을 지르며 그 뒤를 따랐다.

제20장

아킬레우스의 용맹

아킬레우스의 지휘 아래 그리스군이 트로이군의 진영을 향해 돌진해 가고 있을 때, 그들 맞은편 들판의 트로이군도 무장을 마치고 그리스군의 공격에 대비하고 있었다.

한편 제우스는 테미스Themis(율법의 신)에게 명하여 모든 신들을 올림포스로 소집했다. 여신은 사방으로 돌아다니며 신들에게 제우스의 소집령을 전달했다. 올림포스의 신들은 물론 오케아노스를 제외한 강의 신들이 모두 모였고, 숲과 강의 요정들까지 한 명도 빠짐없이 모였다. 신과 요정들이 모두 자리를 잡자 포세이돈이 궁금한 듯 제우스에게 물었다.

"제우스여, 무슨 일로 우리들을 모두 부른 것입니까? 혹시 그리스와 트로이의 전쟁 때문입니까?"

제우스가 대답했다.

"그렇소. 내가 그대들을 부른 것은 그들의 싸움이 걱정되기 때문이오. 지금 아킬레우스의 사기는 하늘을 찌를 듯 높으니 트로이 성은 오래 견디지 못하고 함락당할 것이오. 나는 그것이 염려스럽소. 하지만 나는 더 이상 이 전쟁에 신경을 쓰고 싶지 않소. 그러니 그대들은 모두 전쟁터로 내려가서 각자 돕고 싶은 쪽을 도와주도록 하시오."

신들은 즉시 올림포스를 떠났다. 바다의 신 포세이돈과 헤라, 아테나, 헤르메스, 헤파이스토스는 그리스 진영으로 향했고, 전쟁의 신 아레스와 아폴론, 그의 쌍둥이 누이 아르테미스와 어머니 레토는 트로이 진영으로 향했다. 아프로디테와 인간들에게는 스카만드로스 Scamandros, 신들 사이에서는 크산토스Xanthos(황색을 뜻함)로 불리는 강의 신이 그들의 뒤를 따랐다.

신들이 전쟁에 개입하기 전에는 그리스군이 전투에서 우위를 차지하고 있었다. 헤파이스토스가 만들어진 무구들로 무장한 아킬레우스는 마치 전쟁의 신 아레스처럼 사납게 날뛰었다. 그의 모습은 트로이군에게 공포 그 자체였다. 아킬레우스가 전장을 누비자 트로이군의 사기는 급속하게 떨어졌고, 그들은 도망치기에 급급했다. 그러나 불멸의 신들이 양 진영에 합류하면서 상황은 급변했다.

그리스 진영에서 지혜의 여신 아테나가 그리스군의 사기를 높여주자, 트로이 진영에서는 전쟁의 신 아레스가 아테나에 맞서 트로이군의 사기를 높여주었다.

신들이 직접 양쪽 진영에 합류하여 전투에 참여하자, 하늘에서는 제우스가 천둥과 번개를 내리치고 땅에서는 포세이돈이 대지를 뒤흔들었다. 피를 부르는 싸움터에서 신들은 곧 자신들의 해묵은 불화를 정리하고 싶은 충동에 사로잡혔다. 신들은 자기들끼리 치열한 싸움을 벌였고, 전쟁터는 초자연적인 힘으로 금방이라도 폭발할 것 같았다.

세상은 공포에 사로잡혔고, 만물은 굉음을 내며 뒤흔들렸다. 제우스는 양쪽 진영을 향해 천둥을 치고 닥치는 대로 벼락을 던졌다. 포세이돈은 바다가 들끓고 대지가 요동치게 만들었다. 이다 산이 꼭대기부터 밑바닥까지 진동하면서 트로이의 성벽과 도시, 그리스군의 함선들까지 춤을 추듯이 심하게 흔들렸다.

지하세계의 신 하데스는 살육의 현장 밑에서 겁에 질려 다른 신들에게 비명을 질러댔다. 그는 포세이돈이 땅을 가르고 신들조차 싫어하는 곰팡내 나는 자신의 거처가 인간들과 불사의 신들 앞에 드러나는 것이 두려워서였다. 아폴론은 황금화살을 손에 들고 포세이돈에게 맞섰다. 전쟁광 아레스는 이글거리는 눈의 여신 아테나와 겨루었다. 사냥의 여신 아르테미스는 헤라를 상대했고, 레토는 헤르메스에게 맞섰으며, 강의 신 크산토스는 불의 신 헤파이스토스를 파멸시키려고 했다. 이렇게 트로이전쟁은 신들의 싸움터로 돌변했다.

한편 격렬한 전투 속에서 아킬레우스는 헥토르를 찾아다녔다. 그의 피만이 자신의 갈증을 풀어줄 수 있으리라고 믿었기 때문이다.

아킬레우스의 분노

샤를 앙투안 코이펠, 1737년.

"헥토르! 어디 있느냐? 당장 내 앞에 나서라."

그러나 아폴론은 헥토르 대신 아이네이아스를 아킬레우스와 맞서
도록 할 생각이었다. 그는 트로이의 왕자 리카온으로 변신하고 아이네
이아스에게 다가갔다.

"아이네이아스. 아킬레우스와 일 대 일로 싸우겠다고 큰소리치더니

그 위세는 다 어디로 갔소? 그저 술자리에서 내뱉은 허풍에 불가한 거요?"

아이네이아스가 대답했다.

"아킬레우스는 항상 아테나 여신의 보호를 받고 있소. 그래서 인간의 힘만으로는 그를 이길 수 없습니다. 하지만 나에게 기회가 주어진다면 결코 물러서지 않을 것이오."

리카온의 모습을 한 아폴론이 말했다.

"트로이의 영웅 아이네이아스여, 그대도 불멸의 신들에게 기원을 하시오. 그대의 어머니는 아프로디테 여신이 아닌가? 그분은 아킬레우스의 어머니 테티스보다 훨씬 고귀하신 분이오. 신의 축복이 함께 한다면 그대는 결코 아킬레우스에게 뒤지지 않소."

그 말에 용기를 얻은 아이네이아스는 아킬레우스와 맞서 싸우기 위해 그리스 진영으로 달려갔다. 그 모습을 본 헤라는 아테나와 포세이돈을 불렀다. 여신은 그들에게 아폴론이 아이네이아스를 돕고 있으니, 자신들은 아킬레우스를 보호해야 한다고 주장했다.

헤라는 아킬레우스에게 올림포스의 최고신께서 그를 사랑한다는 것과, 트로이를 돕는 신들은 모두 허풍장이에 불과하다는 것을 알려주자고 했다. 그래야 아킬레우스가 트로이를 돕는 신들을 만나도 겁먹지 않게 된다는 것이었다. 포세이돈이 대답했다.

"헤라여, 걱정하지 마시오. 우리는 다른 신들과 어울려 싸울 필요가 없소. 우리가 그들보다 월등히 더 강하기 때문이오. 그러니 우리는 높은 곳에 앉자 망이나 보고 전쟁은 인간들에게 맡겨 둡시다. 하지만 아레스나 아폴론이 먼저 싸움을 시작하거나 아킬레우스를 제지하지 못한다면 그때는 우리 사이에서도 즉시 싸움과 혼전이 벌어지게 될 거요."

말을 마친 포세이돈은 헤라클레스를 위해 쌓아두었던 성벽으로 두 여신을 이끌었다. 한편 트로이 편의 신들은 신들끼리의 싸움에 진절머리가 나서, 아폴론 주위에 모여 앞으로의 전략을 구상했다. 그들은 제우스가 자신들을 내려다보고 있다는 것을 잘 알고 있기에 어느 편의 신들도 먼저 나서기를 꺼렸다.

아이네이아스가 무서운 기세로 달려오자 그 모습을 발견한 아킬레우스는 조롱하며 비웃었다.

"아이네이아스, 감히 나와 싸우려는 것인가? 그대는 예전에 내 창을 피해 달아났던 일을 벌써 잊었는가? 그때처럼 제우스 신과 다른 신들이 그대의 목숨을 구해줄 거라고 생각한다면 그건 오산이다. 죽고 싶지 않다면 당장 돌아가라. 그리고 다시는 나에게 덤벼들지 말라!"

아킬레우스가 경고하자 아이네이아스는 오히려 그를 도발했다.

"아킬레우스, 그런 말로 나를 겁줄 수 있다고 여기느냐? 내 몸에도 고귀한 신의 피가 흐르고 있다. 그깟 허튼 소리로 나를 피할 생각은 하지도 말라!"

말을 마친 아이네이아스는 아킬레우스를 향해 힘껏 창을 던졌다. 하지만 그의 창은 헤파이스토스가 만든 방패를 뚫지 못했다. 이번에는 아킬레우스가 창을 던졌고, 그의 창은 아이네이아스의 방패를 꿰뚫었다. 그러나 아이네이아스의 몸에 상처를 내지 못하고 땅바닥에 깊숙이 꽂혔다.

"큰일 날 뻔했구나."

간신히 창을 피한 아이네이아스는 땅바닥에 꽂힌 창을 보고 간담이 서늘해졌다. 아킬레우스는 칼을 뽑아들고 쏜살같이 달려와 아이네이아스를 공격했다. 그 모습을 보고 포세이돈이 달려왔다.

"저런, 아이네이아스가 위험하구나. 내가 그리스를 편들고 있지만 트로이의 왕위를 계승할 아이네이아스를 죽게 내버려 둘 수는 없지."

포세이돈은 재빨리 안개를 뿌려 아킬레우스의 눈을 가린 뒤 아이네이아스를 전쟁터에서 멀리 데려갔다. 포세이돈은 아이네이아스에게 경계와 조언을 해주었다.

"아이네이아스, 누가 너에게 아킬레우스와 싸우라고 했느냐? 불멸의 신들이 정해준 운명대로 살고 싶다면 앞으로는 절대 아킬레우스와 맞서지 말라! 하지만 그가 죽고 난 뒤에는 안심하고 선두에서 싸워라. 다른 자는 아무도 너를 죽일 힘을 갖고 있지 못하다."

전쟁터로 돌아온 포세이돈은 아킬레우스의 눈을 가렸던 안개를 거두었다. 아킬레우스는 자신의 창만 바닥에 덩그러니 꽂혀있고, 아이네이아스의 모습이 보이지 않자 의아하게 생각했다. 그러나 곧 아이네이아스가 신들의 보호를 받고 있다는 것을 깨달았다. 아킬레우스는 아이네이아스가 죽을 고비를 넘겼으니 두 번 다시 자신에게 맞서지 못하리라고 생각했다.

"용감한 그리스의 전사들이여, 나 혼자 적들을 모두 무찌를 수는 없다. 나와 힘을 합쳐 저 트로이군을 전멸시키자!"

그리스군은 아킬레우스의 뒤를 따라 힘차게 앞으로 나아갔다. 한편 트로이군의 진영에서는 헥토르가 군사들을 격려하며, 아킬레우스를 두렵게 여기지 말라고 했다. 헥토르는 자신이 아킬레우스를 쓰러뜨릴 것이며, 그의 불과 같은 주먹과 강철 같은 힘도 두렵지 않다고 했다. 트로이의 군사들은 열을 지어 대열을 이룬 뒤, 창을 치켜들고 전투에 응할 준비를 했다.

아킬레우스의 창에 맨 먼저 목숨을 잃은 사람은 트로이의 전사 이피티온이었다. 그 뒤를 이어 데몰레온과 히포다마스, 헥토르의 막내 동생인 폴리도로스가 아킬레우스의 창에 차례로 목숨을 잃었다. 멀리서 동생의 죽음을 목격한 헥토르가 분노하여 달려왔다. 아킬레우스가 그를 보고 외쳤다.

"어서 와라. 헥토르여. 내 친구 파트로클로스가 흘린 피의 대가를 치르도록 해주마!"

헥토르가 대답했다.

"아킬레우스, 목숨이 붙어있을 때 마음껏 떠들어라. 내 창이 너의 목숨을 거둘 수 있도록 신께서 허락하실 것이다. 자, 받아라!"

헥토르는 아킬레우스를 향해 젖 먹던 힘까지 모두 동원하여 창을 던졌다. 이때 아테나가 입김을 불어 헥토르가 던진 창의 방향을 돌려놓았다. 창은 헥토르에게 되돌아와 그의 전차 앞에 떨어졌다. 아킬레우스는 그 틈을 놓치지 않고 재빨리 헥토르를 공격했다. 그러나 이번에는 아폴론이 헥토르를 짙은 안개 속에 감추었다. 아킬레우스는 헥토르를 죽일 기회를 번번이 놓치자 분하여 소리쳤다.

"헥토르, 아폴론 신께서 또 너를 살렸구나. 그러나 다음번에는 나 역시 신의 도움을 받아서 너를 반드시 죽여주겠다."

헥토르를 놓친 아킬레우스는 트로이 군사들을 닥치는 대로 공격했다. 그가 창을 휘두를 때마다 트로이 전사들이 맥없이 쓰러졌다.

필레토르의 아들 데무코스, 비아스의 두 아들 라오고노스와 다르다노스, 알라스토르의 아들 트로스가 차례로 목숨을 잃었다. 그 뒤에도 아킬레우스는 몰리오스의 귀를 창으로 찔러 죽였고, 에케클로스의 정수리를 칼로 내리쳐 박살냈다. 그리고 데우칼리온의 팔을 창으로 찌른 뒤 칼로 그의 목을 잘라버렸다. 이어서 리그모스를 창으로 찔러 전차에서 떨어뜨렸고, 주인 잃은 전차의 마부를 창으로 찔러 목숨을 빼앗았다.

아킬레우스가 창을 들고 사방을 내달리며 트로이군을 죽이니 검은 대지에 피가 내를 이루었다. 하지만 그의 공격은 멈출 줄 몰랐다. 그에겐 오직 진격만이 있을 뿐이었다.

제21장

신들의 전쟁

아킬레우스에게 쫓겨 가던 트로이군은 스카만드로스 강가에 이르렀다. 아킬레우스는 트로이 군사들을 둘로 나누어 한편은 들판으로, 다른 한편은 소용돌이치는 강물 속으로 몰아붙였다.

군사들과 말들이 한 덩어리가 되어 물속으로 뛰어들었다. 그들은 소용돌이치는 물살에 실려 중심을 잡지 못하고 허우적거리며 아우성을 쳤다. 스카만드로스 강은 삽시간에 혼란의 도가니로 빠져들었다.

아킬레우스는 강둑의 덤불에 창을 기대놓고, 칼을 뽑아든 채 강물 속으로 뛰어들었다. 그리고는 닥치는 대로 트로이 군사들을 베어나갔다. 분노에 찬 그의 칼날 아래 수많은 트로이 군사들이 목숨을 잃었다.

강물은 주홍빛으로 점차 물들어 갔고, 트로이 군사들은 비명을 지르며 아킬레우스에게서 달아 나려고 안간힘을 썼다. 그 모습은 마치 돌고래를 속이려는 작은 물고기 떼가 이리저리 내달리는 모습 같았다.

아킬레우스는 숨을 고를 겨를도 없이 좌충우돌하며 트로이군을 칼로 베어나가다가 팔이 저릴 지경에 이르렀다. 이윽고 그는 잠시 호흡을 가다듬은 뒤 파트로클로스의 피 값으로 젊은이 열두 명을 골라 강에서 산 채로 끌어냈다.

아킬레우스는 그들의 허리띠에서 잘라낸 가죽 끈으로 그들의 손을 뒤로 묶은 뒤 전우들에게 넘겨 함선으로 데려가게 했다. 그러고 나서 다시 강물로 뛰어들어 공격을 계속했다. 이때 그의 눈에 낯익은 얼굴이 보였다. 그는 프리아모스 왕의 아들인 리카온Lykaon이었다. 이전에 아킬레우스는 그를 생포하여 렘노스 섬에 노예로 팔았었다. 그랬던 자가 눈앞에 나타나자 아킬레우스는 자기 눈을 의심했다.

강물에서 겨우 벗어나 기진맥진하여 강둑에 누워있던 리카온은 아킬레우스를 보자 파랗게 질려 온몸을 떨었다. 그는 다급하게 몸을 일으켜 아킬레우스 앞에 납작 엎드렸다. 리카온은 자신은 프리아모스 왕의 아들이지만 헥토르와 어머니가 다른 이복형제임을 강조하며, 큰 몸값을 치르겠으니 제발 살려달라고 애원했다. 사실 그는 천신만고 끝에 노예에서 풀려나 집으로 돌아왔고, 오늘이 열이틀 째 되던 날이었다. 그런데 운명의 장난처럼 다시 아킬레우스에게 목숨을 구걸하는 신세가 된 것이다. 하지만 그는 과거와 달리 자비를 얻지 못했고, 결국 아킬레우스의 칼날 아래 목숨을 잃고 강물에 던져졌다. 아킬레우스는 마치 트로이군이 들어주기를 바라듯이 큰 소리로 리카온을 조롱했다.

"이제 거기서 물고기 떼와 함께 누워 있어라! 그러면 물고기들이 너의 상처에서 피를 빨게 될 것이다. 너의 어머니는 너를 침상에 뉘어놓고 슬퍼하지 못하겠지만, 스카만드로스는 너를 소용돌이에 실어내어 넓게 펼쳐진 바다의 품으로 데려다 줄 것이다. 그러면 물고기들이 너의 살로 맛있게 배를 채우고 잔물결이 이는 파도 위로 뛰어오르며 좋아하겠지. 너희는 모두 그렇게 죽어갈 것이다. 너희는 도망치고 나는 뒤쫓아 도륙하며 신성한 트로이의 도성에 이를 때까지 결코 멈추지 않을 것이다.

너희가 수시로 살찐 황소를 바치고, 말들을 산 채로 바쳤던 이 스카만드로스 강의 신도 너희를 죽음에서 구할 수 없을 것이다. 파트로클로스의 죽음과 지금까지 숨진 그리스 전사들의 죽음을 보상받기 전에는 내 칼과 창이 멈추는 일은 결단코 없을 것이다."

아킬레우스의 말에 크산토스는 분노했다. 그는 아킬레우스의 살육을 멈추게 하고 트로이 군사들을 파멸에서 구할 수 있는 방법을 모색했다. 그러다가 파이오니아족의 용사 아스테로파이오스Asteropios를 발견하고 그에게 용기를 불어넣었다. 그러자 그의 가슴은 아킬레우스에게 목숨을 잃은 전우들의 복수를 해주고 싶은 열망으로 뜨거워졌다. 아스테로파이오스는 양손에 창을 들고 떨쳐 일어나 아킬레우스에게 맞섰다. 아킬레우스는 깜짝 놀라며 물었다.

"너는 대체 어디서 온 누구냐? 감히 내게 덤벼들다니 죽음이 두렵지 않으냐?"

아스테로파이오스가 대답했다.

"펠레우스의 아들 아킬레우스여, 그대는 내 가문이 궁금한가? 내 아버지는 파이오니아의 왕 펠레곤이시며, 그분은 강의 신 악시오스의 아들이시다. 나 또한 그대처럼 신의 혈통이니 그대가 나에게 목숨을 잃더라도 부끄럽지는 않을 것이다. 자 이제 싸우자!"

말을 마친 아스테로파이오스는 양 손에 든 두 자루의 창을 동시에 던졌다. 그중 하나의 창은 방패를 맞혔으나 뚫지 못했고, 다른 하나의 창은 아킬레우스의 오른쪽 팔꿈치를 스쳐 상처를 냈다. 이번에는 아킬레우스가 창을 던졌으나 사람을 한참 비켜나서 강둑에 떨어져 땅속 깊숙이 박혔다. 그러자 아킬레우스는 재빨리 칼을 뽑아들었다. 무기가 없어진 아스테로파이오스는 땅속에 박힌 아킬레우스의 창을 뽑아내어 무기로 삼으려했다. 하지만 창자루가 절반이나 땅속에 박힌 창은 꿈쩍도 하지 않았다. 그는 세 차례나 젖 먹던 힘까지 끌어내어 당겨보았지만 창 자루는 미동도 하지 않았다. 네 번째 다시 힘을 주어 창을 뽑으려하는데, 어느새 다가 온 아킬레우스의 칼이 순식간에 그의 배를 갈랐다.

아스테로파이오스가 땅바닥에 쓰러지자 아킬레우스는 의기양양하게 그의 가슴을 밟고 갑옷을 벗겨냈다. 그는 아스테로파이오스의 시신을 물고기 떼가 포식하도록 던져두고 나머지 파이오니아인들에게 시선을 돌렸다. 그들은 파이오니아족 최고의 전사인 왕자가 그토록 쉽게 최후를 맞는 모습을 보고 큰 충격과 함께 공포에 사로잡혔다.

아킬레우스는 그들을 향해 질풍처럼 달려가 거침없이 칼을 휘둘렀다. 테르실로코스와 미돈, 아스티필로스, 므네소스, 트라시 오스, 아이니오스, 오펠레스테스가 죽음을 당했다. 강물이 피 바다로 변하자 마침내 강의 신 크산토스가 격노하여 소리쳤다.

"아킬레우스, 겁도 없이 함부로 내 강을 피로 더럽히는구나! 제우스께서 네게 트로이의 멸망을 허락하셨다면 그들을 들판으로 몰고 가서 싸우도록 하라. 계속 내 강을 피로 더럽히면 용서하지 않겠다."

아킬레우스는 강의 신의 호통에도 전혀 위축되지 않고 당당하게 대답했다.

"스카만드로스 신이여, 저도 당신이 원하시는 대로 따르고 싶습니다. 하지만 헥토르를 죽이기 전에는 이곳에서의 싸움을 멈출 수 없습니다."

말을 마친 아킬레우스는 다시 트로이군을 쫓아가 살육을 계속했다. 그 모습을 본 강의 신은 분노가 폭발했다.

"건방지구나! 인간이 신의 말을 거역하다니……. 내 그 대가를 치르게 해주마!"

성난 스카만드로스가 황소처럼 울부짖자 수면에 소용돌이가 치기 시작했다. 이내 소용돌이는 거대한 파도로 변하여 강물 속의 시신을 모두 강둑으로 토해냈으나, 아직 살아있는 자들은 물줄기 밑에 안전하게 숨겨주었다. 그러나 아킬레우스 주위에서는 물결이 하늘로 높이 치솟아 오르더니 갑자기 무서운 기세로 아킬레우스를 내려쳤다. 그는 재빨리 방패로 물살을 막았지만 온 몸의 뼈마디가 욱신거릴 만큼 강한 통증에 시달렸다. 그 충격에 대범한 아킬레우스조차 겁을 집어먹었다.

아킬레우스는 재빨리 강기슭으로 몸을 피하려했지만 물결은 그의 몸을 휘감아 다시 강물 속으로 내동댕이쳤다. 다급해진 아킬레우스는

크산토스와 아킬레우스
앙리 프레데릭 쇼팽, 1831년.

칼과 방패를 강둑에 던진 후 느릅나무 가지를 잡고 성난 물살을 버텼다.

그러자 난폭한 물살은 나무의 뿌리까지 통째로 뽑아버렸다. 그 바람에 아킬레우스는 강물에 빠져 허우적거렸다. 계속된 스카만드로스 강의 공격에 그는 잠시도 정신을 차릴 수 없었다.

아킬레우스는 안간 힘을 다해 일어나서, 강에 가로놓인 나무를 밟고 필사적으로 강기슭으로 올라갔다. 그러나 강의 신은 그가 도망치도록 내버려두지 않았다. 사나운 맹수가 먹잇감을 덮치듯이 강물은 거칠게 아킬레우스의 발목을 휘어 감았다. 다급해진 아킬레우스는 하늘을 향해 외쳤다.

"위대한 신들의 왕 제우스시여! 올림포스의 신들이시여! 저를 구해 주소서! 이렇게 강물에 빠져 죽을 수는 없습니다. 차라리 용사로서 트로이 최고의 전사 헥토르와 싸우다 죽겠습니다."

아킬레우스의 다급한 외침은 헤라 여신의 귀에까지 들어갔다. 여신은 아킬레우스가 위기에 처한 모습을 보고 헤파이스토스를 불렀다.

"저러다가 아킬레우스가 곧 목숨을 잃겠구나. 헤파이스토스, 네가 크산토스의 폭주를 막아야겠다. 어서 가서 불로 강기슭의 모든 나무를 태워버려라! 불길이 강물의 온도를 높이면 강의 신은 굴복하게 될 것이다."

헤파이스토스는 어머니인 헤라 여신의 명을 받들어 강기슭에 불길을 일으켰다. 불길은 먼저 들판을 휩쓸어 많은 전사자들을 태워 버렸고, 그 다음에는 강기슭의 나무와 잡초를 차례로 태우기 시작했다. 불길로 인하여 강물의 온도가 올라가자 견디지 못한 물고기들이 이리저리 물위로 뛰쳐나왔다.

불길이 점점 거세지자 강물은 더욱 뜨거워졌고, 스카만드로스 강의 신은 두려움에 사로잡혔다. 그는 물속에서 모습을 드러내 헤파이스토스에게 호소했다.

"헤파이스토스여! 어떤 신도 그대의 불에는 당할 수가 없소. 그대가 돕는 아킬레우스를 내버려 둘 테니 이제 그만 불길을 멈춰주시오!"

헤라는 인간을 구하기 위해 강의 신에게 계속 고통을 안겨주는 것은 잘못이라고 여겨 헤파이스토스에게 불길을 멈추게 했다. 헤파이스토스가 불을 끄자 강은 다시 평온을 되찾았고, 아킬레우스는 위기에서 벗어났다. 그러나 다른 한쪽에서는 신들의 싸움이 계속되고 있었다. 아레스는 아테나를 향해 큰 소리로 외쳤다.

"아테나 어째서 너는 신들끼리 싸움을 붙이는 것이냐? 이전에 너는 디오메데스로 하여금 나에게 상처를 입히게 했었지. 자 이제 네가 한 행동의 죗값을 치르게 해주마!"

말을 마친 아레스는 아테나를 향해 창을 던졌다. 그러나 무시무시한 전쟁의 신이 던진 창도 제우스가 아테나에게 선물한 방패 아이기스는 뚫지 못했다. 오히려 창의 끝이 휘어지고 말았다. 아테나는 뒤로 물러서더니 창과 방패를 바닥에 내려놓고 거대한 바위를 집어 들었다.

"아레스! 이번엔 내 차례다."

아테나가 던진 바위는 바람을 가르며 날아가서 전쟁의 신 아레스의 목을 강타했다. 아레스는 날카로운 비명을 지르며 바닥에 나뒹굴었다. 아레스가 고통으로 신음하자 아테나는 깔깔거리며 통쾌하게 웃었다.

"이제는 분명하게 알았겠지? 내가 그대보다 훨씬 강하다는 것을 말이야."

아테나가 고통에 신음하는 아레스를 조롱했다. 이때 아프로디테가 아레스를 돕기 위해 달려왔다. 미의 여신이 재빨리 아레스를 부축하여 달아나려하자, 그 모습을 본 아테나가 쫓아왔다. 아테나는 힘센 주먹으로 아프로디테의 가슴을 강하게 내리쳤다. 몸의 균형을 잃은 아프로디테와 아레스는 그대로 땅바닥에 나동그라졌다. 아테나가 입가에 비웃

아테나, 아프로디테, 아레스
안드리스 코르넬리스 렌스, 1774~1775년.

음을 흘리며 말했다.

"나를 무시하고 아레스를 도우려 하더니 꼴좋다. 앞으로 트로이군을 돕는 자는 모두 그대들처럼 될 것이다."

구름위에서 그 모습을 내려다 본 헤라는 만족스러운 미소를 지었다.

"아테나가 잘 하고 있군."

한편, 포세이돈과 아폴론은 서로 싸우지 않기로 합의했다. 그들은 한때 둘이 노예로 힘을 합쳐서 트로이의 성벽을 쌓았고, 라오메돈 왕에게 배반당했던 적이 있었다. 그런 자의 자손을 위해 그들이 싸울 이유는 없다고 생각한 것이다. 그는 필멸의 인간들을 위해 아버지의 형제와 차마 싸울 수가 없었던 것이다. 그러자 아폴론의 누이 아르테미스는 오빠가 포세이돈에게 쉽게 승리를 넘겨주었다고 비난했다. 아폴론은 못 들은 척 넘겼으나 헤라는 가만있지 않았다.

그녀는 아르테미스를 엄하게 꾸짖었다.

"어찌 감히 나와 맞서려 하는 것이냐? 이 뻔뻔스러운 계집아이야. 제우스가 너에게 원하는 여인을 죽이도록 권한을 준 까닭에 활을 가지고 다니지만, 너는 힘으로 나의 상대가 되지 못한다. 너보다 강한 자와 싸우려 들지 말고 산짐승이나 사냥하는 게 네게 유익할 것이다. 하지만 원한다면 덤벼보아라. 그러면 내가 너보다 얼마나 강한지 똑똑히 알게 될 것이다."

헤라는 말을 마치자마자 완력으로 아르테미스의 활과 화살을 빼앗아 그녀의 귀뺨을 후려쳤다.

화살들이 사방으로 날아갔고, 아르테미스는 울음을 터뜨리며 달아났다. 그녀는 올림포스의 제우스에게 달려가서 부친의 가슴에 얼굴을 묻고 흐느꼈다. 제우스는 딸에게 누가 이런 못된 짓을 했느냐고 물었다. 그러자 아르테미스는 헤라를 비난했다. 제우스는 헤라를 비난하는 딸을 보며 껄껄 웃었다. 부녀가 이런저런 이야기를 주고받는 사이 다른 신들도 모두 올림포스로 돌아왔다. 하지만 아폴론만은 인간들의 세상에 남아 트로이로 갔다.

프리아모스 왕은 육중한 성문을 열어 제치고 아킬레우스에게 쫓기는 트로이군을 성 안으로 대피시켰다. 그러나 트로이군이 미처 다 피하기도 전에 아킬레우스가 성문 앞까지 쫓아왔다. 이때 아폴론이 트로이군을 돕지 않았다면 그리스군은 바로 트로이 성을 점령했을 것이다.

아폴론은 트로이의 전사 아게노르Agenor(트로이의 장로 안테노르의 아들)의 가슴에 용기를 가득 불어 넣었다.

"용감한 전사 아게노르여! 아킬레우스를 막아라."

아게노르는 질풍처럼 달려오는 아킬레우스의 전차를 막아섰다.

"아킬레우스! 트로이 성을 점령하려는 헛된 꿈은 버려라! 우리에게는 아직도 용감한 전사가 넘쳐나고, 우리의 가슴에는 뜨거운 용기가 용솟음치고 있다."

아게노르는 아킬레우스를 노리고 힘껏 창을 던졌다. 그의 창은 바람을 가르며 힘차게 날아가 아킬레우스의 무릎 밑을 쳤다. 그러나 헤파이스토스가 만든 청동으로 된 각반을 뚫지는 못했다. 이번에는 아킬레우스가 아게노르를 공격하였다.

"겁도 없이 내게 덤비다니 스스로 죽음을 자초하는구나."

그러나 위기의 순간에 아폴론이 안개를 뿌려 아게노르를 위험에서 건져냈다. 그를 트로이 성안으로 안전하게 피신시킨 아폴론은 아게노르의 모습으로 변신하여 아킬레우스를 유인했다. 그 사이에 트로이군은 모두 성 안으로 무사히 대피했다.

제22장

헥토르의 죽음

성안으로 대피한 트로이 군사들은 숨을 돌리고 물로 목을 적셨다. 그러나 헥토르는 성안으로 피신하지 않고 홀로 성 밖에 남아있었다. 잔혹한 운명의 힘이 그를 사로잡았기 때문이다.

한편 아게노르를 뒤쫓던 아킬레우스는 크게 놀랐다. 아게노르의 모습은 온데간데없고 그의 말 위에는 아폴론이 앉아 있었다. 아폴론은 이글거리는 눈으로 아킬레우스를 노려보며 꾸짖었다.

"아킬레우스, 필멸의 인간 주제에 불멸의 신인 나를 쫓아서 어쩌자는 거냐? 쫓기던 트로이군은 모두 성안으로 안전하게 대피했는데 너는 이곳에서 배회하며 헛수고를 하는구나."

아킬레우스는 불만이 가득한 목소리로 아폴론에게 항의했다.

"아폴론 신이시여! 왜 저를 방해하십니까? 저에게 당신을 상대할만한 힘은 없지만 언젠가 반드시 이번 일에 대해서 책임을 묻겠습니다."

아킬레우스는 아폴론에게 속은 것이 생각할수록 분했다. 만약 그렇지 않았다면 지금쯤 그는 트로이 성안으로 들어가 도시를 멸망시켰을 것이었다. 아킬레우스는 분한 마음에 거친 숨을 몰아쉬며 전차를 돌려 성문 쪽으로 달려갔다.

프리아모스 왕은 쏜살같이 달려오는 아킬레우스를 보고 가슴이 덜컥 내려앉았다. 아직 성문밖에 남아있는 헥토르가 걱정되었기 때문이다. 프리아모스 왕은 아들에게 다급한 목소리로 외쳤다.

"헥토르, 내 사랑하는 아들아! 너 혼자 저 잔혹한 자와 맞설 생각은 말아라! 그는 너보다 훨씬 강하다. 네 생명을 가벼이 여기지 말고 어서 성안으로 들어오너라!"

프리아모스 왕은 아들을 잃게 될지도 모른다는 두려운 마음에 아들에게 애원하다시피 했다.

"이 아비와 네 어머니, 네가 아끼고 사랑하는 네 아내와 자식 그리고 너만을 의지하는 형제들을 생각해라. 이 나라의 장래와 수많은 백성을 생각해서라도 제발 마음을 돌려 어서 빨리 들어오너라!"

헥토르의 어머니 헤카베 왕비도 눈물을 흘리며 아들을 설득했다.

"내 아들아, 이 어미의 간절한 부탁을 들어다오. 아킬레우스는 잔인하니 네가 죽는다면 네 시신을 들개의 먹이로 던져줄 것이다. 그렇게 되면 우리와 너의 아내는 장례조차 치르지 못하고 슬픔에 빠져 미쳐버리고 말 것이다. 그러니 이제 성안으로 들어오너라."

헥토르는 부모의 눈물 어린 애원에도 요지부동이었다. 그는 마치 독이 잔뜩 오른 코브라가 머리를 쳐들고 적을 노리듯이 그렇게 서서 아킬레우스가 다가오기를 기다렸다. 한편으로는 지난밤에 있었던 일을 생각하며 상념에 빠졌다.

'지난밤에 폴리다마스가 군사들을 성안으로 후퇴시키자고 제안했을 때 그의 말을 들었다면 얼마나 좋았을까? 나 때문에 수많은 군사가 목숨을 잃었는데 내가 무슨 면목으로 돌아가서 그들의 부모를 뵐 수 있단 말인가? 차라리 아킬레우스와 싸우다가 죽는 편이 훨씬 명예로울 것이다.'

이윽고 아킬레우스가 거대한 창을 휘두르며 가까이 다가왔다. 그의 청동 갑옷과 투구가 태양 빛을 받아 번쩍거렸다. 헥토르는 막상 살기등등한 아킬레우스를 보자 겁이 덜컥 났다. 그의 가슴속에 불타오르던 용기는 증발되었고, 그 대신 두려움만이 가득 채워졌다. 헥토르는 공포에 사로잡혀 아킬레우스를 맞아 싸워볼 생각조차 못 하고 말머리를 돌려 급히 도망치기 시작했다.

"거기 서라! 헥토르!"

아킬레우스는 매가 먹잇감을 사냥하듯이 날쌔게 헥토르를 뒤쫓았다. 그들은 쫓고 쫓기면서 성 둘레를 세 바퀴나 돌았다. 이때 하늘 위에서 제우스와 올림포스의 신들이 그 광경을 내려다보고 있었다. 제우스는 헥토르에게 측은한 마음이 들어 그를 도와주고 싶었다. 그는 신들을 돌아보며 의견을 물었다.

"저런, 안타까운 일이로다. 헥토르는 내게 그동안 수많은 소를 제물로 바쳤다. 그의 목숨을 구해주고 싶은데 그대들의 생각은 어떤가?"

그러자 아테나가 강력하게 반대했다.

"신들의 왕이신 우리의 아버지시여. 그게 무슨 말씀이세요. 죽음을 맞은 한낱 인간의 운명을 바꾸시겠다니요. 저는 절대로 찬성할 수 없습니다."

제우스는 딸의 의견을 수용하였다.

"사랑하는 딸아, 내 마음이 그렇다는 것이지 그를 꼭 돕겠다는 뜻은 아니니라. 네 뜻이 정녕 그렇다면 주저하지 말고 네가 원하는 대로 속히 행하여라."

아테나는 곧바로 전쟁터로 내려갔다. 아킬레우스와 헥토르의 쫓고 쫓기는 추격전은 여전히 계속되고 있었다. 그들이 네 번째로 스카만드로스 강 부근에 이르렀을 때 제우스는 황금 저울을 꺼내 들었다. 그는 저울 위에 두 사람의 운명을 올려놓았다. 제우스가 저울의 중심추를 놓고 들어 올리자 헥토르의 운명 쪽이 아래로 기울어졌다. 그러자 헥토르를 도와주던 아폴론은 그를 떠나갔고, 반면 아킬레우스를 도와주던 아테나는 그에게 더욱 강력한 힘을 주었다.

"아킬레우스, 내가 헥토르를 꾀어 그대와 싸우게 할 테니 여기서 잠시 쉬고 있어라. 헥토르의 명이 다하였으니 승리는 이제 그대의 것이다."

아테나는 헥토르의 동생인 데이포보스로 변신하여 헥토르에게 달려갔다.

"형님, 제가 왔습니다. 우리 함께 아킬레우스에게 맞서 싸웁시다."

아킬레우스를 피해 도망치던 헥토르는 동생이 조력자로 나서자 매우 기뻐했다.

"오, 나의 아우여. 모두 성안에 피신해 있는데 너만은 나를 도우려고 나왔구나. 너를 보니 내 마음이 든든하기 이를 데 없다."

아테나는 이렇게 해서 헥토르가 아킬레우스에게 맞서 싸우도록 만들었다. 헥토르는 아킬레우스에 대한 두려움을 잊고 당당하게 말했다.

"아킬레우스, 나는 이제 더는 그대를 피하지 않고 싸우겠다. 아테나 여신이 그대를 돕는다면 나를 죽일 수도 있을 것이다. 그러나 그 전에 내 창을 피할 수 있는지부터 시험하겠다."

헥토르는 아킬레우스를 향하여 힘껏 창을 던졌다. 아킬레우스는 방패를 들어 헥토르의 창을 막았다. 바람을 가르며 무서운 기세로 날아온 창은 헤파이스토스가 만든 방패를 뚫지 못하고 그만 튕겨 나가고 말았다.

헥토르는 급히 데이포보스에게 새로운 창을 달라고 부탁했다. 그러나 조금 전까지 옆에 있던 데이포보스의 모습은 보이지 않았다. 헥토르는 그제야 모든 것을 알게 되었다.

"아테나 여신이 데이포보스로 변신하여 나를 속였구나. 아, 여신은 기어이 나를 죽이려고 하는구나. 하지만 이 헥토르가 허무하게 삶을 마칠 수는 없지. 어차피 죽을 목숨이라면 용감하게 싸우다가 명예롭게 죽겠다!"

헥토르는 날카로운 칼을 뽑아 들고 아킬레우스를 향해 돌진했다.

"오너라, 헥토르! 이제야말로 너를 죽여서 파트로클로스의 원수를 갚게 되었구나. 내 창을 받아라!"

아킬레우스는 온몸의 힘을 팔에 끌어모아 전차를 타고 질주해오는 헥토르를 향해 창을 던졌다. 창은 무서운 속도로 바람을 가르며 날아가 헥토르의 목에 깊숙이 박혔다. 그의 몸은 실 끊어진 연처럼 전차에서 바닥으로 떨어져 힘없이 나뒹굴었다. 아킬레우스는 헥토르를 내려다보며 소리쳤다.

"헥토르, 파트로클로스를 죽이고도 무사할 줄 알았더냐? 이제 너는 독수리와 들개의 먹이가 될 것이다."

헥토르는 거친 숨을 몰아쉬며 흐릿해져가는 정신을 가다듬고, 마지막 남은 기운을 모두 끌어 모아 힘겹게 말했다.

"아킬레우스, 부탁이 있네. 내 부모님께 충분한 몸값을 받고 나를 그분들께 돌려주게. 날 화장할 수 있도록……."

아킬레우스는 헥토르의 간절한 부탁을 단번에 거절했다. 그는 성난 목소리로 소리쳤다.

"닥쳐라! 네가 파트로클로스에게 한 짓을 벌써 잊었단 말이냐? 네 부모가 아무리 많은 황금을 가져와서 눈물로 애원해도 너를 절대 돌려주지 않을 것이다! 내가 약속하마. 오직 독수리와 들개들만이 너를 차지하게 될 것이다."

아킬레우스의 서릿발처럼 차가운 대답에 헥토르는 절망했다.

"잔인한 아킬레우스여, 네 심장은 참으로 강철보다 더 단단하구나. 그러나 너의 최후도 멀지 않았다. 정의로운 아폴론 신과 내 아우 파리스가 너를… 죽여… 내… 복수를 할 것이…다."

헥토르를 무찌르는 아킬레우스
피터 폴 루벤스, 1630년.

　　그는 마치 유언을 남기듯이 힘겹게 세상에서 그가 할 수 있는 마지

막 말을 마치고 숨을 거두었다. 아킬레우스는 코웃음을 쳤다.

"내 죽음까지 네가 걱정할 필요 없다. 너를 죽여 파트로클로스의 원수를 갚았으니 나는 더는 이 세상에 미련이 없는 사람이다. 그러니 언제든지 죽음이 다가오면 기꺼이 받아들일 것이다."

아킬레우스는 숨을 거둔 헥토르의 몸에서 창을 뽑았다. 그리고 피로 물든 투구와 갑옷을 벗겨냈다. 그리스 군사들이 달려와서 헥토르의 시체를 보고 크게 환호했다.

"와아! 헥토르가 죽었다. 우리를 두렵게 했던 그 헥토르가 죽었다!"

아킬레우스가 군사들을 향해 외쳤다.

"용감한 그리스의 전사들이여! 우리는 트로이 최고의 영웅 헥토르를 죽였다! 이제 곧 트로이 성을 점령하고 위대한 승리를 거두게 될 것이다! 승전가를 부르며 헥토르의 시체를 끌고 함선으로 돌아가자!"

아킬레우스가 말을 마치자 그리스군은 환호하며, 마치 잔칫날을 맞은 것처럼 크게 기뻐했다. 아킬레우스는 헥토르의 목숨을 빼앗고도 분이 풀리지 않아 그를 모욕하기 위해 쇠가죽 끈의 한쪽을 그의 발목에 구멍을 내고 묶었다. 그리고 다른 한쪽은 전차에 묶었다. 아킬레우스의 전차가 달려가자 헥토르의 시신은 울퉁불퉁한 땅바닥을 쓸고 끌려가면서 자욱한 흙먼지를 일으켰다.

헥토르의 가족들은 트로이 성의 망루에서 그 모습을 지켜보고 있었다. 프리아모스 왕과 헤카베 왕비는 하늘이 무너져 내리는 절망감을 느끼고 서럽게 통곡했다.

헥토르의 어머니는 머리를 쥐어뜯으며 비명을 질렀고, 아버지는 눈물을 흘리며 괴로운 신음을 토해냈다.

"아아, 그 많은 자식을 모두 잃고 이제 장남인 헥토르까지 잃다니, 이 무슨 날벼락이란 말인가?"

그 소식을 들은 온 도성의 백성들이 통곡하자 울음소리가 온 도시에 메아리쳤다. 프리아모스 왕은 아킬레우스에게 아들의 시신을 돌려달라고 애원하기 위해 성 밖으로 나가려 했다. 백성들이 그를 막아서며 극구 만류했다. 왕은 성문 앞 더러운 흙먼지 속에 뒹굴며 아들의 죽음을 슬퍼했다.

헥토르의 아내 안드로마케는 비보를 듣지 못해, 남편이 성문 밖에서 참변을 당한 사실을 알지 못했다. 그녀는 남편이 돌아오면 씻을 따뜻한 물을 준비하느라고 여념이 없었다. 그러나 통곡 소리가 크게 들려오자 그 소리가 시어머니 헤카베 왕비의 목소리라는 것을 알아차렸다.

불길한 예감이 스치자 그녀는 하던 일을 팽개치고 성벽 위로 달려갔다. 그곳에 도착하니 저 멀리 자욱한 먼지를 일으키며 달려가는 전차가 보였고, 그 전차에 묶여 끌려가는 남편의 모습이 보였다. 그 순간 그녀는 정신을 놓고 바닥에 쓰러졌다. 그러자 시누이와 동서들이 달려와 그녀를 일으켜 부축했다. 그녀는 슬픔을 가누지 못하고 미친 사람처럼 울부짖었다.

"사랑하는 남편 헥토르여, 저의 간곡한 부탁을 뿌리치시더니 이렇게 허망하게 돌아가셨군요. 우리는 이제 어떻게 살라고 이렇듯 무정하게 먼저 가시나요? 우리 두 사람이 낳은 아들은 아직 갓난아이에 불과해요. 당신이 죽었으니 그 아이를 지켜주지 못할 것이며, 그 아이도 당신에게 도움이 되지 못할 거예요. 설사 그 아이가 이 전쟁에서 살아남는다고 해도 고아가 되어 홀로 땅도 친구도 없이, 남이 던져주는 음식에 기대어 살거나 제 아버지를 존경하던 자들에게까지 거절당하며 비참한 삶을 살게 될 거예요. 당신 아들 아스티아낙스 말이에요."

안드로마케는 가슴이 찢어지는 고통을 느끼며, 남편의 시신이 없으니 그의 옷들이라도 태워주겠다며 맹세했다. 그것이 헥토르의 명예를 지켜주는 것이라며 오열하자, 주위에 있던 여인들이 모두 따라서 눈물을 흘렸다.

제23장

파트로클로스의 추모 경기

전투를 마치고 돌아온 그리스군은 각자 자신들의 함선으로 흩어졌다. 그러나 미르미돈 족은 모두 아킬레우스를 중심으로 모였다. 아킬레우스는 전우들을 돌아보며 말했다.

"용감한 미르미돈 전사들이여. 사랑하는 나의 전우들이여! 아직은 우리의 말에서 멍에를 벗기지 마시오. 말과 전차를 끌고 파트로클로스의 곁으로 가서, 슬퍼하고 애도하여 죽은 자에게 마땅한 명예를 줍시다. 그러나 실컷 울고 나서 우리의 마음이 가벼워지면 그때 가서 말의 멍에를 풀어주고, 여기서 저녁을 먹도록 합시다."

아킬레우스와 미르미돈 족은 파트로클로스를 추도하는 마음을 담아 전차로 그의 시신 주위를 세 바퀴 돌았다. 그리고 나서 아킬레우스

파트로클로스의 발 앞에 헥토르의 시체를 보여주는 아킬레우스
장 조셉 테일라송, 1769년.

는 파트로클로스의 시신 앞에 무릎을 꿇었다.

　"파트로클로스, 부디 저승에서라도 기뻐해 주게. 내가 약속한 대로 헥토르를 죽여 그대의 원수를 갚았다네. 나는 헥토르를 개 떼에게 주어 뜯어먹게 하려고 끌고 왔고, 트로이의 젊은이 열두 명을 화장용 장작더미 앞에서 목을 베려고 데려왔네."

아킬레우스는 전차에 묶어 끌고 온 헥토르의 시신을 파트로클로스의 침상 옆 흙먼지 속에 내던졌다. 그를 모독하기 위해 얼굴은 바닥을 향하게 눕혀놓았다.

추도식이 끝나자 미르미돈 족은 아킬레우스의 함선 옆에 모여앉아 고기와 술을 먹고 마셨다. 이때 그리스의 지휘관들이 와서 아킬레우스를 데리고 아가멤논의 막사로 갔다. 아가멤논은 자신의 막사 앞에 커다란 가마솥을 준비하여 물을 데워놓았다. 그는 아킬레우스의 몸에서 마른 피를 닦아내도록 목욕을 권했다. 그러나 아킬레우스는 딱 잘라 거절했다.

"신들 중에서 으뜸이신 제우스신께 맹세코, 내가 파트로클로스를 화장하고 그를 위해 무덤을 짓고, 내 머리털을 자르기 전에 머리에 물을 가까이한다면 그것은 도리가 아닙니다. 그러나 지금은 슬픔을 누르고 장례 음식을 먹도록 합시다. 그리고 우리의 왕 아가멤논이시여. 내일 날이 밝거든 수색대를 조직하여 화장할 때 쓸 땔감을 구해오게 해주십시오."

아가멤논에게 약속을 받은 아킬레우스와 일행은 술과 고기로 저녁 식사를 했다. 식사를 마친 지휘관들은 쉬기 위해 하나둘 자신의 막사로 돌아갔고, 아킬레우스는 바닷가에 누워 슬픔을 달래며 뒤척이다가 깊은 잠에 빠져들었다.

아킬레우스의 꿈속에 파트로클로스의 망령이 나타났다. 그는 생전의 모습과 하나도 다르지 않았다. 얼굴도 목소리도 옷도 모두 같았다. 그러나 얼굴만은 수심이 가득 찼다. 그는 눈물을 흘리며 말했다.

"아킬레우스여, 그대는 나를 잊은 것은 아니겠지요? 왜 나를 화장해서 묻어주지 않는 것인지요? 죽은 자들의 영혼이 내가 하데스의 문을 넘지 못하도록 가로막고 있습니다. 더는 내가 저승 문 앞에서 방황하지 않도록 이제 그만 나를 묻어주십시오. 그리고 한 가지 더 청이 있습니다. 아킬레우스, 그대의 뼈와 내 뼈를 갈라놓지 말고 함께 있게 해주시오. 우리가 어린 시절을 그대의 집에서 함께 지냈듯이 말이오. 펠레우스 왕께서는 나를 자식처럼 길러주시고 그대의 시종으로 임명해주셨지요. 그러니 우리 두 사람의 뼈를 그대의 거룩한 어머니께서 선물로 주신 황금 항아리에 함께 담아주시오."

아킬레우스가 대답했다.

"사랑하는 친구여! 그대는 무엇 때문에 내게 그런 일들을 일일이 부탁하는가? 내 약속하지. 그대가 원하는 것은 모두 해주겠네. 그러니 잠시나마 우리 서로 얼싸안고 실컷 울어 마음을 달래보세."

말을 마친 아킬레우스는 파트로클로스를 향해 손을 내밀었다. 그러나 그의 모습은 곧 연기처럼 사라졌다. 아킬레우스는 깜짝 놀라 잠에서 깨어났다.

"아, 꿈이 너무도 생생하구나. 가엾은 파트로클로스의 영혼이 나 때문에 방황하고 있단 말인가?"

새벽이 밝아오자 아가멤논의 명령을 받은 메리오네스가 군사들을 이끌고 이다 산으로 향했다. 숲속에 도착한 군사들은 큰 나무를 베어 장작으로 쪼갠 다음 해변으로 옮겨 한곳에 가지런히 쌓았다. 이윽고 파트로클로스의 시신이 장작더미 앞으로 옮겨졌다. 아킬레우스는 자신의 머리카락을 한 움큼 잘랐다.

"파트로클로스, 나는 고향으로 돌아갈 수 없을 테니 이 머리카락을 자네에게 주겠네."

그는 머리카락을 파트로클로스의 손에 쥐어 주었다. 그리고 양과 소를 잡아 제물로 바치고 시신이 올려진 장작더미에 불을 붙이자 때마침 북풍과 서풍이 불어 불길이 잘 타올랐다.

"파트로클로스, 내 그대에게 했던 약속을 이제 모두 지켰네. 그러니 이제 저승에서 편히 잠들게."

밤이 지나 새벽이 되어 장작더미의 불길이 사그라지자 아킬레우스와 그의 동료들은 파트로클로스의 유골을 모아 황금항아리에 담고, 항아리 주변에 돌을 쌓은 뒤 흙을 덮어 무덤을 만들었다.

장례가 끝나자 아킬레우스는 장수들을 불러 파트로클로스를 추모하는 경기를 열었다. 아킬레우스는 경기의 우승자에게 줄 선물로 세발솥과 말과 가축 그리고 여자들을 비롯하여 진귀한 물건들을 내놓았다.

"첫 번째 경기는 전차 경주입니다. 누구든지 말과 전차를 모는 데 자신 있는 용사는 나오시오."

아킬레우스의 말에 다섯 명의 용사가 나섰다. 그들은 테살리아 지방 페라이의 왕 에우멜로스, 아르고스의 왕 디오메데스, 아가멤논의 동생이자 스파르타의 왕 메넬라오스, 필로스 왕 네스트로의 큰 아들 안틸

로코스, 크레타의 왕 이도메네우스의 부관인 메리오네스였다.

전차들은 각자의 출발점을 정하기 위해 제비를 뽑아 순서대로 늘어섰다. 포이닉스가 심판관을 맡았다.

다섯 용사는 신호가 떨어지자마자 질풍처럼 말을 달려 나아갔다. 전차들이 반환점을 돌 때 선두는 에우멜로스였다. 그러나 디오메데스가 그 뒤를 바짝 쫓아 곧 추월할 기세였다. 이때 디오메데스를 못마땅하게 여기던 아폴론은 그의 채찍을 쳐서 떨어뜨리게 만들었다. 그 바람에 디오메데스의 말들은 걸음이 느려졌고, 에우멜로스와 간격이 더욱 벌어졌다. 이 모습을 본 아테나는 디오메데스의 채찍을 집어주고 그의 말들에게 힘을 불어 넣어주었다.

장례식 중 파트로클로스를 기리는 경기
앙투안 샤를 호레이스 베르네, 1790년.

디오메데스가 말에게 채찍질을 가하자 말은 맹렬한 속도로 질주하여 단숨에 에우멜로스의 전차를 따라잡았다. 이번에는 아테나가 에우멜로스의 전차를 끄는 말의 멍에를 부숴버렸다. 전차가 기울어지자 에우멜로스는 땅바닥에 굴러 떨어졌다. 이렇게 하여 디오메데스는 여유 있게 선두로 치고 나갔으며, 메넬라오스가 그 뒤를 추격했다. 안틸로코스는 뒤에 처져서 꾸물거리는 말들에게 채찍을 가하며 재촉했다.

"왜 이렇게 꾸물거리느냐? 너희가 꾸물거려 우리가 보잘것없는 상을 탄다면 고귀한 네스트로께서 너희들을 돌봐주시기는커녕, 너희를 당장 죽이실 것이다. 그러니 전속력으로 달려 저들을 따라잡아라! 나는 나대로 꾀를 내어 좁은 길목에서 저들을 앞지르도록 할 것이다."

경주로를 조금 더 달리자 땅이 갈라진 틈으로 물이 흘러들어 경주로가 위험할 정도로 좁아졌다. 안틸로코스는 그곳에서 추월할 수 있는 기회를 잡기 위해 메넬라오스의 옆에 바짝 달라붙었다. 그러자 메넬라오스는 충돌을 피하기 위해 말의 속도를 늦추었고, 안틸로코스는 그 틈을 이용하여 번개같이 그를 앞질렀다.

한편 관중석에서는 이도메네우스가 경주 상황을 살펴보다가 현재 디오메데스가 선두를 달리고 있으며, 처음 선두를 달렸던 에우멜로스의 전차가 사고를 당한 것 같다고 했다. 그러자 작은 아이아스가 그를 비난하며 에우멜로스가 여전히 선두를 지키고 있다고 주장했다. 그러자 이도메네우스도 화를 내며 아가멤논을 심판으로 세우고 누구 주장이 맞는지 세발솥 하나를 걸고 내기를 하자고 했다. 두 사람의 말다툼이 계속 될 조짐을 보이자 아킬레우스가 나서서 경주를 끝까지 지켜보라며 중재에 나섰다. 만약 그렇지 않았다면 그들 사이에 주먹다짐이 일어났을지도 모를 일이었다.

제일 먼저 결승선을 통과한 것은 디오메데스였다. 그는 지체하지 않고 재빨리 자신에게 주어진 상을 거머쥐었는데 여인과 손잡이가 달린 세발솥이었다. 두 번째 결승선을 넘은 것은 안틸로코스였다. 그는 실력보다 꾀를 내어 메넬라오스를 앞질렀고 결국 2등을 했다. 그 뒤를 이어 성이 잔뜩 난 메넬라오스가 3등으로 들어왔다. 그는 안틸로코스가 비겁한 방법으로 자신을 앞지른 일로 아직도 분이 풀리지 않은 상태였다. 메리오네스는 4등으로 들어왔고, 부상을 당해 선두를 놓친 에우멜로스가 꼴찌로 들어왔다.

"이번 경주의 우승자는 디오메데스입니다. 그러나 사고를 당하지 않았다면 승마술이 가장 뛰어난 에우멜로스가 우승을 차지했을 것입니다. 그러니 2등은 그에게 주도록 합시다."

모두들 아킬레우스의 주장에 동의하며 환호성을 질렀다. 그러나 안틸로코스는 자기가 받을 상을 에우멜로스가 받게 되어 불만을 가졌고, 메넬라오스는 꾀를 내어 자신을 앞지른 안틸로코스에게 화를 냈다. 그러자 아킬레우스는 에우멜로스에게 다른 상품을 주어 안틸로코스의 분을 달랬다. 안틸로코스는 자신의 행동이 경솔했다며 메넬라오스에게 사죄한 후 자신이 받은 상품을 화해의 선물로 건네주었다. 메리오네스는 황금 두 탈란톤을 상으로 받았다. 이렇게 모든 시상이 끝나자 5등 상인 손잡이가 둘 달린 항아리가 남게 되었다. 아킬레우스는 그것을 네스토르에게 우애의 표시로 주었다.

이어서 벌어진 여러 종목에서도 우승자가 가려졌다. 레슬링 경기에서는 공동 우승자가 나왔다. 바로 큰 아이아스와 오디세우스였다. 달리기 경주에서는 오디세우스가 우승하였고, 권투 시합의 우승자는 에페이오스Epeios였다. 솜씨 좋은 목수이기도 한 그는 상으로 노새 한 마리를 받았다.

무술시합에서는 디오메데스가 우승했고, 원반던지기 시합의 우승자는 폴리포이테스, 활쏘기 시합의 우승자는 메리오네스였다. 마지막 경기는 창던지기 시합이었다. 아킬레우스는 이 시합에 꽃무늬를 새긴 값진 세발솥과 창을 상으로 내놓았고, 총사령관 아가멤논과 이도메네

장례 경기에서 네스토르에게 지혜의 상을 수여하는 아킬레우스
찰스 필립 라리비에르, 1820년.

우스의 부관인 메리오네스가 선수로 참여했다. 그러나 아킬레우스가
마지막 순간에 이 시합을 중단시키고 아가멤논이 우승자임을 선언했
다. 그가 그리스군 중 최고의 투창수라는 사실을 모르는 이가 없었고,
아킬레우스 역시 그 사실을 인정했다. 아가멤논은 세발솥을 차지했고,
그의 동의하에 메리오네스는 청동 창을 받았다. 이렇게 하여 파트로클
로스를 추모하는 경기는 모두 끝이 났다. 아킬레우스는 경기에 참여한

그리스 장수들에게 감사의 인사를 전했다.

"동지들, 모두 파트로클로스의 추모 경기를 빛내주셔서 정말 고맙습니다."

경기를 마치자 군사들은 뿔뿔이 흩어져 각자 자신들의 막사로 돌아갔다. 그들은 저녁식사와 달콤한 잠을 청할 참이었다.

제24장

헥토르의 장례식

　군사들이 모두 잠든 깊은 밤, 아킬레우스는 잠을 쉽게 이루지 못하고 해변을 거닐고 있었다. 그는 파트로클로스와 함께 했던 추억들을 떠올렸고, 그럴수록 슬픔은 더욱 커졌다. 그러자 친구의 목숨을 빼앗아간 헥토르에 대한 분노가 더욱 치밀어 올라왔다.

　아킬레우스는 헥토르의 시신을 다시 전차에 묶었다. 그리고는 전차를 끌고 파트로클로스의 무덤을 세 바퀴 돌았다. 분한 마음을 달랜 그는 막사로 돌아와 쉬었고, 헥토르의 시신은 흙먼지 속에 팽개쳐두었다. 그러나 헥토르를 불쌍히 여긴 아폴론은 그의 피부에 손상이 가지 않도록 황금 아이기스로 그의 온몸을 덮어주었다.

헥토르가 세상을 떠난 지 열이틀 째가 되던 날, 올림포스 신전에 신들이 모두 모였다. 아폴론은 여러 신들을 향해 작심하고 질책했다.

"신들이시여, 어찌 이토록 무정하고 잔인하단 말입니까? 헥토르는 우리에게 수많은 소와 양을 제물로 바쳤소. 그와 반대로 아킬레우스는 제 정신을 잃고 복수심에 미쳐 날뛰기만 했던 잔인한 인간이오. 그런데도 여러분은 헥토르를 외면하고 아킬레우스만 도와주었습니다.

아킬레우스는 헥토르의 시신을 전차에 매달아 끌고 다니며 수시로 그를 욕보이고 있습니다. 이건 너무 잔인합니다. 헥토르와 그의 아버지 프리아모스가 여러분을 정성껏 섬겼던 일을 생각해 보십시오. 부디 그의 시신만이라도 가족의 품에 돌려줍시다."

헤라와 아테나와 포세이돈은 반대했지만, 제우스는 아폴론의 의견에 동조하며 그의 주장을 거들었다.

"아폴론의 말이 옳도다. 헥토르와 그의 아버지 프리아모스는 늘 우리에게 제사를 지내고 정성껏 제물을 바쳐왔다. 내가 테티스를 불러서 아들을 설득하도록 해보겠다. 아킬레우스가 프리아모스로부터 몸값을 받고 헥토르를 돌려주도록 말이다."

제우스의 결정에 아폴론은 헥토르에 대한 부담을 털어버리고 기뻐했다. 제우스의 부탁을 받은 테티스는 즉시 아들을 찾아갔다. 아킬레우스는 여전히 친구를 잃은 슬픔에 사로잡혀 괴로워하고 있었다. 테티스는 아들에게 다가가 그를 위로한 후 제우스의 뜻을 전했다.

"내 아들아, 언제까지 이렇게 슬퍼하고만 있을 테냐? 올림포스 신들께서 너의 처사에 분노하고 계신다. 그중에 특히 제우스님의 분노가 크단다. 이제 그만 몸값을 받고 헥토르의 시신을 그의 가족 품에 넘겨주어라."

아킬레우스는 내키지 않았지만 어머니의 간곡한 권유와 제우스의 뜻에 순종하기로 했다.

"신의 뜻이라면 마음에 들지 않아도 따라야지요. 헥토르의 가족이 충분한 몸값을 지불한다면 시신을 넘겨주겠습니다."

한편, 무지개의 여신 이리스는 제우스의 명을 받고 트로이 성으로 날아갔다. 트로이의 왕궁은 슬픔으로 가득했고 울음소리가 그치지 않았다. 프리아모스 왕은 큰아들 헥토르를 잃은 슬픔에 잠겨 식음을 전폐했다. 이리스는 두 손으로 얼굴을 감싼 채 슬픔에 잠겨있는 왕에게 다가갔다. 그는 여신이 다가오자 깜짝 놀랐다. 여신이 왕을 안심시키며 말했다.

"프리아모스 왕이여, 놀라지 마라. 나는 그대에게 좋은 소식을 전하러 왔다. 제우스께서 아킬레우스에게 헥토르의 시신을 가족 품에 돌려보내라고 명하셨다. 그러니 즉시 헥토르의 몸값을 준비하여 그의 막사로 찾아가라."

프리아모스 왕은 뜻밖의 희소식에 놀라 여신에게 되물었다.

"그 말이 정말입니까?"

"사실이다. 단, 올림포스의 주인께서 말씀하시기를 아킬레우스를 찾아갈 때 짐수레를 끌고 갈 나귀와 하인 한 명 외에는 아무도 데려가지 말라고 하셨다."

왕이 걱정스럽게 물었다.

"하인과 단둘이 말입니까?"

이리스가 대답했다.

"그렇다. 하지만 걱정하지는 말라. 헤르메스 신이 동행하여 그대를 보호할 것이다. 또한, 아킬레우스는 결코 어리석거나 흉악하지도 않다. 그러니 사정하고 호소하면 그도 외면하지 않을 것이다."

이리스는 말을 마치자마자 곧바로 올림포스로 돌아갔다. 프리아모스 왕은 아들들에게 노새가 모는 수레를 준비시키고, 자신은 아내 헤카베에게 가서 앞일을 의논했다.

"이리스 여신께서 내게 찾아오셔서 제우스의 말씀을 전하셨소. 그분은 헥토르의 몸값을 준비해서 아킬레우스의 막사로 찾아가라고 하셨소. 단 시종만 데리고 나 혼자서 가야 한다고 하셨소. 이 일에 대하여 당신의 의견을 듣고 싶소."

헤카베 왕비는 남편의 말을 듣자마자 흐느껴 울며 말했다.

"아아! 우리 백성들과 저 멀리 타국의 이방인들에게까지 명성이 자자하던 당신의 지혜는 어디로 갔나요? 당신의 사랑하는 아들들을 수없이 죽인 그 흉악한 사내에게 대책도 없이 혼자서 가시려 하다니요. 당신의 심장은 진정 무쇠로 만들어진 모양이군요. 그자는 인정이 없는 냉혹하고 모진 성격의 소유자예요. 당신이 가면 그 흉포한 사내가 어떤 짓을 할지 눈에 선해요. 그러니 위험을 자초하지 말고 이곳에서 그 애를 애도하도록 해요. 사랑하는 자식들을 모두 잃고 당신마저 잃을 수는 없어요."

프리아모스 왕은 아내가 극구 만류하자 마음이 무거워졌다. 하지만 그의 결심은 흔들리지 않았다.

"당신의 염려하는 바를 모르는 것은 아니오. 나라고 왜 불안하지 않겠소. 하지만 나에게 그 일을 명하신 분은 가장 고귀하고 위대하신 분이오. 그분은 자신의 전령인 이리스 여신을 내게 직접 보내서 나에게 말씀을 전하셨소. 그분은 결코 헛된 말씀을 하지 않는 분이라는 것을 당신도 잘 알지 않소. 그러니 이제 날 말리지 마시오. 설사 목숨을 잃게 될지라도 나는 갈 것이오. 한 번만이라도 내 아들을 다시 품에 안아볼 수 있다면 그 자리에서 죽어도 여한이 없소."

프리아모스 왕은 이렇게 말하고, 화려하게 장식한 궤짝 뚜껑을 열었다. 그 속에서 열두 벌의 아름다운 부인복과 열두 벌의 외투, 또 같은 수의 깔개와 망토와 웃옷을 꺼냈다. 그리고 황금을 저울에 달아 모두 열두 탈란톤을 준비했으며, 세발솥과 가마솥과 아름답기 그지없는 술잔을 가지고 나왔다. 이 술잔은 그가 트라케 인에게 선물 받은 것으로 매우 아끼는 보물 중의 보물이었다. 하지만 그것마저도 아끼지 않은 것은 그만큼 아들을 돌려받고 싶은 마음이 간절했기 때문이다. 그는 가져갈 물건들을 챙긴 후 뜰로 나와 아들들을 부르며 역정을 냈다.

그의 아들들은 아버지의 호통에 겁이 나서 다급하게 수레를 가져와 버들고리를 잡아매고, 아버지가 준비한 물건들을 실었다. 준비가 끝나자 헤카베가 포도주가 든 황금 술잔을 들고 왔다.

"자, 당신은 내가 극구 만류해도 길을 떠나시겠다니 이 잔에 든 포도주를 제우스 신께 바치고, 적진에서 무사히 집으로 돌아오게 해달라고 기도하세요."

프리아모스가 아내의 청을 받아들여 포도주를 바치고 기도하자, 제우스는 그 기도를 듣고 독수리를 보내, 이들을 위로하기 위한 길조로서 도성 하늘의 오른쪽으로 날아가게 했다.

모든 준비가 끝나자 프리아모스 왕은 시종과 함께 서둘러 길을 떠났다. 헤카베 왕비는 멀어져가는 그의 뒷모습을 바라보며 하염없이 눈물을 흘렸다.

프리아모스 왕이 평원에 들어설 무렵, 제우스는 사랑하는 아들 헤르메스를 불렀다.

"너는 가서 프리아모스가 아킬레우스의 함선에 도착할 때까지 아무도 그를 보거나 눈치채지 못하게 해라."

제우스의 명을 받은 헤르메스는 즉시 황금 샌들을 신고, 손에는 자신의 지팡이 카드케우스를 챙겨 들었다. 그리고는 순식간에 지상으로 날아 내려갔다. 그는 헬레스폰토스에 이르러 귀족 차림의 청년으로 변신하고 프리아모스 왕에게 다가갔다. 낯선 젊은이의 등장에 왕과 시종은 겁을 집어먹었으나, 헤르메스는 그들을 안심시켰다.

"노인장께서는 이 깊은 밤중에 어디를 가십니까? 여긴 전쟁터입니다. 두 분이 밤길을 가시는 것은 매우 위험하니 제가 가시는 곳까지 동행해 드리지요."

프리아모스 왕은 미심쩍은 듯 물었다.

"젊은이, 그대는 누구시기에 이렇듯 내게 친절을 베푸십니까?"

젊은이로 변신한 헤르메스가 대답했다.

"노인장, 저는 펠레우스 왕의 아들이신 아킬레우스 님의 시종입니다. 그러니 저를 믿고 안심하셔도 됩니다."

프리아모스 왕은 그제야 안도하며 질문했다.

"그대가 진정 아킬레우스의 시종이라면 내게 사실대로 말해주시오. 내 아들이 아직도 함선들 옆에 있소? 아니면 이미 개의 먹이가 되어버린 것이오?"

헤르메스가 대답했다.

"노인장, 그는 아직 함선 옆 막사들 사이에 처음 쓰러진 그대로 누워있습니다. 벌써 열이틀이 지났지만, 그의 피부는 조금도 썩지 않았고 구더기도 꾀지 않았어요. 가서 보면 놀라실 만큼 그의 몸은 손상된 곳이 전혀 없고 깨끗합니다. 신의 보살핌이 없다면 불가능한 일이죠."

프리아모스 왕은 기뻐하며 제우스에게 감사의 기도를 올렸다. 그는 헤르메스의 든든한 호위를 받으며 무사히 아킬레우스의 함선에 도착했다. 헤르메스가 파수병들을 잠들게 했고, 프리아모스 왕은 아무도 모르게 아킬레우스의 막사에 도착할 수 있었다.

그제야 헤르메스는 본 모습으로 돌아왔다. 프리아모스 왕은 신의 도움에 진심으로 감격했다.

"오, 헤르메스 신께서 이 늙은이를 도와주셨군요."

헤르메스가 말했다.

"이제 내 임무는 모두 끝났소. 나머지는 그대에게 달렸소. 어서 들어가서 아킬레우스를 만나도록 하시오."

아킬레우스에게 헥토르의 시신을 돌려달라고 요청하는 프리아모스
알렉산더 이바노프, 1824년.

프리아모스 왕은 떨리는 가슴을 진정시키며 아킬레우스의 막사 안
으로 들어섰다. 아킬레우스는 탁자에 앉아 생각에 잠겨있었다. 왕은 아
킬레우스에게 다가가 무릎을 꿇고, 자기 자식들을 죽인 그의 손에 입을
맞추었다.

"당신은 프리아모스 왕이 아니시오?"

아킬레우스는 야심한 밤에 찾아온 방문객을 알아보고 소스라치게 놀랐다. 프리아모스 왕은 눈물을 흘리며 애원했다.

"그렇습니다. 내 아들 헥토르의 시신을 돌려받고자 여기까지 오게 되었습니다. 장군께서도 나처럼 늙은 아버지가 있을 겁니다. 부친을 생각해서라도 이 늙은이에게 동정을 베풀어 주십시오. 정성껏 준비해온 몸값을 받으시고 부디 제 아들 헥토르의 시신을 돌려주십시오."

아킬레우스는 불현듯 고향에 있는 늙은 아버지가 생각나자, 야심한 밤에 위험을 무릅쓰고 자신을 찾아온 프리아모스 왕이 한없이 측은하게 느껴졌다. 그는 노인의 손을 잡아 일으켰다.

"가엾은 어른, 그만 일어나십시오. 당신의 자식들을 죽인 이 손에 입을 맞추시다니 몸 둘 바를 모르겠소. 하지만 이 모든 것이 불멸의 신들이 정해준 운명이니 어찌하겠습니까? 그만 눈물을 거두시오. 아들의 시신을 돌려받고자 노구를 이끌고 여기까지 오신 어르신의 정성을 봐서라도 기꺼이 헥토르를 돌려주겠습니다."

말을 마친 아킬레우스는 시녀들에게 명하여 헥토르의 시신을 씻기고 깨끗한 수의를 입히게 했다. 시종들은 프리아모스 왕이 끌고 온 수레에서 짐을 풀었다. 시녀들이 일을 마치자 아킬레우스는 손수 시신을 들어 짐수레에 싣고 나서, 소리 내어 울며 파트로클로스에게 용서를 구했다.

"파트로클로스여! 헥토르의 시신을 돌려주었다고 너무 노여워하지 말게나. 그의 부친은 충분한 몸값을 치렀다네. 내 그중에서 자네에게도 적절한 보상을 해주겠네."

막사 안으로 돌아온 아킬레우스는 프리아모스 왕에게 시신을 싣고 돌아갈 준비를 모두 마쳤으니 동이 트는 대로 떠나면 된다고 했다. 그러고는 시종들에게 음식을 준비시켜 식사를 권했다. 그들은 식사를 마치고 마주 앉아 서로를 자세히 볼 기회를 얻었다. 프리아모스는 아킬레우스의 출중한 용모에 새삼 놀랐다. 한편 아킬레우스도 프리아모스 왕의 고상한 용모와 기품 있는 태도에 감탄했다. 아킬레우스는 프리아모스 왕과 그의 시종에게 침상을 마련해 준 뒤 물었다.

"장례를 치르자면 휴전이 필요할 텐데 며칠이면 되겠습니까?"

프리아모스 왕은 아킬레우스의 배려에 감격했다.

"오, 이렇게 배려해 주시다니 정말 고맙소. 아흐레 동안 애도하고 이틀간 무덤을 만들까 합니다."

아킬레우스는 프리아모스 왕의 요구를 흔쾌히 들어주었다.

"그렇게 하십시오. 그때까지 휴전하도록 하겠습니다."

프리아모스 왕은 아들의 시신을 돌려받고 생각지도 못했던 휴전까지 맺자 흡족한 마음으로 잠자리에 들었다. 아킬레우스도 침상에 누워 잠을 청하자, 그가 사랑하는 브리세이스가 곁에 와서 누웠다.

하지만 헤르메스는 잠을 이루지 못했다. 그는 프리아모스 왕의 돌아가는 길도 인도해야 했기 때문이다. 헤르메스는 프리아모스 왕을 깨워 아가멤논에게 발각되면 몸값을 세 배로 줘야 할 것이라고 경고했다. 놀란 왕은 시종을 불렀고, 헤르메스는 노새에게 멍에를 얹어 눈에 띄지 않게 재빨리 그리스군의 진영을 빠져나갔다. 위험지대를 지나 안전한 크산토스 강에 이르자 헤르메스는 올림포스로 돌아갔다. 동이 터오자

헥토르를 애도하는 안드로마케
자크 루이 다비드, 1783년.

프리아모스 왕과 시종은 헥토르의 시신과 함께 도성으로 향했다.

카산드라가 가장 먼저 부친을 발견하고, 트로이 백성들에게 헥토르를 맞이하라고 외쳤다. 곧이어 온 도시가 술렁이더니 백성들은 자신들의 왕과 헥토르의 시신을 맞으러 성문으로 달려갔다. 육중한 성문이 열리자 온 백성이 나와서 시신이 되어 돌아온 영웅을 맞이했다. 그들은 시신을 궁 안으로 들여 침상에 눕혔고, 도시의 곳곳에서 추모의 물결이 이어졌다.

헥토르의 죽음을 애도하는 아흐레 동안, 트로이 성에서는 백성들의 통곡소리가 그칠 줄 몰랐다. 열흘 째 되던 날, 영웅의 시신은 높은 장작더미 위에 올려졌고, 백성들의 통곡 속에 프리아모스 왕은 아들의 시신이 누워있는 장작더미에 친히 불을 붙였다.

장작더미가 다 타고나서 재만 남자, 그의 가족과 전우들은 헥토르의 뼈를 주워 모았다. 그들의 눈에서는 하염없이 눈물이 흘러내렸다. 그들은 모여진 뼈들을 황금 항아리에 담고 그것을 부드러운 자줏빛 옷들로 쌌다. 이어서 그 항아리를 빈 구덩이에 넣고 그 위에 큰 돌들을 촘촘히 쌓아 올렸다. 그들은 서둘러 봉분을 쌓고 그리스군의 침략에 대비하여 사방에 파수병들을 세웠다. 장례에 참석한 트로이 인들은 프리아모스 왕의 집에 모여서 성찬을 대접받았다. 이렇게 하여 트로이의 영웅 헥토르는 한 줌의 흙으로 돌아갔고, 그가 목숨을 바쳐 지켜왔던 트로이의 운명은 이제 불안한 미래만을 남겨 두게 되었다.

헥토르가 죽은 후, 그리스군은 트로이 성을 함락시키는 것은 시간 문제라고 생각했다. 하지만 에티오피아군과 아마존의 여전사들이 트로이 진영에 합류하면서 전쟁은 다시 지루한 공방전으로 이어졌다.

이 무렵 아킬레우스는 우연히 만난 트로이의 공주 폴릭세네에게 마음을 빼앗겼고, 그녀에게 청혼을 결심했다. 그리스 장수들은 이 결혼을 지지하면서 전쟁이 평화적으로 끝나기를 기대했다. 아킬레우스는 사자를 트로이의 왕궁에 보내 자신의 뜻을 전했다.

트로이의 프리아모스 왕은 아킬레우스의 청혼을 환영했다. 그러나 파리스는 형의 복수와 헬레네를 돌려주지 않으려고 아킬레우스를 죽일 계획을 세웠다. 아킬레우스가 청혼하러 트로이 왕궁에 들어온 날,

파리스가 쏜 화살은 아킬레우스의 급소인 발뒤꿈치를 명중시켰다. 운명의 여신이 예언한 대로 아킬레우스는 트로이인의 화살에 목숨을 잃고 말았다.

아킬레우스의 갑옷을 차지하기 위해 큰 아이아스와 오디세우스는 정식으로 결투를 벌였다. 오디세우스가 승리하여 갑옷을 차지했고, 이후 아이아스는 미쳐서 자살했다.

지루한 전쟁이 계속 이어지자 그리스인들은 프리아모스 왕의 아들인 헬레노스를 사로잡았다. 헬레노스는 존경받는 예언자였다. 그는 헤라클레스의 활을 트로이로 가져오기 전까지는 트로이가 멸망하지 않을 것이라고 예언했다.

헤라클레스의 활은 트로이 원정대가 렘노스 섬에 두고 온 필록데테스의 수중에 있었다. 오디세우스와 디오메데스는 서둘러 렘노스섬으로 가서 그를 데려왔다. 필록데테스는 헤라클레스의 활로 독화살을 쏘아 파리스를 쓰러뜨렸다. 트로이 왕가에서는 헬레네를 붙들어두기 위해 곧바로 데이포보스와 결혼시켰다.

파리스가 죽고 난 뒤에도 트로이 성은 함락되지 않았다. 오디세우스는 트로이인들이 버티는 힘의 원천이 팔라디온(성스러운 아테나 여신상)이라고 생각했다. 그래서 팔라디온을 훔쳐 왔지만 트로이는 여전히 굳건했다.

오디세우스는 트로이 성을 함락시킬 전략을 세웠다. 건축가 에페이오스는 오디세우스의 지시에 따라 40명의 전사가 들어갈 만큼 거대한 목마를 만들었다. 목마가 완성되자 그 속에 장수들을 숨겨두고, 그리스군은 함선에 올라 출항한 후 인근 테네도스 섬에 머물렀다. 그리고 시논이라는 군사를 남겨 두어 그를 트로이군의 포로가 되게 했다. 시논은 프리아모스 왕에게 그리스군이 전쟁을 포기하고 떠났으며, 목마는 아테나 여신에게 바치는 제물이라고 거짓 자백했다. 트로이인들은 시논의 말을 그대로 믿고 목마를 성안으로 옮기려고 했다. 이때 트로이의 신관인 라오콘과 프리아모스 왕의 딸 카산드라는 목마가 트로이를 멸망시킬 저주받은 물건이라며 경고했다. 그러나 포세이돈이 보낸 두 마리의 거대한 바다뱀이 라오콘과 그의 아들들을 휘감아 죽이자 트로이군은 시논의 말을 사실로 받아들였다. 그날 밤 전쟁이 끝났다고 믿은 트로이인들은 술과 고기를 먹고 마시며 승리를 자축했다.

이 무렵 그리스의 함선들은 다시 해변으로 돌아와 성밖에 숨어서 대기했다. 밤이 깊어지자 트로이 군사들은 모두 술과 잠에 취해 쓰러졌다. 시논은 휘파람을 불어 신호를 보냈다. 숨어있던 장수들이 목마에서 나와 굳건하게 닫혀있던 성문을 열었다. 성 밖에 대기하던 그리스 군사들이 성안으로 물밀 듯이 쏟아져 들어왔다.

술에 취해 곯아떨어진 트로이인들은 갑작스러운 공격에 변변한 대항조차 한번 못하고 죽음을 맞았다. 그리스군의 약탈과 방화로, 신들의 사랑을 받았던 도시 트로이는 철저하게 파괴되었다. 건물들은 불에 타서 잿더미로 변했고, 값나가는 물건은 모두 약탈당했다. 프리아모스 왕은 제단에서 살해되었고, 헥토르의 아들 아스티아낙스는 홍벽에서 내

던져졌다. 트로이 왕가의 남자들은 모두 살해당했고, 여자들은 모두 포로로 잡혀갔으나 헬레네만은 다시 메넬라오스에게 돌려 보내졌다.

10년 동안 계속된 전쟁은 마침내 그리스군의 승리로 끝났다. 전리품을 가득 챙긴 그리스의 영웅들은 벅찬 가슴을 안고 각자 고향으로 돌아갔다. 그러나 신들은 그들이 트로이를 점령한 후 도시를 철저하게 파괴하고, 수많은 살상을 저지른 만행을 그냥 넘기지 않았다. 그들은 항해 중 무시무시한 폭풍을 만나 전 함대가 거의 난파당했다. 메넬라오스는 상당수의 부하를 잃고 표류하다가 이집트에서 5년을 보낸 후에야 스파르타로 돌아갈 수 있었다. 아가멤논은 자신의 왕국에 돌아갔으나 아내와 그녀의 정부에게 살해당했다. 작은 아이아스는 물에 빠져 죽었다. 오디세우스는 고향 이타카로 돌아가기 위해 바다 위에서 10년이라는 긴 세월 동안 바다를 떠돌아야 했다.

트로이 성이 함락된 후 트로이 왕가의 남자 중 유일하게 살아남은 인물은 아이네이아스였다. 그는 트로이를 포기하고 탈출하라는 어머니의 조언을 받아들여 겨우 화를 면할 수 있었다. 그는 일족을 데리고 지중해를 떠돌다가 카르타고를 거쳐 라티움에 도착하였고, 그곳의 공주 라비니아와 결혼하였다. 아이네이아스는 그곳에 나라를 세우고 아내의 이름을 따서 라비니움이라고 지었다. 세월이 흘러 아이네이아스의 후손인 로물루스와 레무스 형제가 로마를 세우면서 아이네이아스는 로마의 시조가 되었다.

지금 시작하는
일리아스

초판 1쇄 인쇄 2022년 6월 20일
초판 1쇄 발행 2022년 6월 27일

지은이 양승욱
펴낸이 이효원
편집인 강산하
디자인 박대성(표지), 기린(본문)
펴낸곳 탐나는책
출판등록 2015년 10월 12일 제 2021-000142호
주소 경기도 고양시 덕양구 삼송로 222, 101동 305호(삼송동, 현대헤리엇)
전화 070-8279-7311 **팩스** 02-6008-0834
전자우편 tcbook@naver.com

ISBN 979-11-89550-72-1 (04920)

* 값은 뒤표지에 있습니다.
* 잘못된 책은 구입하신 서점에서 바꾸어 드립니다.